文 博 探 求

——孙荣华文集

孙荣华◎著

浙江工商大学出版社
ZHEJIANG GONGSHANG UNIVERSITY PRESS

图书在版编目（CIP）数据

文博探求：孙荣华文集 / 孙荣华著. —杭州：浙
江工商大学出版社，2017.9
ISBN 978-7-5178-2309-4

Ⅰ.①文… Ⅱ.①孙… Ⅲ.①文物工作－中国－文集
②博物馆－工作－中国－文集 Ⅳ.①K870.4－53
②G269.2－53

中国版本图书馆 CIP 数据核字（2017）第 184570 号

文博探求——孙荣华文集

孙荣华 著

责任编辑	沈明珠
责任校对	丁兴泉
封面设计	林朦朦
责任印制	包建辉
出版发行	浙江工商大学出版社
	（杭州市教工路 198 号　邮政编码 310012）
	（E-mail:zjgsupress@163.com）
	（网址:http://www.zjgsupress.com）
	电话:0571-88904980,88831806（传真）
排　　版	杭州朝曦图文设计有限公司
印　　刷	杭州五象印务有限公司
开　　本	710mm×1000mm　1/16
印　　张	19.5
字　　数	234 千
版 印 次	2017 年 9 月第 1 版　2017 年 9 月第 1 次印刷
书　　号	ISBN 978-7-5178-2309-4
定　　价	49.80 元

序　一

　　德清县位于我国长江三角洲腹地、著名的江南水乡杭嘉湖平原西部。以德清地区为中心的浙北东苕溪流域,可谓是一处风水宝地。早在三千多年前的夏商之际,这里的古越族先民就开始烧制瓷器。这些早期的瓷器,由于胎、釉、烧成温度等多方面尚不够理想,因此学术界通常将它们称为"原始青瓷"或"原始瓷"。作为中国瓷器的鼻祖,原始青瓷的创烧,在中国乃至世界陶瓷史上具有开创性的重要意义。由于原始瓷烧成温度远比陶器高,而且表面施釉,不仅美观,而且卫生,因此极大地改善了人们的生存和生活条件。瓷器的出现,为促进人类文明进程做出了重要的贡献。

　　在过去的几年里,北京故宫博物院与德清县博物馆曾有过多次友好合作。2007年3月至5月,由浙江省文物考古研究所、故宫博物院、德清县博物馆三方组成联合考古队,对位于德清县武康的西周晚至春秋火烧山原始瓷窑址进行了考古发掘。通过3个月的辛勤工作,取得了重大的收获,出土了一大批具有重要研究价值的原始青瓷标本,找到了西周晚至春秋原始青瓷的发展序列。其间,时任故宫博物院院长郑欣淼先生特地亲临现场进行考察和指导。考古发掘结束后不久,德清县举办了学术研讨会。在出刊《瓷之源——原始瓷与德清窑学术研讨会展览图集》时,故宫博物院冯小琦研究员还应约为图集作序。为了将这些新的发现尽快公之于世,故宫博物院于 2011 年 10 月举办了"浙江原始瓷及德清火烧山等窑址考古成果汇报展",由此故宫博物院与德清县博物馆进行了第二次亲密合作。展览于 2012 年 3 月闭幕,历时 5 个月。以上两项合作的顺利实施,在我国古陶瓷研究领域亦可谓盛事。

孙荣华先生 20 世纪 80 年代末参加文物工作,虽然他不属于科班出身,但是通过多年的工作积累和各种培训、进修,业务水平与工作能力不断提高。他从事文物工作近 30 年,在开展文物普查与文物保护法宣传、文物保护、抢救性考古发掘、陈列展览等主要工作中,无论工作环境与条件的好坏,始终对自己所热爱的事业怀有热忱,任劳任怨、脚踏实地。因此积累了宝贵的经验,掌握了许多第一手资料。加之孙荣华先生勤奋好学,实现将所发表的文章分为六个篇章整理成册。文集的内容比较丰富,有对良渚文化神人兽面纹的研究;对本地区古代陶瓷、古代桥梁、地方历史名人的研究;也包括对陈列展览布置的研究;还包括对中国古琴艺术方面的研究等。

文集中描写德清地区古代桥梁的内容比较多,尤其将宋代桥梁的技术与风格及断代等作为了重点。就目前来看,全国各地保存完整且具有地区风格和原造的宋代桥梁已不多见,因此德清县的宋代桥梁资料比较珍贵和难得。德清县地处江南水乡,桥梁是古代人们日常生活与劳动生产中的必需,又由于德清县域内具有丰富的武康石矿藏资源。这些石材呈紫红色且便于开采,所以在古代被大为推崇用于建造各式桥梁。正因为这些因素,使德清县成了名副其实的多桥之乡,而且桥型丰富,技术独特。孙荣华先生通过县域内目前保存地方志有记载、桥上有纪年题刻,可以确定为以宋代原造且风格不变的桥梁作为样板,对其他一些用材一致、风格和技术相同,但是桥上没有纪年题刻,又缺少地方志记载的桥梁,用线图的形式来相互进行比较研究并断代,实践证明这样的研究方法行之有效。

　　孙荣华先生将他的文集以《文博探求》命名,表达了一种对文物工作的敬业精神,也是严谨和谦虚的表现,同时也表明每一位从事文物工作的同仁,每时每刻都在经历着一个不断学习和不断探求知识的过程。

故宫博物院院长

2017 年 5 月 22 日

序 二

  孙荣华同志20世纪70年代参加德清县文艺工作,中年后转行从事文物工作。他在20世纪80年代末刚参加文物工作之初的几年里,曾接触地方著名文化名人"德清俞氏"题材内容。之后根据需要,其工作重点又先后转向野外文保考古和博物馆陈列布展等。上述一系列工作的实践,以及高校进修与培训等,使他的专业技能与专业知识得到了不断提高。他通过文物普查、专题调查等亲身经历所掌握的第一手资料,对分布于本地区的商周原始瓷、古代桥梁,以及良渚文化等题材,通过行之有效的对比、类型学等研究方法,进行了深入浅出和足有成效的论述,文章多次在国家和省级专业期刊上发表。

  他兴趣爱好广泛,并善于观察和分析事物,还乐于亲自动手体验。由于他早年从事文艺工作而具备音乐方面良好的修养,又具有多年的文博专业经验,因此他曾对中国古琴及其艺术方面进行过一些相关的研究,同时将通过斫琴所摸索到的经验与体会及艺术感悟等写成学术论文发表。他对仿商周原始瓷器的制作方法也很感兴趣。

  他非常热爱文物工作,从事文物工作近30年,时刻孜孜不倦地在为自己所喜爱的工作而努力,为实现心中的梦想而争取。可贵的是,他对待业务工作有一股坚韧不拔的执着精神,无论从事文物普查还是专题调查，以及陈列布展等，他均尽可能做到一丝不苟、尽心竭力。因此，在工作和学术研究方面终究有所成绩。一分耕耘，一分收获，他的学术文集编印出版值得庆贺。

孙荣华同志参加文物工作之前的文化学历不高，与当今年轻同志的高学历相比，他能取得今天的成绩，可想而知是付出了加倍的努力，这是多么来之不易。因此，学而论道，他在工作方面的努力与刻苦，以及面对专业的执着精神，值得博物馆同行，特别是年轻的同志学习和借鉴。

一个人的生命非常短暂，而乐于求知、不断追求，是非常美好和难能可贵的，它可以使人的工作状态更加饱满、生活更加充足。

是为序。

德清县博物馆馆长

俞友良

2016 年秋

自 序

　　德清县位于我国南方环太湖地区，浙江省北部，杭嘉湖平原的西部，长江三角洲腹地。县境东邻桐乡，南毗杭州市余杭区，西界安吉县，北与湖州市郊区埭溪镇接壤。全县地貌大致可分为三个自然传统区域，即东部水乡区、中部半山半水区、西部以莫干山为主的天目山余脉丘陵区。德清县地理环境优越，交通便利，山水皆俱，物产丰富，气候宜人，素有"丝绸之府、鱼米之乡、茶竹之地、名山之胜、陶瓷故地"之美誉。德清县地区历史悠久，人杰地灵，人才辈出，是史前马家浜、崧泽、良渚文化的重要分布区，古陶瓷的重要发源地。县境周初隶吴，春秋属越，越灭后归楚。秦汉两代，为乌程县南疆、余杭县北境。三国（吴）黄武元年（222）初置永安县（武康县前称），隶吴兴郡。唐天授二年（691）析武康东境 17 乡设武源县（德清县前称）。1958 年武康县并入德清县延续至今。德清县特殊的地理环境、自然资源、风土人情等，造就了其与周边其他地区不尽相同，而地域特色明显的人文历史和发展轨迹。

　　文博工作不仅涉及面广而且知识体系颇深，因此，要求每一位业务人员必须具备多年的工作经验、相应的专业知识和良好的业务修养。县级地方博物馆除了需做好陈列展览、藏品保管等日常业务工作，普遍还承担着本地区野外地上地下文物保护这一重任。因此严格意义上，地方县级博物馆与国家和省市级博物馆相比，有着一定的区别。

本人出生在江南水乡杭嘉湖平原,浙江省北部德清县洛舍集镇。排行老三,童年时喜好唱歌。1973年5月应招加入德清县文宣队(后改为德清越剧团)并成为一名学员。先后从事演员、演奏员工作13年。1986年剧团解散,遗失赴省文艺团体继续从事演奏员工作的机会。1989年12月,由组织安排转入德清博物馆工作,直至退休。

我从30岁才开始从事文博工作,可谓有缘。虽然之前已有十多年的工作经历,但由于原有的文化程度不高且专业不同,因此从事文物工作必须得从头开始。幸而20世纪90年代初期时,在上级和单位领导的重视下,实现了就读浙江大学文博专业的梦想,开始对这一专业的基本知识有了一个初步的概念。此后,在文博知识和工作氛围的熏陶下,加上自己不断地学习和工作实践,在专业技能和业务知识方面开始逐渐入门并提高。1992年,根据县政府对文化工作的部署,博物馆承担了筹建地方文化名人俞平伯的纪念馆的任务。那一年是我进馆后的第三年,在专业技术职称方面尚处于空白期。根据领导的安排,决定让我主持并完成俞平伯纪念馆陈列内容的设计和编写等工作。在缺乏经验和相关知识积累的情况下,担此重任自然显得压力不小。迫于时间紧和对工作的热情,于是我想方设法找来一堆参考资料挑灯夜战。有压力才有动力,幸亏得到俞平伯儿媳俞润民、陈煦等老一辈的通力支持,最后终于如期拿出了完整的陈展文本。之后还主持并主编出刊《俞平伯纪念馆通讯》三期。经过上述一系列工作的实践,对"德清俞氏"的情况也有了一些基本的了解,其间曾撰写过数篇相关内容的文章发表。因此,亦有人每每会将我当成德清俞氏的"研究专家"看待。其实不然,受阅历和专业知识积累等方面的局限,当初我实在是属于心有余而力不足。

　　20 世纪 90 年代中期,我参加了浙江省文物局组织的考古发掘培训班,工作重心开始转向野外文物保护。先后曾多次参加由省文物考古研究所主持的抢救性考古发掘,以及主持县内多次小规模抢救性考古发掘等工作,包括:文物普查、专项调查、文物保护法宣传展览等。

　　2005 年德清县博物馆新馆在新县城开馆以后,任陈列部主任,业务工作方向和精力开始转向馆内的陈列布展方面。展览内容主要为:各类馆藏文物借展、地方文化名人内容、形式不一的民间收藏展等。在上述一系列的展览活动中,我尽可能做到尽职尽心尽力,无论展览的内容和形式,各个环节都尽可能自己动手并严格把关,树立将每一期展览打造成精品陈列的出发点,因此展览的成功率较高。其中 2008 年在德清县召开"瓷之源——原始瓷与德清窑学术研讨会"期间举办的"瓷之源——原始瓷与德清窑陈列展",荣获 2009 年度浙江省八大陈列展览精品奖,此为最大的亮点。县级博物馆获此殊荣在省内尚属首次。

　　良渚文化、古陶瓷、古桥梁等,是德清地区物质历史文化遗产中的重要组成部分,也是博物馆学术活动中的重要题材。2000 年以后,在专业技能和相关知识的积累不断提高和丰富的同时,我对上述学术课题的认识也在不断加深。通过认真体会、研究和不断揣摩,终于陆续写作完成了数篇相关的学术论文,并实现了在业内国家级核心期刊和省级知名刊物上公开发表的夙愿。

　　德清县是著名的良渚文化重要分布区,又由于县域南界与当时良渚文化的政治中心余杭良渚镇毗邻,因此古代的德清地区对于良渚文化来说,在地理位置上无疑十分重要。历年来在德清县四处重要的良渚文化遗址周围等地,已出土了许多高规格的玉器和石器等遗存,如神人兽面纹玉琮、多节玉琮,以及大型三角形石犁、精致的黑皮陶器等,且中华人民共和国成立后历次文物普查资料显示,县域内史前文化遗存分布极为丰富。

参加博物馆工作以后,受馆里老同志及业务工作方面的影响,本人从20世纪90年代后期开始对解读良渚文化神人兽面纹这一学术活动兴趣渐增。通过查找资料、对比、深入观察和体会,首先于2004年6月,完成了《鸟崇拜与良渚文化神人兽面纹》的写作与发表。文章通过对大自然中鸮鸟(猫头鹰)的观察,并结合北方红山文化的"勾云形玉佩"纹饰与造型,以及商周时期青铜器的鸮形器、饕餮纹等文化元素,进行对比和分析。率先提出了,良渚文化神人兽面纹是根据鸮鸟为母题而创意设计形成的,以及它与红山文化之间的关系等观点。文章一经发表,在业内引起了强烈反响。时隔近八年,通过深入观察研究和揣摩,在发现和掌握了新的重要线索的基础上,于2012年7月,以《良渚文化神人兽面纹探秘》为题又发表了第二篇论文。文章通过经考古发掘出土的玉器等资料,采用一对一类型比较的方法进行研究,使得出的结果具有明显的实物依据,因此尽量减少一些想象与猜测的成分,为解读良渚文化神人兽纹找到了其创作源于鸟形母题的重要线索。前后两篇文章围绕同一个话题展开讨论,尤其第二篇论文在文化部国家级核心期刊上发表,得到了国家级考古专家的认可,因此使我对这一学术活动的深入研究充满了信心与期待。

原始瓷主要由古墓葬出土和古代窑址遗存两部分组成。在2001年举行全省第三次历史文化遗产普查之际,由我主持的县内中部片所有的野外文物普查和室内资料整理等任务顺利完成。虽然此次普查工作量较大,但由于通过普查所掌握的第一手资料不仅多,而且颇为珍贵,因此使人受益匪浅。在此基础上,结合本省内以往的一些古陶瓷考古发掘资料,如地理环境、区域关系、产品早晚特征等,进行反复分析和比较研究,并在国内著名古陶瓷研究专家朱伯谦老师的指导下,于2004年期间,完成了《太湖地区浙北东苕溪沿途古窑址调查与思考》论文的写作和发表。文章在朱伯谦老师对德清县发现大量商周原始瓷窑址曾提出"这些古窑址的发现,不但改变了德清窑仅在东晋至南朝时期有过陶瓷生产的看法,而且找到了德清窑的演变和渊源关系。那些原始黑瓷虽然只能认为是釉料配制中不稳定所产生的,但确实为德清窑黑瓷找到了始祖"等重要观点的引导和鼓舞下,根据浙江的地理环境及结合浙北地区商周时期原始瓷窑场及墓葬等资料,率先提出了"浙江地区原始瓷最早的萌芽区,其分布主要应集中位于浙北地区古老的东苕溪沿途区域,即从湖州市南郊菁山往南至德清县武康地区约20公里范围以内,其中德清县的中部地区为主要的分布区;是一处以浙北地区东苕溪水系为发源地,覆盖了太湖附近百余公里相关区域,产品以原始瓷和黑釉瓷器见长的德清窑系列"等观点。此后,对这些原始瓷窑址的地理分布,开始出现了一个"以德清为主要分布区的浙北东苕溪流域"概念。文章还认为:"分布于湖州南郊菁山、位于东苕溪一侧黄梅山等商代瓷窑址群,与位于德清县武康等地、同样分布于东苕溪沿途的商周瓷窑址群,是这一地区古代瓷器起源与发展过程中一个统一的发展体系,更由于商代黄梅山等早期原始瓷窑场在全省和全国的唯一性,位于德清地区西周和东周时期瓷窑场的连续性,包括制瓷工艺和技术的独特性,加上浙北东苕溪沿途良好的自然条件和地理环境等,是构成这一地区古代地方窑业萌芽与发展并形成体系的重要元素与条件。"

上述观点一经发表,在古陶瓷界引起了强烈反响。不仅如此,由于浙北地区发现商周原始瓷窑址资料的重要性,结合历年来地方文博专业人员的积极工作,以及随着上述浙北地区早期瓷器的起源等,在古陶瓷界较为敏感学术观点在重要期刊上的发表,使这一课题的影响力和持不同观点者的争论在进一步扩大。因此,如何尽快通过考古发掘手段来解决这个问题,已到了迫不及待的地步。其间得到了国家、省和市县各级政府,以及诸多专家和各业务主管部门的普遍重视和支持。鉴于此,2007年3月下旬至5月下旬,由浙江省文物考古研究所、故宫博物院、德清县博物馆等联合组成考古队,首先对位于德清县武康的西周晚至春秋期间,火烧山原始瓷窑址和稍后由浙江省文物考古研究所主持对德清战国亭子桥原始瓷窑址,以及位于湖州市南郊菁山的南山商代原始瓷窑址群等,分别进行了科学的考古发掘。通过上述一系列的重要工作,其考古资料均有力地证明了之前所提出的早期瓷器起源于浙北地区等观点。为此,2008年4月下旬,由浙江省文物考古研究所、故宫博物院、中国古陶瓷学会、德清县人民政府等,在德清县联合举办了"瓷之源——原始瓷与德清窑学术研讨会"。在本次会议最后的总结性陈述词中,专家组将浙江省北部、自湖州南郊菁山往南至德清县武康等地、以德清为中心的东苕溪流域地区,确定为中国瓷器的发源地,并用"誉之为'瓷之源'可谓实至名归"等措辞做最后的陈述,同时向与会的新闻媒体发布。更值得庆贺的是,据2012年6月22日中国古陶瓷学会在湖州市召开新编《中国陶瓷史》审稿会确认,把位于浙江省北部、以德清为中心东苕溪流域分布的商周瓷窑址群,正式命名为湖州"德清窑",并将此作为中国瓷器重要的发源地而载入史册。

德清县是名副其实的多桥之乡且桥梁历史悠久,地方民俗文化丰富多彩。本人最早关注古代桥梁是在1998年,第一篇文章发表在本县《莫干山报》,介绍性地描写了位于德清县城关镇时代较早、具有宋代桥梁风格和特征的"孩儿桥"。由于工作关系,加上对古代桥梁建筑风格、工艺和技术等方面的仰慕,对这一课题的关注和喜爱也在日益加深。2005年,本人在全国性刊物上首先发表了关于全县历代桥梁的分布和基本特点、造型与类型,以及相伴随丰富多彩桥梁文化方面内容的文章。不久又有数篇相关内容的论文发表。文章分别对本地区现存完好并确定属于原造,且地方志有记载和桥上有纪年题刻的宋代桥梁,在建筑特征、桥梁造型、技术、装饰工艺等方面,以文字结合线图的方法进行详细的揭露。同时,对县域内保存宋代或具有宋代风格的拱桥进行断代等方面的研究。发表在国家文物局《文物》杂志 2011 年第四期的《浙江德清宋代寿昌桥与永安桥、源洪桥比较研究》,是其中最为主要的一篇。文章根据一些桥梁的相关特征,通过类型学等方法进行比较研究,得出的结果具有可参照和对比性强等特点。因此,为确定这些拱桥的创建年代、早晚关系等提供了线索和证据,从而进一步提升了这些古桥梁建筑的文物和研究价值。

中国古琴与艺术是本人业余生活中的主要爱好之一,这可能与早年曾从事过多年的专业器乐工作有关。在对古琴及其艺术等方面的研究过程中,经历了从收集资料、摸索、自己动手斫琴到掌握古琴各个方面相关数据等,在失败与挫折到成功的艰难抉择中,终于实现了这个研究兴趣爱好的梦想。通过上述这样一个过程所得到的知识与感受,以《礼乐人生,君子风范——试论中国古琴的若干问题》为题,完成了学术论文的写作并在期刊上公开发表。文章分别从中国古琴的悠久历史、古琴与文化名人、古琴艺术、古琴的音色、形制、古琴的定音和校音、琴曲与风格、关于斫琴和琴材、琴的面底板与油漆、古琴的腹腔、古琴的改良等多个方面进行阐述和探讨。文章中还提出了"学习古琴和从事音乐工作,可以起到陶冶情操和规范人的行为思维,以及培养一个人能吃苦耐劳的作用。这也许和学习器乐要具备持之以恒的精神,并要求参与者必须严格按照音乐形式严格的音准、节奏、轻重快慢、韵律,以及超脱自我、发自内心的艺术想象发挥有着密切的关系"等见解与观点。上述见解得到了有识之士的广泛认同和赞赏。

德清县是我国商周原始瓷重要的发源地,而西周晚至东周时期具有地区特色的原始青瓷器造型及具有地区特色的复杂纹饰是其中最为主要的特点之一。旨在充分利用文物资源,弘扬地方原始瓷文化,由本人创意的"仿商周原始瓷器的制作方法",于2014年10月29日获国家知识产权局授权的发明专利证书。以德清县武康火烧山和亭子桥窑址为例,这一时期的原始瓷产品,不仅器物造型独特,表面纹饰颇为丰富和复杂,而且还具有强烈的时代和地方民俗文化特色,显示了这一时期窑工的力量与智慧。如何弘扬和传承这些优良的地方历史文化,或者将这些具有地方特色的文化元素,作为文化创意的主题加以发挥,可以为促进地方各项事业的发展做出贡献。比如出土原始瓷器中的桶形卣、鼎、罐、镂空长颈瓶等,这些特殊的器物造型,以及或阴或阳的复杂纹饰,如果采用传统的拉坯成形等技法进行仿制,由于一些工艺已失传,很难达到预期效果。其中的最为关键的是,对器物造型和器物表面复杂纹饰把握,因此使人望而生畏。本专利的优势是,对照出土器物的造型做成模子,来达到仿制过程中较极难把握的"器形神似、纹饰逼真"两个关键目标。除此之外,注浆成型技术还可以使批量仿制成为可能。民族的也是世界的,只要牢牢把握住"器形、纹饰、釉色"三个关键要素,那么仿制工作无疑会有所成效,也可以体现具有德清地区特色和地区时代特征的原始瓷文化。这一课题的建议得到了领导和同志们的关心与重视。作为本课题的发起人、主持人和项目的实践者,我一无实践经验,二无第一手资料,而且相关的技术与注浆成型的操作方法等主要也只是通过在网络上查找的方法获得,但还是对成功充满了希望并信心十足。

　　资料显示,用注浆成型工艺仿制商周原始瓷,没有实践经验和相关的操作数据可以借鉴,只能凭感觉"摸着石子过河"。第一步,对出土原始瓷器物的纹饰和器形进行研究和解读,力求精准;第二步是图纸设计和请师傅完成木模制作(正模),然后进行翻石膏模和修石膏模(反模);第三步是用泥浆注浆成型做成器物泥坯;第四步是脱泥模、修泥坯、晾干、丝网印字;第五步是试釉、上釉;第六步是试烧、装烧、出窑等。上述每一个细小环节都包含有许多技术上的奥秘和难点,因此往往需要反复试验并最好能找到规律。经过多次的试验与摸索、不断地揣摩与修正,终于实现了比较完美和成功的目标。回顾这项工作的整个全过程,是经历了一个脑力上的多方面思考,体力上辛勤劳动与付出,以及成功与否的艰难抉择等过程。庆幸的是,最后终于有所收获,还掌握了许多第一手的珍贵数据和实践经验,因此我感到欣慰并其乐无穷。

作　者

2017 年 6 月 28 日

目　录

第一章

良渚文化研究

鸟崇拜与良渚文化神人兽面纹

良渚文化神人兽面纹的完整图案,自 1986 年在浙江余杭反山 12 号大墓中被发现以来,引起了考古界的广泛关注。关于这一图案内涵的解读,学者们已发表了多种不同的看法,为深入研究这一课题打下了坚实的基础。综合方家观点,主要有神人兽面说、神人鸟身说、神人虎形说、猪龙形说等。

笔者经过一段时间对这一神徽图案的观察与思考,同时也通过查找关于我国史前时期相关文化的许多考古资料,进行对比和分析后认为,良渚文化神人兽面纹的整体构思应和鸟崇拜有着密切的关系,而这种神徽取象的神鸟的母题,我想应该是鸟类中的鸮鸟,也就是人们俗呼的猫头鹰。现有的考古资料发现表明,在我国的新石器时代的许多考古学文化中,都存在有鸟崇拜等相关的现象。鸟的装饰主题,遍及大江南北的许多文化。然而将鸟的形象抽象提炼并走向神圣化,则在长江下游地区表现得尤为突出。本文试就良渚文化的神徽与鸟纹、鸟崇拜的关系等问题,谈一些粗浅的认识,敬请方家师友指正。

一、鸟崇拜、羽人、羽人国

文献资料显示,关于鸟崇拜、羽人、羽人国的传说,多和我国东南地区有着密切的联系。东南地区早在 20 世纪 70 年代以前,还常常被认为是开发时间较晚的蛮夷之地。在 70 年代以后,随着考古事业的不断发展,才逐渐显示出其重要的文化地位和历史地位。考古资料显示,我国的历史地理大体可分为面向海洋的东南地区和面向亚洲大陆腹地的西北地区两大部分,东南部地区在我国社会历史与民族文化诸特征的形成过程中一直起着重要作用。[1]而中国古代鸟崇拜观念的历史地理分布,其重心也应在东部族属。[2]

从江浙地区史前考古资料看,"从河姆渡文化到良渚文化,一江相望,千年之隔,鸟像图符始终处于原始艺术创作的核心位置"[3]。河姆渡遗址第四层即出土了一批以鸟为主

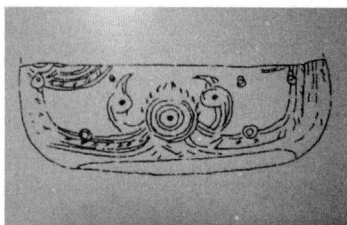

图 1

题的图符资料,如雕刻在象牙上的"双鸟朝阳"图案(图 1)和雕刻在

图 2

陶盆上的双鸟纹弓形重圈图符(图 2)等。另外,河姆渡文化的蝶形器(图3),据考证也应是一种经

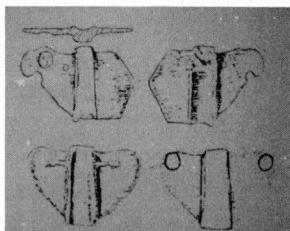

图 3

过变体的鸟的圆雕形式。从这件蝶形器中间设有竖槽和穿孔的情况来分析,应是附着于矗立的鸟杆上的鸟的形象。[4]在浙江余杭反山、瑶山的两处良渚文化墓地中,共出土了五件圆雕的玉鸟,其形态呈展翅飞翔状,在鸟的腹部均钻有牛鼻状隧孔。出土时其位置一般处于墓主人的下肢部位,推测应是缝缀于墓主人衣袍下部的一种功能性装饰。[5]以上这些考古资料,无疑是先民们对鸟情有独钟的最好体现,也是原始时期关于鸟崇拜方面最好的事例。世界各地的原始部族,一般多有自己的崇拜图腾,图腾既是崇拜的对象,也是部族的保护神。河姆渡文化与良

渚文化对鸟的崇拜，应已达到了图腾的地位。在良渚文化中不仅有圆雕的玉鸟，在器物上雕刻鸟图符也是一种比较普遍的现象，主要见于玉琮、玉璧、玉璜、冠状饰等玉器上以及少数陶器上。其鸟的形状虽然多种多样，但却也可以看出是出于对同一母题的表现。而且鸟的身体上都无一例外刻划了兽面神徽的眼睛，这应是

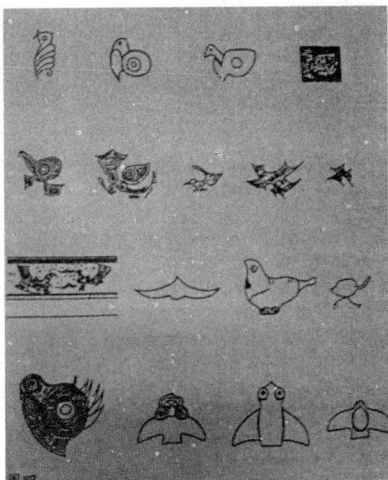

图 4

良渚先民们鸟崇拜观念的真实写照（图4）。[6]

根据自然与人类历史发展的科学规律，如追溯到遥远的原始社会时期，不难想象，原始人类在日常生活、劳动之余，仰望天空，很容易看到天空中鸟儿来回飞翔、欢快自由的场面。鸟飞翔于蓝天的自然本领与天性，很容易让人们联想到可以借助鸟与天帝神灵沟通。另外，也容易将神灵飘忽不定、来去无踪的属性与鸟做必然的联系，于是鸟便被想象为神灵驭使的工具。《山海经》中即有许多关于神灵乘鸟飞翔的记载。以鸟为天地之间来往的媒介，在商代的甲骨文中也有描写。如殷墟卜辞中即有"帝史凤"（《卜辞通纂》398条）、"帝令其凤"（《殷墟小屯——文字丙编》117条）等句子，应都是对这种神灵来去、驭使动物的形象写照。

良渚文化许多神徽图案的两边都刻有鸟纹，反山M12的玉钺则把鸟的图案刻在神徽的下面，都表达了神灵在鸟之上的高空，以及乘鸟飞翔的寓意和图案内涵。而鸟的身体上所刻划的神灵的眼睛，则应是以鸟为神灵的附着体和神灵指示物的一种象征性的表现。

关于羽人、羽人国的记载与传说，笔者认为，也应和史前鸟崇

拜观念有着密切关系。《山海经》是古籍中最早提到羽人的著作，如《大荒南经》中记载："有羽人之国，其人皆生羽。"《海外南经》载："海外有西南陬至东南陬者……羽民国在东南，其人为长头，身生羽。一曰在比翼鸟东南，其为人长颊。"另外在《吕氏春秋·求人篇》《淮南子·原道训》等著作中也有记载。有的学者认为，尧舜时代南方地区有羽人国存在，并认为它的主人应是良渚文化的先民。余杭良渚反山、瑶山等地的良渚文化墓地，很可能就是羽民的墓地。[7]以上这些资料，无疑给我们的研究工作提供了有益的帮助和启示。

二、旋纹、重圈目、鸮鸟

查阅国内相关的一些考古资料，旋纹、重圈目等纹饰不仅在河姆渡、良渚文化器物上发现，而且在国内许多史前遗址的出土物上也屡见不鲜。下面试举一些标本，以期通过分析和对比，对它们的萌芽、流变等做出一些观察和研究。

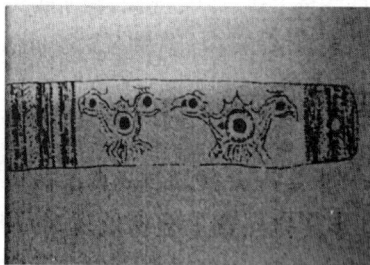

图 5

在河姆渡文化中有"双鸟神眼纹"（图 5）、"双鸟朝阳纹"或"双鸟孵卵纹"（图 1）、"猪纹与重圈目"图案（图 6）、"陶兽重圈目"图案（图 7、图 8）、"双鸟纹弓形重圈"组合图案（图 2）等。这些图案中的重圈，应该是对神眼的一种表现形式。从这些图案也反映了在早期，神眼的表现借助了鸟、猪、兽等不同的动物形式。

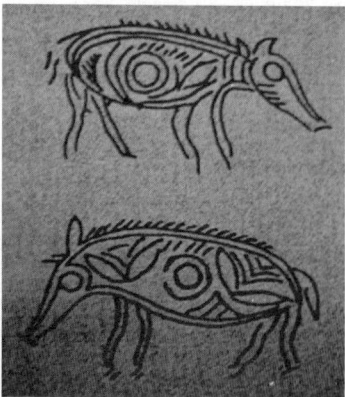

图 6

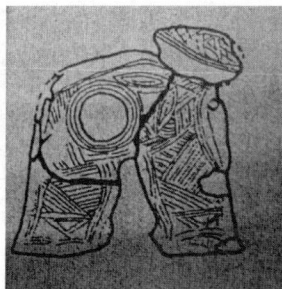

图 7

图 8

在良渚文化中,我们看到的则只有和鸟结合的图形。例如嘉兴双桥遗址出土的陶片上,刻绘着一只奋飞的鸟儿的形象,在鸟的腹部施刻有一重圈旋纹(图9)。类似的在鸟身上刻划重圈神眼的图案还很多。另外瑶山 M2:50 的圆雕玉鸟,玉鸟的头

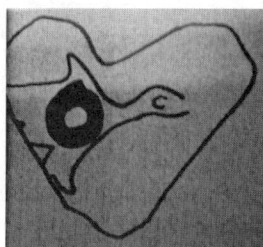

图 9

部施刻有两个椭圆形的重圈神眼(图10)。瑶山 M10:6 的玉三叉形器,上部刻绘羽状纹,下部的重圈神眼也应同样表现了和鸟的这种关系(图11)。与日本出光美术馆收藏

图 10

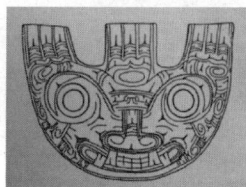

图 11

的良渚文化玉鸟相比,其鸟翅膀的施刻和图10的三叉形玉器的上端完全一致,从而说明三叉形器应是从玉鸟的形态发展而来的。在这件玉鸟的鸟眼的头部也有重圈的神眼(图12)。出土于反山 M12 墓中完整的神人兽面纹,刻划于玉琮四面的竖槽之中和玉钺的两面。这幅完整的良渚文化神徽图案,由浮雕的羽冠、兽面和阴刻的神人组成。神人的脸面作倒

图 12

梯形，兽面浮雕有一双椭圆形重圈目，宽大的人形鼻，扁阔的大嘴的上下各有两只獠牙。神人的手臂呈曲肘弓形又向胸部（眼部），五指平张。下肢作蹲踞状，脚为三爪的鸟足，似也反映了神与鸟的关系（图13）。

图 13

在山东的龙山文化中，玉圭的两面刻划神面的材料也不止一处。出土于山东日照县两城镇遗址的玉圭，正反面均刻有神面纹饰，两面彼此不相同。雕刻手法采用阴刻。神面的双目均为旋目，圆形眼球的外面是一上一下向两个方向伸展的旋形眼线。正背神面旋目的不同，还表现在旋形

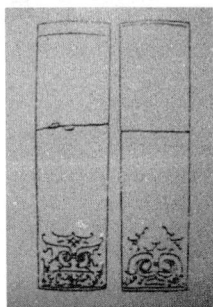
图 14

眼线一为双线，一为单线（图14）。台北"故宫博物院"收藏的一件龙山文化玉圭上，也刻划有类似的图案。其正面主体纹饰为神面形象，神面有獠牙，有两只大圆圈眼睛，耳部有坠饰。背

图 15

面也刻有神面，眼呈梭形，下面是一个大鼻子，面上配着用云纹组成的纹饰（图15）。台北"故宫博物院"藏的另一件龙山文化玉圭上，则雕刻鹰纹图案。正面刻有抬首展翅利趾的鹰纹，鹰为梭形眼。背面刻的另一只鹰为正面形象，眼为圆圈形，眼外环有一上一下的旋线两条（图16）。

图 16

将龙山文化旋目神面与良渚文化旋目神面相比较,我们可以看出在图案结构和风格上是有所区别的。

此外,红山文化的勾云形玉器,我认为其镂孔所表现的也是一种旋目的神面图像。笔者注意到,藏于台北"故宫博物院"的一件勾云形玉器(图17)和藏于蓝田山房的一件

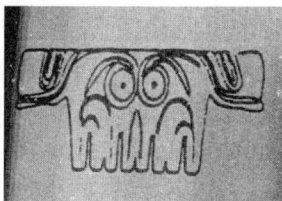

图 17

玉勾云形器(图18)表现得尤为明显。前者略呈 T 形,下端中部有三齿,镂雕出简略的神面,其双目相连,有明显的双目向中间聚拢现象。后者为圆角长方形,下端

图 18

中间也有齿,镂雕的神面其双目也略向中间聚拢。

如果从整体上观察这两件红山文化的玉器,我们发现双目向中间聚拢的同时,且两端略向上翘起呈 M 状,呈现出一种丰富生动的表情。从形状上观察图17这件玉器,其上方为平面,平面的两端和双眼的侧上方各饰有两条弧状纹饰。笔者认为,这可能代表了鸟的翅膀的一种姿态。它和神面的双眼一起向上呈 M 状。通过以上的观察和分析,笔者认为,这两件红山文化玉器所设计的图案,应该是我们从正面观察猫头鹰的脸部形态(图19)。

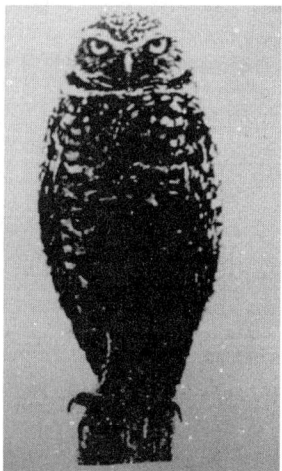

图 19

笔者曾对一只已会飞的幼小鸮(猫头鹰)进行过仔细的观察,注意到鸮长有一对似猫的眼睛,头上长有如耳朵的毛角,从头面上看很像猫。观察时还发现,鸮的敏感性极强,且胆小和怕人。当它看着你时,其双目似会睁得特别大,此时的你便自然会产生一种心

惊胆寒的恐惧感,而且鹗的生活习性是昼伏夜出,因此也更增加了它的神秘性。据民间传说鹗会数人的眉毛,当人的眉毛被数完时,人就会有凶兆来临或者会生病等。还有传说,如果人听到鹗在半夜啼叫的话,是一种不祥的预兆云云……以上种种民间传说无疑给鹗增加了许多神秘的色彩,因此,长期以来在民间便形成了鹗是一种不祥之鸟的偏见。鹗的形象极具威慑力,且又会飞翔,加上有关它的种种传说,所以应是其他动物所不及的。也许正是这些缘故,给本来就相信神灵、渴望与外界沟通的远古人类带来了启发。于是,他们便在鸟崇拜观念的基础上选择了鸟类中最具特色的鹗作为崇拜的载体,并幻想着借助鹗的威慑力来驱妖辟邪、威慑外族。笔者认为,先民们的这种信仰观念,正是他们为何要利用鹗的特殊原形来构思设计"神人兽面纹"的真正用意和动机。

笔者在观察中还注意到一个值得关注的问题,当你在观察和面对鹗的同时,如急速做出前冲后仰的动作,鹗立即也会前后左右摇摆起来,且双目睁大,并似稍稍向中间聚拢,双翅微向上翘起呈M状,还从其口中不断地会发出"咯咯"的叫声表示愤怒。笔者密切注意到这一动作,特别是双翅微向上翘呈M状,双目稍向中间聚拢的动作,与红山文化旋目勾云形玉器非常神似。这一意外的发现使我的灵感受到了启发,同时对自己的一些观点也更增强了信心。在相关问题的研究中,有学者也注意到了红山文化勾云形玉器,认为其"眼睑处与鼻梁上饰以多层皱褶与裂口露齿的作风,都与良渚玉琮上的'大眼面纹'非常神似"[8]。

有学者载文题为《对勾云形玉佩为"玉眼"说的商榷——兼谈红山文化玉器的命名问题》,文中提供了新的红山文化玉器标本。该作者认为勾云形器这种玉器"虽然比较抽象,但其头部、翅膀、尾部都十分明显,令人一看就是一鹗类玉鸟。这说明它原本是鸟形佩饰,不是特殊造型的神目"[9]。对此笔者也有相同的看法。从这些藏品的形态上分析,笔者认为,其特性表达非常明显,与本文列举的图17、图18的两件勾云形玉器非常神似。另有学者也注意到山东龙山文化神面旋目与红山文化玉器神面上的眼型一致,他指的正是勾云形玉佩,说两者的眼型如出一辙,"其旋涡眼系由两颊下部琢出的沟槽沿抛物线向额前延伸,再从内眼角向外卷绕,围住组成圆孔的目睛"[10]。

观察中还发现,鸮的两只爪子上分别长有四趾,其中三只朝向前面,另一只则在后。对照良渚文化神人兽面纹图案,从正面也只能看到三趾的鸟爪。

此外,笔者在有关资料中又找到了1964年在甘肃天水市出土的石岭下型的彩陶上的纹饰(《中国新石器时代陶器装饰艺术》,文物出版社1982年版)。我认为这件在器物的腹部较明显地描绘有资料上称"展翅相向鸟纹"的纹饰,应也是属于用鸮

图20

的形象作为母题来创意绘制的(图20)。

鸮,俗称猫头鹰,鸟纲,鸱鸮科各种类的统称。喙和爪都弯曲呈钩状,锐利,嘴基见蜡膜。两眼不似他鸟之着生在头部两侧,而位于正前方,眼的四周羽毛呈放射状,形成所谓"面盘"。周身羽毛大多为褐色,散缀细斑,稠密而松软。飞行时无声,夜间或黄昏活动。主食鼠类,间或捕小鸟或大型昆虫,应视为农林益鸟,如角鸮、雕鸮、耳鸮等。[11]

笔者认为,从鸮的相貌特征、属性等方面观察,在飞禽动物乃至其他一些相关动物中应较具特殊性,尤其是一双大得出奇的眼睛更显特别。资料上记载的耳鸮之类,实其头上长有似双耳的毛角而已,而并非真的长有耳朵,表面上看上去和猫的头形几乎一

致。另外,鸮的脸形和双目也酷似猫的脸形,然而更奇怪的是,它们的主食竟然都是老鼠。也许这就是人们习惯于将鸮俗呼为猫头鹰的另一个原因。

图 21

旋纹除表示鸟眼外,还有一些旋纹类图像笔者认为可能表示流水的旋涡,此类图案见于大汶口文化(1959年山东宁阳大汶口出土)(图21),马家窑文化(1954年甘肃永靖出土)(图 22)。

图 22

以及河姆渡文化[T33(4):98](图8)、良渚文化等(浙江省德清辉山良渚文化遗址出土)(图23)。类似的图像在其他的原始文化中也同样可以找到。

三、商人与鸟崇拜,鸮形器

资料显示,商代人也有着浓厚的鸟崇拜传统观念,如《史记殷本记》记载:

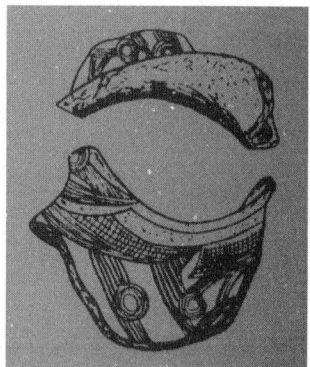

图 23

"殷契母曰简狄,有娥氏之女,为帝喾次妃。三人行浴,见玄鸟堕其卵。简狄取吞之,因孕,生契……"可见在商人的心目中,玄鸟就是他们的祖先。笔者认为商人的崇拜鸟的习俗,应与史前文化对鸟的普遍信仰有着直接的关系。从出土器物看,在商人的崇鸟习俗中,鸮也是其主要的崇拜对象之一。

(1)1976年河南安阳殷墟妇好墓出土两件成对的铜鸮尊。这对尊呈站立的鸮状,鸮圆眼钩喙,小耳高冠,首微扬,挺胸,双翅聚拢,粗壮的双足及宽尾撑地,通体饰纹,有羽纹、蝉纹、蛇纹、饕餮纹、鸮纹及菱纹等。尊盖上有圆雕的鸟、龙，錾上有浮雕的兽首。饰于尾上呈展翅飞翔状的鸮纹尤为引人注目(图24)。

(2)1980年河南安阳大司空村539号墓出土过一件铜鸮卣。

(3)1956年湖南株洲收集了一件铜鸮卣。

(4)1976年河南安阳殷墟妇好墓出土的圆雕玉鸮。

(5)出土于陕西华泉护村南台的仰韶文化陶鸮面。

出土于陕西的陶鸮面是一件仰韶文化的真品。鸮面用硬陶制成,其呈暗红色,两角耳已残损,双目呈椭圆形且外凸,羽毛用点状法塑就、呈后仰状,钩喙向内,面形狞厉可怕。从外表、纹饰和形态等方面分析,这件器物和商代出土的青铜鸮形器应该存在着一种内在的渊源(图24)。

观察这些器物,发觉总有一些地方被加工处理得格外的醒目,例如锐利的钩喙,

图24

狞厉的面部,粗壮的腿足,繁缛的纹饰等。这些有意识的夸张显然是要强调鸮的威慑力。借此推断,鸮在商代同样也是被视为具有庇护力量的神鸟被加以尊敬和崇拜,并被塑造出了各种用途的器物,以图驱妖避邪,祈求吉祥。

四、结　语

笔者通过对鸮鸟的观察,同时结合史前鸟崇拜观念,以及原始社会时期我国其他一些相关文化的旋形纹饰,北方地区红山文化鸮形玉器,商代的鸮形器等材料,对良渚文化神人兽面纹及相关问题进行了分析和解读。我想这应是一种初步的尝试。由于笔者学识浅薄,错误与不当在所难免。只希望这些粗浅的想法能作为引玉之砖,也许可以为良渚文化的深入研究起到一些小小的启示。

参考文献:

[1] 苏秉琦.略谈我国东南沿海地区新石器时代考古[M]//文物编辑委员会.文物集刊:第1集.北京:文物出版社,1980.

[2] 石兴邦.我国东方沿海和东南地区古代文化中鸟类图像与鸟祖崇拜的有关问题[M]//田昌五,石兴邦.中国原始文化论文集.北京:文物出版社,1989.

[3] 蒋乐平.浙江史前鸟像图符的寓义及流变[M]//浙江省文物考古研究所.浙江省文物考古研究所学刊.北京:长征出版社,1997.

[4] 孙其刚.河姆渡文化鸟形象探讨[J].中国历史博物馆馆刊,1987(10).

[5][6] 刘斌.良渚文化的鸟与神[C]//浙江省文物考古研究所.纪念浙江省文物考古研究所建所二十周年论文集.杭州:西泠印社,1999.

[7] 王文清."羽民"、"裸民"与良渚文化[J].学海,1990(C1).

[8] 陆建方.部族与良渚文化[J].东南文化,1990(5).

[9] 岳柏.对勾云形玉佩为"玉眼"说的商榷——兼谈红山文化玉器的命名问题[N].中国文物报,2001-08-15.

[10] 孙机.龙山玉鷔[M]//陕西省考古研究所.远望集——陕西省考古研究所华诞四十周年纪念文集.西安:陕西人民美术出版社,1998.

[11] 夏征农,陈至立.辞海[M].上海:上海辞书出版社,2010.

原载《东方博物》2004年第10辑

良渚文化神人兽面纹探秘

神人兽面纹是良渚文化最为神秘的主题纹饰和图符之一,主要见于雕刻在以琮为主的玉重器表面。然而以这一完整图符为主题而繁衍的相似或简化纹饰,则广泛见于良渚文化所分布区域的墓葬中。以神人兽面纹为主体纹饰的现象在整个良渚文化时期中不仅延续时间长,文化传统和特征明显,而且在中国诸史前文化中极为罕见。如何准确解读这一纹饰图符的创作主题和内涵,无疑对于良渚文化及其相关文化的深入研究具有重要的意义。

鸟形图符和鸟形器,也是良渚文化考古出土玉器中较为常见的器物类型。这些鸟形器和鸟形图符,无论从对鸟的造型创意和描绘,还是在对一些器物表面的雕刻工艺等方面,无不体现出良渚先民们非凡的智慧和丰富的艺术想象力。

三叉形器是除了玉琮以外最为主要的良渚文化考古出土玉器类型之一。通过观察发现,三叉形器表面雕刻的纹饰和特征,比如椭圆形兽眼、羽状纹、人形宽扁鼻、嘴和兽的獠牙等,在完整的良渚文化神人兽面纹上均可以找到并相对应。

通过观察和对比发现,神人兽面纹和三叉形器上的一些主题纹饰和特征,比如羽状纹、扁阔嘴、椭圆形兽眼等,在一些相关的鸟形器上也同样可以看见。

完整的良渚文化神人兽面纹,于 1986 年在对浙江余杭良渚反山墓地 12 号大墓考古中发现和出土,这是 20 世纪 30 年代发现良渚文化以来关于这一图符唯一完整的重要发现。[1] 目前的考古资料显示,具有以良渚文化神人兽面纹为主题及其相关纹饰和图符元素特征的出土器物,时代较早的主要见于雕刻在镯式玉琮、玉琮、玉钺、玉梳背器、玉柱形器等规格较高的器物表面之上[2],稍晚的则主要见于雕刻在玉琮类器形的器物表面。在图符的繁简程度上,可以看出它们是经历了从起始时期的相对简单,至早中期的烦琐,再到中晚期和晚期逐步变得单一这样一个发展和演变的过程。

三叉形器由于上端有并列三个叉而得名。这种器物一般皆出土于高规格的大墓之中,出土时通常会置于死者头部的附近。在分布区域上,三叉形器目前仅见于浙江北部的余杭和桐乡等地,以余杭良渚文化遗址墓葬为主要出土地,不仅数量多[3],而且器物形态和表面纹饰也最为丰富。

从器形上观察,三叉形器的中叉上一般设有上下贯通的孔洞,少数的中叉上在出土时还相接一枚长玉管,如瑶山 M7:26(图 2)三叉形器。[4] 从时代上观察,三叉形器在早晚上似存在一定的规律性和演变关系,如时代早的三叉形器,其中叉一般均会低于两侧叉,或者两面均平和一面平一面做成微弧凸状;中期以后的三叉形器,其中叉似逐渐与两侧叉呈齐平。有些较特殊的三叉形器,则在三个叉的上部和中叉的下部,分别琢出四块自上至下竖向有穿孔的方形凸块[5],这可能与当时使用时的方式和局部功能方面的不同有关。这类三叉形器虽然在造型上和前一类有一定的差异,但是其表面的纹饰和总体呈三叉的造型还是基本相同的。通过观察和对比发现,三叉形器表面所雕刻的图符纹饰和风格,与完整的良渚文化神人兽面纹具有明显的一致性,如:椭圆形兽眼、羽状纹、人形鼻和扁阔嘴等。而奇怪的是,这些纹饰特征在一些鸟形器上同样可以找到,而三叉形器与鸟形器在总体造型上又属于基本一致。

通观三叉形器者，在造型上一般都大同小异，表面雕刻的图案和纹饰也大致相同。在浙江省余杭地区良渚文化遗址墓葬考古中出土的三叉形器，以瑶山墓地为最多，主要有如：瑶山3号墓

图1

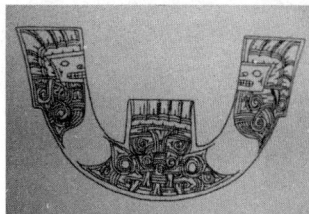

图2

（瑶山M3：3）（图1）、7号墓（瑶山M7：26）（图2）、9号墓（瑶山M9：2）（图3）、10号墓（瑶山M10：6）（图4）等。[6]这些三叉形器具有相同的风格和特征，下面以瑶山10号墓出土的三叉形器

（瑶山M10：6）（图4）为主要对象进行分析和对比。这件三叉形器的整体姿态和鸟在飞翔时的形态基本一致，总体上尾部为三个叉，前端为弧形的造型。这一点我们可以通过观察现藏于日本出光美术馆的良渚文化鸟形器（图5），以及浙江余杭良渚瑶山2

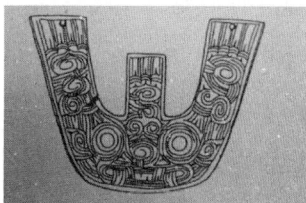

图3

号墓出土的鸟形器（瑶山M2：50）（图6）得到灵感并相互佐证。观察发现，瑶山10号墓三叉形器（图4）的姿态，和日本出光美术馆收

图4

藏的鸟形器（图5）及瑶山2号墓（图6）极为一致和相似。因此笔者认为，其一，瑶山10号墓出土三叉形器（图4）其后端三个突出的叉的部分，应是对日本出光美术馆收藏的鸟形器（图5），以及瑶山2号墓鸟形器（图6）后端尾巴和两侧双翅膀造型的模仿和创作的结果。其二，可以看到日本出光美术馆收藏鸟形器（图5）上的羽状纹在瑶山10号墓三叉形器（图4）的相对位置上也能找到，在瑶山3号墓（图1）、7号墓（图2）、9号墓（图3）等器物表面的

相同部位也同样存在,这就进一步为我们提供了上述瑶山 10 号墓
(图 4)出土三叉形器等类似的器物类型,包括瑶山 3 号墓(图 1)、7
号墓(图 2)、9 号墓(图 3)等,皆具备了鸟形器的相同属性,或者说
它们是通过创作后成了变异或功能性的鸟形器罢了。

图 5

图 6

　　资料显示,良渚文化时期对鸟形器及其图符的创作颇为巧妙
和富有灵感。出土于瑶山 2 号大墓的一件鸟形器(瑶山 M2∶50)
(图 6),虽然初看上去比较抽象,但又颇为写实。通过观察,这件器
物除了在轮廓上属一件颇为逼真的单件鸟形器,在表面上采用的
也是比较简洁的线条写实描绘雕刻手法,但从这件鸟形器上我们
可以发现,鸟的各个部位和特征都非常明显和清晰可辨,如椭圆形
的鸟眼、鸟嘴呈向上的张开状等。笔者认为,这件鸟形器鸟嘴呈向
上的张开状姿态,应是显示了创作者要表达鸟儿在得到母亲鸟食
物时的瞬间情景,可见创意效果极其形象和深动。虽然日本出光
美术馆收藏鸟形器(图 5)的总体姿态与瑶山 2 号墓鸟形器瑶山
(M2∶50)(图 6)呈一致,均展示了鸟在飞翔时的姿态,但是两者之
间的创作手法、雕刻工艺等是有明显的区别和差异的,前者可谓设
计和装饰考究的工笔形,后者无疑属于写意式,这不仅显示了良渚
先民丰富和灵活多变的艺术想象力,还说明了它们各自的用途与
使用场合也应是不同的。

　　在通过对这些三叉形器和鸟形器的眼部观察时发现,瑶山 3 号
墓(图 1)、瑶山 10 号墓(图 4)、日本出光美术馆收藏的鸟形器(图

5)、瑶山 2 号墓(图 6)等眼睛部位的造型基本一致,均属于椭圆形,

但不难发现其中瑶山 10 号墓(图

4)、瑶山 2 号墓(图 6)的眼形应更

接近于余杭良渚反山 12 号大墓出

土的玉琮(图 7)上雕刻完整的良渚

文化神人兽面纹中的眼形,甚至可

以说两者如出一辙。在瑶山 10 号

墓(图 4)等类似器物上硕大的兽眼

图 7

的下方显示了人形鼻和人形嘴,以及象征着兽长长的獠牙,这些特
征在余杭良渚反山 12 号大墓出土的玉琮(图 7)上雕刻完整的良渚
文化神人兽面纹中同样可以找到并相对应,因此,很显然让我们找
到了完整的良渚文化神人兽面纹原本就是在瑶山 10 号墓(图 4)、
瑶山 2 号墓(图 6)及日本出光美术馆收藏的鸟形器(图 5)等三叉形
器和鸟形器的基础上创意完成的证据。

如仔细观察余杭良渚反山 12 号大墓出土玉琮(图 7)上雕刻完
整的良渚文化神人兽面纹的上端,也就是通常人们认为的神人兽
面纹的“冠形”处,有一种向后仰的羽毛状纹饰(羽状纹)。笔者发
现这种向后仰的羽毛状纹饰的形态,和瑶山 3 号墓(图 1)、瑶山 7
号墓(图 2)、瑶山 9 号墓(图 3)、瑶山 10 号墓(图 4)等三叉形器和日
本出光美术馆收藏的鸟形器(图 5)上的羽状纹的造型和创作手法
是完全一致的,都是由一组两边各两条单线(也有三条和少数一条
的)和下端中间三至四条(少数有五至六条的)呈向上弧突的横线、
再在上弧的横线的前端中央设一条延长线为单元组合形成的羽状
纹。观察还发现,每一件器物上的类似图符和各个单元组合羽状
纹中间设的延长线是有长短之分的,可见余杭良渚反山 12 号大墓
出土玉琮(图 7)上雕刻完整的良渚文化神人兽面纹上的最长,可延
至与其一组纹饰中两侧线条相等长度的位置。瑶山 2 号墓玉梳背

器(瑶山 M2：10)(图 8)与瑶山 10 号墓玉牌饰(瑶山 M10：20)(图13)这一部位的总体形式,与余杭良渚反山 12 号大墓出土玉琮(图7)上雕刻完整的良渚文化神人兽面纹基本一致,唯一不同的是瑶山 2 号墓出土玉梳背器(图 8)与瑶山 10 号墓出土的玉牌饰(图 13)神人"冠形"部位这一组线条中的中间延长线显得较短,所以似与余杭良渚反山 12 号大墓出土玉琮上雕刻完整的良渚文化神人兽面纹上存在了区别,其实不然。在瑶山 3 号墓(图 1)、瑶山 7 号墓(图2)、瑶山 9 号墓(图 3)、瑶山 10 号墓(图 4)、日本出光美术馆收藏的鸟形器(图 5)、瑶山 9 号(墓瑶山 M9：4)(图 9)、瑶山 10 号墓(瑶山 M10：15)(图 10)、瑶山 11 号墓(瑶山 M11：64)(图 11)、瑶山 9号墓(瑶山 M9：1—2)(图 12)等三叉形器、鸟形器、镯式琮和玉柱形器图符中,这一部位的中间延长线虽然大多数较短,但不难看出它们和余杭良渚反山 12 号大墓出土玉琮(图 7)上雕刻完整的良渚文化神人兽面纹、瑶山 2 号墓玉梳背器(图 8)、瑶山 10 号墓玉牌饰(图 13)之间的整体形式、风格及作者想要表达的效果与创作手法还是相同的。存在上述羽状纹中间延长线有长短之分区别的主要原因,笔者认为,应是余杭良渚反山 12 号大墓出土玉琮(图 7)上雕刻完整的良渚文化神人兽面纹为了表达长弧形的羽毛,而做出了和其他相同类型图符羽状纹纹饰相同的设计和表现手法。仔细观察还可以看出,虽然余杭良渚反山 12 号大墓出土玉琮(图 7)上雕刻完整的良渚文化神人兽面纹的这一组羽状纹线条中的中间线明显延长了、加密了和外弧了,但其下端中间的几条呈上弧突的横线和瑶山 10 号墓三叉形器(图 4)、瑶山 2 号墓玉梳背器(图 8)、瑶山10 号墓玉牌饰(图 13)等的形式是呈一致的,仍清晰可见。

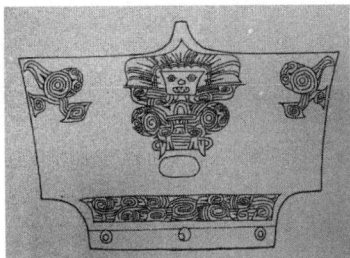

图 8

图 9

图 10

图 11

图 12

图 13

　　这些在创作形式上的区别和变化,笔者认为应包含有器物等级和规格的高低,以及时代早晚等多个方面的原因。也许就是由于存在了这一在设计和表达形式上的区别和差异,会让人产生一些误解而不易识读。我们通过进一步观察瑶山2号墓出土的玉梳背器(图8)上神人兽面纹的局部变异图符,也许还可以得到更多的认识。可见其神人"冠形"部位的羽状纹,与余杭良渚反山12号大墓出土玉琮(图7)上雕刻完整的良渚文化神人兽面纹,其"冠形"部位弧形线条的创作风格和总体造型是完全相同的。类似纹饰还可以参见瑶山 9 号墓(瑶山 M9∶4)(图 9)、瑶山 10 号墓镯式琮(瑶山 M10∶15)(图 10)、瑶山 11 号墓(瑶山 M11∶64)(图 11)、瑶山 9 号墓玉柱形器(瑶山 M9∶1—2)(图 12);瑶山 10 号墓玉牌饰(瑶山 M10∶20)(图 13)等。

综上所述,良渚文化的鸟形器、三叉形器和神人兽面纹,虽然它们在总体形态上存在着一定的差异,而且在当时的宗教活动中可能各自的功能和作用也有所不同,但是,笔者认为它们的创作母题为鸟和对鸟的主题崇拜之思想观念应是一致的。

备 注:

①相关图片皆采自浙江省文物考古研究所编著:《瑶山》(良渚遗址群考古报告之一),文物出版社 2003 年版。

②本文中所提到的鸟或句子中"创作母题为鸟及对鸟的主题崇拜"等中的鸟,与作者 2004 年发表《鸟崇拜与良渚文化神人兽面纹》中的鸟是一致的,即鸱鸟(猫头鹰)。

参考文献:

[1][3][4][5][6] 浙江省文物考古研究所.瑶山[M].北京:文物出版社,2003.

[2] 蒋卫东.神圣与精致——良渚文化玉器研究[M].杭州:浙江摄影出版社,2007.

原载《中华文化画报》(国家级核心期刊)2012 年第 7 期

第二章

古代桥梁研究

古老的孩儿桥

位于城关镇县桥河之上的孩儿桥(图1),是德清县现存比较完整和具有一定时代特征的古代桥梁建筑之一,同时它还是城关镇(德清县)千年古镇的重要实物标志。讲起孩儿桥,凡是当地人,尤其是上了一定年龄的人都会比较熟悉。也许孩儿桥只是一座一般人看起来并不重要的破旧老桥,但是由于它本身所含有的艺术、科学、历史价值不能被轻易代替,而它的存在又可以与德清县的古代发展历史联系起来。因此,相比于其他桥梁,孩儿桥无疑是一座非同寻常的特殊桥梁。

图 1

史料记载,早在三国时已开始置永安县的武康之东乡(东部、现在的城关地区),至唐代晚期时,在工农业、商业等各个方面均已有了较大的发展,人口也大大增加了。水路是古代江南地区最为方便且常用的交通手段,城关地区也不例外,这里不仅水资源丰富,而且河道纵横交错、四通八达,因此给古代桥梁建筑的发展及水乡区域经济的发展提供了良好的条件。当时的官府显然也看到了这一点,因此,在唐朝天授二年(691)时决定在武康地区以东,时称东乡之地另置一县。初名"武源县、临溪县",之后又改名德清县。从此武康县、德清县两县分治。1958年两县合并为德清县至今。

宋代以后,位于城关地区德清县城的范围比以前不仅有了明显的扩大,而且各方面的发展也比较明显。城关地区凭借特殊的地理环境,因水路而繁荣,又因繁荣而多桥。以桥梁为例。据地方史料记载,北宋治平年间,这里就已有大小各种桥梁十余座,而清河桥(孩儿桥)便应是其中最为主要的一座。桥梁数量的不断增加,必然促进建桥技术的发展,这对于一个距今千年的小县城来说,应是一件很了不起的事情。

据清同治《湖州府志》记载:清河桥在县儒学门之前,跨北流水,宋治平中(1064—1067)陈知县建,俗呼孩儿桥,明代天启四年(1624)教谕马文耀更名会瀛桥。孩儿桥为单孔石拱桥,南北向跨于县河之上,桥长约16米,桥面宽3.5米,矢高6.5米,栏板高0.8米,两侧金刚墙和拱墙皆用条石错缝砌筑,拱墙两侧各设素面间壁石两根、整桥共四根。拱券石为纵联分节法砌筑,两坡脚略呈上小下大的八字形,各设石阶数级。观察发现,此桥的桥栏很有特色,其造型与绍兴的宋代八字桥相似,是用整块盛产于当地的武康石做成上端镂空成形的做法。桥栏南北两端各置望柱和抱鼓石紧固,且望柱头做成具有本地区早期宋代桥梁风格和特征的仰覆莲花纹。桥面中央设有后期明清桥梁特征的方形顶盘石,拱券顶端亦置方形龙门石。在拱券内两侧的拱券石上见有许多人工雕刻的描红文字痕迹,但已模糊不清而不易分辨,看来应为古代爱好桥梁的文人或走游四方的雅士所为。

根据地方史料记载,初创时的孩儿桥至今已有千载之久,虽仍能保留一些当时宋代的建筑特色,如用材为本地区早期桥梁的武康石,栏板间望柱头设仰覆莲花纹,抱鼓石的造型及坡脚侧面雕刻的纹饰风格特征等。但由于历代几经重修或重建,从桥梁的桥身拱券、桥面格局等部位观察,其早期桥梁的建筑风格已基本不存。尽管如此,由于孩儿桥至今仍保存基本完整,且通过桥上的一些建筑构件特征可以了解本地区古代桥梁发展的历史与变迁等情况,因此它应仍然是一不可多得和可以参照借鉴的桥梁实物资料。

德清县城关地区的古代桥梁历史资料显示,还有始建时间更为久远的桥梁,如位于城关镇长桥河的阜安桥(现在称长桥),据称此桥创建于唐代中期,但可惜目前已不复存在。另一座位于武康的千秋桥则时代更早,建于三国(吴)黄武元年(222),为武康建永安县时所创建,但此桥也早已被拆除。目前,德清县创建时代较早,仍能保存完整,且原造情况良好的早期桥梁,主要为建于南宋时期的桥梁,如位于三合的寿昌桥、永安桥,以及位于武康的梁桥僧家桥,三桥的追远桥,龙山的兼济桥和上柏的万安桥等。

古代桥梁资料是德清地区古代人文历史的最好见证。城关镇目前由于旧城改造的需要,使一些古老的建筑和古代遗存逐步有所改少或破坏。孩儿桥是幸运的,它虽也曾有过被拆除的危险,但是在当地政府和文物部门的重视及广大热心人士的共同关心下,最终还是被完整地保存了下来,如今它依然横跨于创建时的县河之上。孩儿桥是德清县地方古代历史上的一个小小的缩影,通过它,可以使年轻一代对家乡的古老历史有一个更直观地了解,从而可以激发人们对祖国、对家乡的热爱之情。孩儿桥的特殊历史也确定了它自身所具有的珍贵价值。它造型优美、风格古朴,犹如一座无与伦比的城市雕塑,仿佛每天都在向过往的行人讲述着它的历史与故事。由于它的存在,还给德清县城关这座千年古镇增添了许多古老的文化和历史风采。

原载《莫干山报》1998 年 1 月 12 日

江南水乡,古桥文化
——浙江德清古桥梁初探

德清县地处浙江省北部,杭嘉湖平原的西部。全县地形呈西高东低状,西部属天目山余脉,低山丘陵起伏,东部与中部为江南典型的水乡平原。全县主要干流有东苕溪、大运河、龙溪等,境内江、河、溪、涧大多自然形成。明嘉靖《德清县志》记载:"德清居泽国间,水利其舟,固其恒事,乃若舍舟遵陆,非桥渡莫通。"特殊的江南水乡地理环境、风土人情,形成了独特的古代桥梁建筑风格和古代桥梁文化。

一、概 述

1992 年《德清县志》统计,截至 1985 年,德清县境内尚存各类古桥梁有 600 余座之多。近年来,随着各地基本建设的开展,一些地方的古桥梁虽曾遭到过不同程度的破坏,但由于保护措施得当,目前其保存数量仍非常可观。调查发现,德清现存的古桥梁用料均为石材,且大多保存完好,其中梁桥与拱桥的比例约为 4:1。时代最早,且仍保持始建风格特征的,以宋元时期桥梁最为明显,其分布主要集中在德清的西部和中部两个地区,所用石材均为盛产于当地的武康石。清中期以后,古桥梁的用材则基本以呈黄褐色花岗岩为主,桥梁的建筑风格差不多也随之发生了变化。德清古代桥梁上见有桥名的时代最早是南宋时期,桥楹的出现是在清代开始的,这些题材颇具地方特色和时代特征。其中最早的桥梁是南宋的梁桥万安桥、兼济桥和拱桥永安桥、寿昌桥等。镌刻桥楹者则以清代的桥梁为主,其中主要有双富桥、太师桥、西施画桥、保佑桥、通富桥、黑桥子桥、毫毛桥、丁郎桥、斜风桥、文澜桥、青云桥等。桥名以楷书为主,文字亦最为秀丽。文字最多的桥楹,出自干山镇的茅山高桥,竟多达 116 个汉字。字数最少的桥楹,为武康千秋桥,仅由 8 个汉字组成。除此之外还有碑记、诗词、歌谣、桥谚等与桥梁相关的文化。这些丰富多彩的关于桥梁的历史文化和故事,无疑记录了一段历史,也蕴含了许多趣闻和传说。现根据桥梁的时代特点、类型和形式特征等,选择介绍,并就与古桥梁相关的人文历史、武康石等相关问题,进行简单的分析和阐述。

二、桥梁类型、结构、特点

(一)石梁桥

早在原始社会时期,人们用自然倒下的树木、石梁、石块,以及谷岸生长的藤条等自然物来跨越水道充当桥梁,从中得到了启发。随着历史的逐步发展、社会的不断进步,人们开始有目的地伐木为桥和堆石、架石为桥。人为架桥的开始,主要利用竹、木、藤等自然作物,这时出现了人类社会桥梁的萌芽产物。我国古代桥梁的发展是先有梁桥,再有浮桥、索桥,最晚出现的是拱桥。德清地区古代桥梁的历史,也经过了石梁桥、石拱桥的发展过程。据史料记载,唐宋之际德清地区曾经有部分木质梁桥存在,但由于木桥具有易腐朽等特点,以及史料记载的局限性,因此关于这方面的桥梁资料目前已很难考证了。

资料显示,多孔石梁桥的桥墩有排柱、石砌墩两种,德清的石梁桥多见于排柱墩式。排柱墩便于泄洪,又比较美观,也适应江南地区的地理特征,故在历代被推广。调查发现,德清地区一些早期宋元时期梁桥的桥面主梁，一般均设计成稍呈往上的弧形和底为平面的式样，因此整体上主梁的造型呈两端略薄、逐步向中间增厚的形式，这样无疑可以起到增强桥面板强度的作用，是本地区桥梁技术的一大特色。江南地区古代桥梁梁桥的桥墩结构有厚薄墩之分，德清的梁桥均采用了薄墩技术，且在一些梁桥的主梁下大多设圆形梁木，这样可以增加其梁的承重强度，还可以确保新桥在刚建成投入使用时的安全性和稳定性。圆木的数量是随桥梁宽度的增加而变化的，一般以三根和四根比较常见。但经过日积月累和常年风雨的腐蚀，这些圆木均已圮，但用于放置圆木的印痕目前仍清晰可见。在装饰上，德清宋元时期的梁桥有镌刻花卉、云纹、莲花等纹饰之风格特征，在桥梁上题刻桥名、纪年等也比较普遍，但这一时期桥梁的桥楹则基本不见。调查发现，德清古桥梁始有楹联约在清代期间，并以拱桥居多，梁桥次之。目前这些石梁桥大部分仍保存完整，是德清古桥梁中的重要组成部分，其类型主要有：单孔、三孔、五孔、七孔等多种，其中三孔者最多，现分述如下。

1.单孔石梁桥

单孔石梁桥目前发现约有二三十座，其创建年代最早可上溯至近1800年前原武康县的千秋桥。据清道光《武康县志》《浙江通志》记载，千秋桥在三国（吴）黄武元年（222）始建，明洪武时改六孔石梁桥，但此桥目前早已不存。另一座较早的梁桥是距今约1700年以前的武康县清河桥。此桥已历经多个朝代的重建，其始建风格也已基本不存。现在的清河桥属晚清建筑，为单孔石梁桥，但也具有一定的时代和风格特征。桥全长7.5米，宽2.1米。两侧桥墩金刚墙由长方形块石错缝砌筑，墩外侧各立排柱石五根为壁面，其上置横梁且外挑，桥墩之上架四块纵向直铺的花岗岩梁板为面，孔跨1.9米，桥额镌刻"清河桥"三个阳文楷书，其旁镌刻小字"乙巳年谷旦、里人重建"等题记。桥面纵向两侧各设一块花岗岩条石为护栏,但不设望柱坡脚和石阶。清河桥有其本身特殊的一面,可谓德清单孔石梁桥中的第一种形式。

位于城关镇以北的三田畈单孔梁桥,也是一座很有特色的单孔石桥梁。此桥的用材均为产于当地的武康石。桥全长 5 米,高 1 米,桥面宽 1.8 米,南北各设石阶三级。两侧桥墩金刚墙用条石错缝砌筑,其上横置

图 1

盖梁均外挑。两桥墩之间纵向直铺两块微呈拱形的主梁为桥面,其侧面两端均镌刻精致的卷云纹装饰,其边缘则做成垂直的折沿形,体现了德清地区早期桥梁的风格和特征,其结构和工艺与上述清河桥有着明显的不同。此桥虽比清河桥小,但比较精致,虽无桥名、题记,史料也未曾记载,但从其建筑风格和所用武康石等方面分析,其始建时代应约在宋元之际(图 1)。此桥应为德清单孔石梁桥中的第二种形式。

第三种单孔石梁桥形式,主要分布在德清的东部水乡新市地区。此类单孔梁桥在体形上要比前两种略大,在风格和造型上似乎接近于武康的清河桥类型,但又不完全相同,以位于新市镇的望仙桥和新桥等为代表。这些桥梁一般均坐落在一些跨度不大的镇区市河,或河面宽度相似的乡村内河之上。桥的长度一般在 10 米左右,中孔跨度 3—5 米不等。在桥墩金刚墙的外侧也一般设由四至五块石柱组成的壁面。这类桥设护栏者较多,两端还设有方形望柱,并在两侧坡脚上设有三至五级石阶不等,有些还题刻桥名和纪年。新桥的南侧金刚墙墩台侧面镶嵌了一块长 1 米、宽 0.6 米、厚 0.5 米的铭石,内阴刻"嘉庆七年三月重建"字样,在德清也独此一例(图 2 望仙桥、图 3 新桥铭石)。同种类型的桥梁,如位于武康的回龙桥等。

图 2   图 3

除此之外的一些单孔石梁桥,一般均分布在山区或半山区宽度在2—3米的小溪之上。这部分桥梁大多比较简单,基本仅用独块或两块长方形梁石纵铺为面,两侧桥墩金刚墙也比较简陋,时代一般在晚清至民国期间。

资料表明,时代较早的单孔石梁桥,其桥面梁两侧的边缘,一般均设计成垂直的折沿状且桥面梁板略呈上弧,这一特征和早期的三孔石梁桥的时代特点基本相同。相比之下,城关三田畈桥,可谓德清单孔石梁桥中较为精致的桥梁之一。

2. 三孔石梁柱桥

这类桥梁在德清最为普通,其数量也最多。早期的桥梁其桥面大多略呈弧形,其栏板也一般用独块石料凿成须弥座形状的较多,望柱顶端则镌刻成仰覆莲瓣纹;排柱上镌刻精美的荷叶、荷莲图案,有的见有上镌荷叶、下镌荷莲,形成一个长方形的框,在框内镌纪年题刻,有的则在排柱之上镌刻建桥时捐款者的名字、桥史等内容。另外,在桥面梁板的两端等构件部位镌刻花卉、蔓草、云纹、如意等图案的也较为普遍,后期桥梁这些特征基本不见。位于城关镇著名学者俞樾先生出生地金星村的四仙桥虽曾重修,但在排柱内侧也见有镌刻荷叶、荷莲图案和镌刻楹联、纪年等,这在诸多三孔石梁桥中比较少见。具有这些特色的桥梁,较典型的还有新市的广福桥,武康的兼济桥、上邻桥、追远桥等,但是这些桥梁的创建年代存在区别。

　　位于德清中部区洛舍镇龙胜村六组、建于宋乾道八年（1172）的兼济桥，是一座很有时代和地方特色的三孔石排柱梁桥。此桥镌刻楷书桥名、纪年、重建人和资助者等原始文字内容。桥梁的用材均为盛产于当地的武康石，桥全长 11 米，两坡脚各长 1.75 米。桥面宽 2 米，高 2 米。桥面的宽度和两坡脚相同呈垂直，不见收分。两侧桥墩已深埋土中，中间桥墩为有间隔的排柱墩式、设四立柱，立柱的横向之间各留 20 厘米空隙，柱底为槽石基础，其上端置帽柱横梁、并采用榫槽结构与三柱紧扣形成框架。帽柱横梁外挑，其端面镌刻精美的花卉纹。栏板和桥面主梁板均纵

图 4

向放置于下凿约 5 厘米的横梁之上，从桥的两个侧面可以看到，桥栏板如桥面主梁板一样直接架于两横梁之上。此桥不见望柱（可能已损），栏板凿成带平衡线条的分节形和似须弥座状。在栏板的外侧两端等处均阳刻云纹，栏板中间桥额处阴刻楷书"兼济桥"三字为桥名（图 4）。

图 5

　　位于干山镇的普济桥，虽然其风格和兼济桥有着很大的区别，但两座桥均采用了武康石，体现了德清地区早期桥梁的特征。清康熙《德清县志》记载："普济桥，在蠡山村，俗呼夏家桥，亦名四仙桥。"桥全长 19 米，坡脚宽 2.6 米，坡脚有收分，可起到增加桥梁稳定性的作用。普济桥用排柱式桥墩，其做法和同类桥梁基本相同。桥面两侧置须弥座桥栏和饰仰覆莲瓣纹望柱（图 5）。普济桥虽然未见题记始建年代，在史料中也未明确记载，但从其使用的

武康石特征、须弥座护栏、仰覆莲瓣
式望柱、构件镌刻卷云纹、花卉纹等
多个方面的技术特色分析,其时代应
在清代以前的宋至明期间。同一类
型的桥梁形式如位于上柏镇的广济
桥、干山镇的绍隆桥等。广济桥史料

图 6

记载为元皇庆三年始建,清道光重建(图 6)。综上,洛舍兼济桥和
干山普济桥,应是德清三孔梁桥类型中的第一和第二种类型的桥
梁形式。

　　第三种和第四种三孔石梁
桥的形式,应属位于武康的上邻
桥(图 7)、僧家桥和武康三桥的
追远桥(图 8)等类型。这三座桥
梁在用材的规模上有所区别,其
形式也略有所不同。前者较为

图 7

图 8

清秀,后者则稍显粗犷,所以可
以将它们分为两种形式。相同
之处是均不设护栏和皆采用武
康石等。僧家桥两桥塊的踏跺
设计颇具特色,它采用了在整块
条石上横向直接凿刻石阶的方

法而成,这在德清古代桥梁中属于仅此一例。桥面梁板的特征是
底面呈平直,中间则稍呈弧形,使整座桥梁略呈向上的弧形、桥梁
的中间自然增厚,桥面梁板的两侧边缘均做成垂直的三折沿,体现
了德清早期石梁桥的风格特征。德清地方志有载,上邻桥在南宋
开禧元年(1205)重建,元、清等诸代重建或重修。僧家桥的排柱墩

一侧镌刻"皇宋宝庆二年重建"字样,因此,这两座桥的时代应大致相当。这类桥梁比起有栏的桥梁来略显简单,其结构主要由桥墩和桥面组成。桥墩为长方形石排柱墩状结构,排柱两边的柱角一般均被凿成(抹角)约2—3厘米的平侧面,这也是德清早期宋元时期石梁桥的主要特征之一。这类桥的排柱墩一般由四根组成,但三根也有,最多者可达六根,如三桥上市桥就设有六根。排柱墩柱底一般为槽石基础结构,在成排的石柱上再横置帽梁石紧紧扣压排石,且两帽梁石横梁一般均外挑,有一些在梁的端面镌刻造型生动的石兽、云纹等图案花纹作为装饰,如时代稍早的三桥追远桥、兼济桥、上市桥,稍晚的新市万安桥等均有这类纹饰现象。相传此类花纹具有镇水压桥之功,所以被广为流传和推崇。这类桥的两侧桥墩(金刚墙)一般皆用条石作平衡错缝砌筑,桥面的主梁石最少为两条,但也有三条、四条、五条的。用两块主梁石纵铺的桥面,一般时代较早,一些略迟的桥梁发现会在条石的中间另横铺小石块来加宽形成桥面。追远桥类型的桥梁为无护栏式,用材皆武康石,相比于其他桥梁,其用材比较厚重,体现了一种风格和技术特征,且在帽梁石端面刻有精致的花卉纹饰。除此之外,这类桥梁的建筑风格和基本结构均和武康僧家桥、上邻桥大致相同。如装饰花纹、桥的主梁板略呈拱形和梁边缘垂直的折沿、排柱墩四边的柱角被凿去约3厘米的抹角处理等。

德清第五种三孔石梁桥形式,是一些时代较晚的普遍性桥梁。这类桥梁的用材一般均采用呈褐色的花岗岩,在其构件上基本不见镌刻装饰花纹,桥栏望柱一般也以方形居多,但也有素面和镌刻简单花纹的不等。

图9

桥面以设护栏者居多,一般见中孔设计成镂空的形状为时尚,如干山的高新桥(图9)等。

　　桥心板,又称合龙板、定心板等,古时建桥最后一道工序就是放置桥心板。一般设这一构件的以拱桥居多,但位于武康的上邻桥、干山的高新桥等许多桥梁,均设计了一些饰有飞轮(旋涡)状图案的桥心板,体现了一种

图10

时代和建造工艺方面的特征。德清三孔石梁桥中大多是一种比较简单的形式,如位于新市的万安桥。此桥创建于清乾隆年间,根据目前可见的桥上题名可知此桥为清咸丰七年里人重建。这些桥一般均建于相对较小的河流之上,为了便于船只通行,有一些桥梁的中孔设计得比较高,故形成了两坡脚坡度较大的形状,因此远看呈八字形,在中孔桥面两侧大多设有长形条石作为护栏(图10)。调查发现,这类普通型梁桥在不同的地理环境之下,其形状也会有所不同,大多数的这类梁桥整体均呈三孔一致的平衡状,但其中也有不设护栏的无栏式梁桥形式。

　　3.五孔与七孔石梁柱桥

　　在德清共发现五孔梁桥约二十座,代表性桥梁最早可见于洛舍龙山的社桥(图11),地方志记载其始建为南宋时期。社桥皆用武康石砌筑,全长42米,面宽2.8米,高6.4米。这类桥的排柱墩一般以三立柱或四立柱居多,在成排

图11

的石柱上再横置帽梁石紧紧扣压排石,柱底为槽石基础,其排柱墩的基本结构和三孔梁桥属于一致。社桥虽经历代重修或重建,但仍能保持宋元时期的桥梁建筑风格,如须弥座栏板、望柱雕刻仰覆

莲瓣纹、排柱一侧面上镌刻精美的荷叶、荷莲组合图案等。另一种形式的五孔梁桥，比较典型的有新市的永宁长桥（图12）等。地方史料记载，永宁长桥在清康熙年间重建，目前所见桥梁为光绪年间重建。此桥由于经历代重修，现桥梁的用材已由不同品种的石材

图12

组成，如花岗岩、武康石等多种。永宁长桥整体略呈拱形，其排柱墩结构与社桥基本相同，但栏板和望柱的做法却有所区别。永宁长桥的栏板比较低矮，中孔护栏做成镂空形，望柱则用青石做成方形，顶端饰有绶带纹，上述元素体现了与社桥不同的特点和桥梁建筑风格。

　　第三种形式的五孔石梁桥，典型的是位于洛舍镇的大顺桥（图13）。大顺桥是德清数量不多，且具有一定地方风格的五孔梁桥之一。桥全长26.6米，宽1.7米，高3.5米，除排柱墩等结构和永宁长桥基本相同以外，还有很多不同之处，其桥栏设计得非常秀气，整体用青石镌制而成，其厚度仅0.07米，高0.65米。望柱做成方形式样，并见在顶端处镌刻有莲花状纹饰，但也有素面望柱。抱鼓石的侧面则设计成几何形图案，比较精致，看上去颇有特色。在桥额处题刻有"大顺桥"三字楷书桥名，并一侧刻有"乾隆四年重建"等字样。在桥的侧面及排柱的内侧等处，见刻有多处某某人助等阴刻文字，说明此桥的建成与民间多方筹资关系密切，是德清古代民间参与建桥的见证和体现。除社桥以外，其他

图13

两座五孔梁桥的桥面中心均镌刻有精美的定心石(一作顶盘石)图案。大顺桥桥面定心石表面雕刻的飞叶纹图案比较精致,也是其他类似桥梁比较少见的,因此很有地方和时代特色。永宁长桥的定心石是做成在一块正方形石块的方框内镌刻一对旋涡纹的形式,是这类桥梁中所少见的。以上这三座梁桥,体现了德清五孔石梁桥类型中的主要形式。

七孔石梁桥在德清仅发现一座,桥梁位于德清东部水乡区域的新市镇,名为龙带桥(图14)。此桥为德清现存最长的石梁桥,全长达54米,高6.5米,桥面宽2.5米。桥梁始建无考,地方志记载为清道光十八年(1838)里人重建。后圮,清同治年间重建。调查发现,龙带桥由多种杂石砌筑而成,这应是由于历经重建和重修所致。桥的构造、风格等,和上述五孔桥梁基本相同。排柱墩由四块条石

图 14

组成,柱上横置帽梁石,原始护栏已圮,现护栏为后期产物。从远处眺望此桥,犹如长龙卧于水中一般,体现了江南水乡桥与水、村庄完美结合的一种特殊之美。

(二)石拱桥

石拱桥是古代劳动人民的一大创举,具有方便船只通行、坚固稳定、美观大方等多方面优点,故长期以来备受人们的关爱和推崇。德清拱桥主要为单孔型,数量少于梁桥,这可能和当时人力、物力、财力、社会发展等方面因素有关。资料显示,德清古代建桥的方式,除当地官方出资外,大多以民间集资、捐赠、僧人主持等为主,因此,建桥经费自然有所拮据。一般情况下,建造一座拱桥的代价可能要大大超过建造一座梁桥。另一方面,拱桥所需的石材

要求也会远远超过梁桥,尤其拱桥的拱券、护栏等对石材的要求非常高。除此之外,还可能存在一些关于建造技术上的难题。因此,这些因素应多是遏制拱桥发展,而成为拱桥少于梁桥主要原因之一。根据分析,虽然德清的拱桥只占梁桥的四分之一,但从保存至今的这部分拱桥来观察,无论在设计、装饰、结构与造型、建造难度等各个方面,均有着非凡的业绩,其中宋元等早期拱桥显得尤为突出。代表性桥梁主要有三合乡的浙江省文保单位寿昌桥、永安桥,下舍镇的万寿桥,城关镇的清河桥等。根据史料记载,这些桥梁中除城关镇的清河桥为始建于北宋治平间以外,其他均在南宋至元代之际。除此之外,建造时代在清代,并在桥面两侧设有"吴王靠"座椅形式的拱桥,也具备较高的设计和建造技术,如干山镇的茆山高桥、徐家庄镇的永明桥等,体现了明显的桥梁建筑时代特色。

德清南宋期间古桥梁造型独特、技艺精致、数量众多,除具备了得天独厚且性能优越的武康石资源,地方上的桥梁设计匠师的别出心裁,建桥工匠的智慧等因素之外,有学者则认为,这可能和德清处在南宋京城杭州的近郊,在社会发展、技术、政策、资金等方面具有一定的优越性不无关系。纵观德清古代石拱桥的特点,早期拱桥的风格、镌刻工艺等,基本和同时期的石梁桥装饰风格相同,如在桥梁相关的构件上镌刻装饰花纹、望柱的仰覆莲瓣纹,以及须弥座栏板等。除此之外,宋元时期桥梁的用材均为盛产于当地的武康石。早期拱桥的另一个主要特点是,其拱券一般均做成呈椭圆的弓形状和用分节并联法砌置。后期桥梁,大致从明代中期以后开始,桥梁的拱券一般均设计成纵联式结构,其形状也大多呈半圆形。德清宋元时期的拱桥一般拱顶均较薄,使拱券显得高敞和宽阔,这说明薄拱技术已被熟练掌握和运用。除寿昌桥和永安桥以外,如位于雷甸镇的青云桥也比较典型,其拱券石已和桥的面板几乎相叠,体现了桥梁的建造技术和时代特色。薄拱是江南水乡德清地区古代石拱桥的主要特点之一,虽然时代不同的拱桥会在风格和结构上有所差异,但是薄拱技术的总体趋势基本是从南宋延续至明清和民国。分析表明,薄拱技术由于使拱顶处的体积减小,在建造时既可以节省石材,又可以节约人工和费用,还可以使桥梁显得秀丽和美观等,可谓一举多得。位于二都乡的寿昌桥还采用了高超的收分手法,主要体现在桥的拱墙侧面和拱券等处,使桥梁呈现出独特的曲线形,可以增加桥梁的整体稳定性。

位于雷甸的青云桥(图 15),地方志记载此桥始建于南宋绍熙年间,但桥上没有题刻纪年,整桥用武康石砌筑,目前仍能保持始建时的风格特征。此桥最大的特点是桥面比较平坦、看上去更像是一座

图 15

梁桥,但桥梁东西两端的坡脚又不设石阶、护栏、垂带石等,桥面仅用两块弧形条石纵铺。虽有楹联石,但又不镌刻楹联,拱券为分节并联法砌置形式很具有特殊性。

拱券呈椭圆的弓形状,比较明显的是地处三合乡的永安桥(图16)。永安桥是目前德清建造时代较早、保存非常完整的石拱桥之一,其用材均为产于当地的武康石。清道光《武康县志》记载:"永安桥,在县东二十二里,宋绍兴(1131—1162)间僧法嗣建。"此桥全长 17.3 米,面宽 2.8 米,单孔净跨 6 米,矢高 2.7 米。拱券整体呈椭圆的弓形,宛如水中的皎月。永安桥两坡脚的踏跺设计比较平缓,两侧垂带石也颇有特点,其做法是在垂带石的平面横向每隔30厘米凿刻成向上凸起约 1 厘米、宽 5 厘米的形状,这样可以起到防止车辆上下时打滑的作用。类似的设计在江南等相关地区内尚属首次发现,因此体现了一定的独创元素。永安桥的须弥座栏板、仰覆莲瓣纹望柱等,都很有时代特色,由于它创建年代较早,因此作

图 16

为这一地区当时拱桥形式中的一种典范而可以对后期桥梁的发展等产生影响。在整体设计上，永安桥与寿昌桥的整体采用收分技术明显不同，而是采用了两坡脚的宽度和桥面宽呈一线的垂直设计，桥的拱墙两侧面也不见曲线收分。因此，永安桥应属德清现存拱桥中的第二种形式。

清河桥，俗呼孩儿桥（图 17），位于德清中部地区的城关镇，其始建年代早于永安桥。据清同治《湖州府志》载：清河桥跨北流水，宋治平间（1064—1067）由县令陈子方创建。明天启四年（1624）教谕马文耀更名会瀛桥。清河桥始建于北宋，整桥均用武康石砌置，虽经历代多次重修使原造面貌和结构已基本不存，但有些地方仍能保存本地区宋代拱桥的一些风格和特征，如两坡脚垂带石侧面下端雕刻的勾云形纹饰，抱鼓石及望柱头的仰覆莲瓣纹状装饰等。清河桥栏板用七块大武康石镌刻制作，并采用子母榫衔接，上

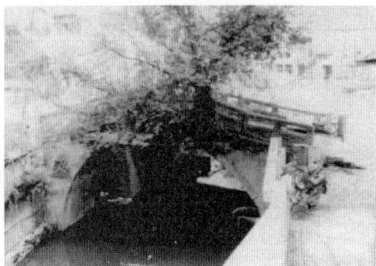

图 17

部镂空成形，栏板顶端做成圆弧形，并镌刻浮雕云拱式样，望柱处皆镌刻精美造型的云纹作为装饰。拱顶处设有一块方形龙门石，并表面镌有荷花瓣纹。清河桥虽然经历代重修或重建，但是仍然应是一座保存不错并具有一定特色的本地区古代桥梁。综合分析，此桥应为德清古桥梁拱桥中的第三种形式。

寿昌桥（图 18）是一座很有时代特色的石拱桥，其设计之科学、造型之美观、建造之精良，尤其此桥单孔跨度较大、出色的收分手

法等,在同类桥梁中实属罕见。现为省级文物保护单位,已申报国家级文物保护单位。明嘉靖《武康县志》记载:寿昌桥始建于南宋咸淳间(1265—1274),为邑人姚智所建。根据史料记载,寿昌桥的始建年代应比永安桥晚。

寿昌桥的用材均采用出自桥梁附近防风山的武康石。桥全长40米,单孔净跨17.4米。此桥的可贵之处是充分采用了高超的收分手法,如桥墩与拱墙,包括拱券与坡脚等处。所以,寿昌桥的设计相比于永安桥则具有较大的特殊之处。上述三座桥梁虽然都为拱桥,但不难发现在形式和建造工艺上存在着一定的区别。寿昌桥的雕刻工艺充分显示了设计者卓越的聪明才智,如桥梁侧面的垂带石、压券石等表面的云纹和成组的鼓钉纹相配工艺等。寿昌桥镌阴刻"寿昌"两字为桥名,在拱券内的右侧还见镌刻精美的一幅荷叶、荷莲组合图案等,上述这些多是德清地区宋元时期桥梁的重要特征。寿昌桥的造型,犹如一件精

图 18

美绝伦的工艺品杰作,与其旁的现代高速公路桥形成了鲜明的对比,形成了古代与当今对话的美妙场景,成了当地一道亮丽的风景线而吸引着四面八方的参观者前往游览。寿昌桥是德清古代桥梁拱桥中的第四种形式。

茅(茆)山高桥(图19)位于干山镇茅山村,清康熙《德清县志》载:"茅山桥,在县东十五里。"民国《德清新志》载:"茅山高桥,在县东十五里,建自何年莫考,清咸丰十一年毁于兵燹,宣统元年知县林祖贤捐廉银三百元,知县王遹善捐廉银一百元,耆民马宝三等募捐重建。"茅山桥始建年代不详,据史料已多次重建,但从现有桥上所见题刻可知,最晚的一次重建应在民国三年(1914)。

图 19

茅山桥整桥用呈黄褐色的花岗岩砌筑，体形较大，全长 40.4 米，单孔净跨 12.3 米。用此类石材建成的桥梁和上述桥梁有所不同，首先是建桥的用材不同。其次，此类桥梁护栏为方形素面，包括两坡脚两侧也为长方形素面条石护栏；望柱头一般饰坐姿的狮子，在桥顶两侧的护栏考究的一般会做成"吴王靠"的座椅形式，便于来往行人休息之用。再次，在拱墙的两侧设有 8 块楹联石（间壁石），其表面分别镌刻有可分为正与副的八条，竟多达 116 个汉字的楹联。相同类型风格的拱桥在德清数量较多，其体形也均较大，是德清县古代桥梁拱桥类型中的第五种形式。代表性桥梁有新市永寿高桥（图 20）、状元桥、徐家庄永明桥（图 21）等。

图 20

图 21

德清县现存的古代桥梁拱桥还有第六种形式。这些桥一般较小，如洛舍千秋桥、新市来凤桥、三合资敬寺小桥等。这些拱桥有的仅桥顶面两侧设护栏，有的则将护栏向两坡脚往下延伸，形成从桥顶面到两坡脚的八字形式。拱桥望柱的形状一般以方形居多，在其他的一些构件上，如栏板、抱鼓石等以不装饰花纹为大宗。虽然这些桥在拱墙的侧面大多设有间壁石，但表面雕刻桥楹的却较少或基本不见（图 22 来凤桥、图 23 千秋桥）。

图 22

图 23

龙门石是古代桥梁建筑上较为特殊的一种装饰构件,德清石拱桥上发现的龙门石,一般雕刻手法有浮雕和平雕石刻两种,装饰图案有龙凤形、盘龙形和荷花莲瓣纹等,其中第三种荷花莲瓣纹比较常见。这种形式的图案以吉祥如意为主题,但龙门石构件不是每一座拱桥都有的,有些建造工艺比较普通的则不设此构件。根据目前的调查资料发现,德清地区饰龙门石装饰的拱桥,有位于雷甸镇的庆云桥,新市镇的来凤桥、永寿高桥、发祥桥和干山镇的茅山高桥等。

三、古桥文化

资料显示,在德清地区不仅古桥梁在结构、造型、装饰工艺、用材等方面独具匠心,而且与古桥梁相关的桥梁文化也丰富多彩、层出不穷。主要有桥诗词、桥歌谣、桥谚、桥名、桥碑、桥楹,以及地方名人与桥,等等,真可谓五花八门。这些别有情趣的关于桥梁的文化,是历代文人们的杰作,充分体现了德清地区江南水乡深厚的历史文化底蕴。相对于上述一些桥楹、诗词等,古桥文化中的一些关于桥的歌谣、谚语等桥文化内容,则更显得民俗和通俗易懂,因此为老百姓所喜闻乐见。

(一)桥名

桥梁专家茅以升先生在《桥名往谈》一书中,将繁花如锦的桥名分为六类,一是表彰类,以表扬桥的建成或德与政方面的内容为主。二是记事类,主要记载桥梁的典故与传说等。三是抒情类,用桥名来表达思想感情。四是写景类,主要是美化桥周围的景色景物等。五是纪念类,以纪念名人轶事为主。六是神话类,把桥与神,或者和仙之类联系起来,有一定的迷信色彩。

德清地区现存古桥梁的桥名大致可分为以下五类,第一为抒情类,以表达思想感情为主,择吉祥、吉利、祝福等词类组成。如新福桥、太平桥、永康桥、聚宝桥、永福桥、众安桥、福寿桥、永安桥等。其中称"太平、永安、永福、永和、永平"的较多,并第二个字为"济"的也比较普遍,如"安济、普济、顺济"等。这类桥名的数量占半数以上。第二为写景类,采用比喻和形容等修饰手法。这类桥名应约占总数的五分之二,如登云桥、毫毛桥、来凤桥、双龙桥、龙带桥、长生桥、对风桥、白马高桥、黑轿子桥、南辩桥、延寿桥等。除此,第三类是一些与当地地名有关的桥名,如武德桥、德武桥、泗塘桥、茅山高桥、庙桥等。第四类是一些以物为主题命名的桥名,如清河桥、清泉桥、藤桥、皮鞋桥、总管桥、南石桥等。第五类是一些以人物、神仙等为内容的桥名,如孙家桥、周家桥、状元桥、丁郎桥、柏公桥、太师桥;观音桥、望仙桥、仙桥、会仙桥等。

乾元(城关)镇的清河桥,是目前史料记载德清现存最早的石拱桥之一,始建于北宋治平年间。此桥虽然历代已重建而使始建风格基本消失,但此桥是清溪县(原德清县之前身)在现城关镇设县治时的古老见证。由于历史悠久,且桥梁风格又比较特殊,因此历代以来在当地百姓中影响颇深。

相传在北宋时,清河桥的南塊务前街有一富绅,家境殷实,却无后代继承家业。于是他天天去桥北城隍庙求子,结果感动了清河神,请观音娘娘赐子于他。由于有了此典故,旧时镇人婚事嫁娶,其嫁妆必走经此桥,以完其求子之愿,遂成风气。

坐落于新市镇的寺前桥,是镇上小有名气的单孔石拱桥,它位于觉海寺之前,故而得名。寺前桥,原名福地桥。清康熙《仙潭志》

记载:"迎圣桥,觉海寺前。古名福地桥。明弘治中后复圮,寺僧惠源重建而改名,俗称寺前桥。"

以蚕桑闻名的德清县新市地区,旧时人们祈求蚕花赐予丰收之风俗兴盛,由此逐步形成了当地的一个民间时尚节日,即"蚕花节"(俗呼"轧蚕花")。蚕花节活动由来已久,相传源于黄帝的正妃嫘祖。远古时期嫘祖被推崇为古代中国种桑育蚕的第一人,她教会人们如何育蚕种桑,历史上尊称她为"蚕花娘娘"。新市地区的"轧蚕花"活动声势比较浩大,可影响到方圆50多公里。每逢蚕花节来临,镇上的觉海寺和寺前桥一带最为闹猛。参加者近的有来自桐乡、吴兴、崇德等地的,稍远的有来自海宁、余杭、嘉兴等地的。到了这一天,觉海寺前行人如织、往返如梭,寺前桥上成了人们停留息脚看闹猛的好去处,因此寺前桥的名声亦为之远扬。

(二)桥楹

桥楹是对联的雅称,是中华民族古老的传统文化,有着悠久的历史渊源。桥楹、楹联,也叫楹帖、对联、对子,古时也称"桃"或"符"。古代撰写楹联非文人雅士莫属,要求用字精炼、对仗工整、平仄协调且镌刻精制。德清县发现的古桥梁楹联,一般在清至民国时期居多,明以前则较少见。桥楹内容的描写,以地理位置、历史、山水风光、风土人情、吉祥比喻用语等为主。楹联撰写水平的高低,显示了撰联人的文学修养。上等的桥楹读起来朗朗上口、韵味无穷,且描述生动、用词得当,故而备受人们的喜爱。桥楹的镌刻手法有阴、阳刻两种,字体有楷、隶、草、篆等,其中楷书比较常用,隶书次之。德清县发现的桥楹,以镌刻在拱桥上居多,梁桥较少见,主要分布在新市、干山、城关、洛舍、钟管等乡镇。

武康千秋桥楹联仅由"千秋永固,万民如康"8个汉字组成。干山茅山高桥楹联多达116字,字数如此之多的桥楹,可能在杭嘉湖地区,乃至全国也不多见,故邑人每每以"天下第一桥楹"来赞美并自居。桥楹内容既记述了桥的地理位置,又反映建桥的相关历史。句子中"南北贯杭湖要道……,东西是城镇通衢兵燹几经……"描写了此桥的地理位置和曾几经重建的历史。"斜阳映古树,画桥西畔范蠡祠……冈峦西峙,访陶朱故址,千载下犹胜剑池",则讲述了此桥不远处范蠡祠范蠡与西施的美丽传说,以及县之西陲江南名胜莫干山剑池、莫邪与干将的感人故事,等等。此楹联描写深动、极有韵味,可谓别出心裁、用心良苦。类似形式和内容的桥楹还有如雷甸的仁德桥、下舍的康复桥、洛舍的日晖桥和寺前桥、钟管的化秀桥和云宗桥等。

新市永寿高桥建于民国十六年(1927),其楹联虽字数不多,但却别有风致,很有地方特色,是德清桥楹中以描写情景为主题的内容形式之一。全联为:"虹影卧波,两岸绿阴春色秀;雁行横月,满江碧水夜光寒。"此联作者巧妙地运用了对比手法,深透地描绘了桥与天空、飞鸟、环境、气候、景色合为一体的美妙景色,让人回味无穷、流连忘返。其他的桥楹还有:(1)泰平桥(清乾隆廿六年三月,民国三年重修):"泰运循环转,平安次第来。巽岸永平安,乾宫流绿水。"(2)茅山桥(民国三年):"冈峦西峙,访陶朱故址,千载下犹胜剑池;溪水南来,考余不残编,九里中此作砥柱。斜阳映古树,画桥西畔范蠡祠;皓月偃中流,碧云南渡茅氏宅。东西是城镇通衢,兵燹几经,遂使徒行赍一苇;南北实杭湖要道,规模重焕,于人利济足千秋。宸宇通霄汉,天人乘舆渡麟台;峦冈接溪流,仙翁策杖探龙穴。"(3)派水桥(民国六年):"地近碧云山明水秀,新排雁齿利济通津;溪分白苧源远流长,旧接龙须聚财殖货。"(4)化秀桥(民国十年):"南连漕水达苏杭,北坐洋溪通苕霅;连接东西路,济渡往来人。"(5)永明桥(民国十五年):"乌鹊新镇安梓里,彩虹重跨济蒲潭;梁成十月庆安恬,柱砥一村歌利济。"(6)永寿桥(民国十六年):

"虹影卧波,两岸绿阴春色秀;雁行横月,满江碧水夜光寒;桑拓成村,新市遥通六七里;蜿蜒若带,横塘利济万千人。"(7)双龙桥(清乾隆五十四年):"虹射三溪紫气多,月临双镜清流微;巽水来朝地自灵,双龙高拱澜添秀。"(8)发祥桥(乾隆五十五年):"北流静障三潭水,西照遥乘五彩虹;重看安稳济行人,高济清涟翻旧葆。"(9)圣济桥(咸丰三年):"横塘烟雨余波连注仙潭,古寺楼台此地近达胜井;壤接韶溪斜映两行翠竹,支分苕水遥通一派清波。"(10)永福桥(咸丰八年):"驾宜灵雀往来咸利庆,势若长虹舟楫不濡达。"(11)状元桥(同治十二年):"崇阑静降百川东,佳气遥迎三极壮;巍耕百世留陈绩,遗泽三潭启后贤。"(12)来凤桥(光绪十六年):"上下影摇波底月,往来人渡镜中梯。"(13)太平桥(光绪二十一年):"水接三潭环如玉带,路通九陌固若金堤;市尘要道路接东西,舟楫通渠港分南北。"(14)千秋桥(光绪二十九年):"循陇西行,陆道纡徐通北刹;泛舟南去,水程指顾即东衡;石蹬镇乾门,四百户咸安粉社;溪流回巽水,七十里直达菰城。"(15)永春长桥(光绪三十二年):"扬帆东去一片风雨,山高源远水来天目。"

四仙桥为三孔石梁桥,建于光绪年间,坐落于德清县城关乡金星村南埭圩。这里是曲园居士俞樾的故居和出生地。俞樾(1821—1906),字荫甫,号曲园居士,浙江德清人。他是我国晚清时期著名的朴学大师,以著书立学、教书讲学闻名于世。据传此桥重建由俞樾先生亲自主持,其楹联亦为俞樾先生亲笔,故而得名。民国《德清新志》载:"四仙桥旧名普济桥见候志向用石柱上架于木而横铺石板以上,清光绪十五年圮,邑绅俞樾创捐募建易石而广其制许德修监其工。"由此可见,四仙桥的桥名是自俞樾主持修桥后才被命名的,而原来的桥名是"普济桥"。这段话还显示了修桥的所需经费,是通过捐募方式所得。俞樾先生治学严谨、成就卓著,为世人共睹。晚年时俞樾已德高望重、名声显赫、备受世人的敬重。

资料显示,四仙桥重建于 1890 年,俞樾先生病逝于 1906 年,相距仅 17 年,此乃俞樾先生之暮年也。古时建桥修路是行善之举,俞樾先生积极倡导并慷慨出资,遂被众乡亲推举为修桥主持人。据传,俞樾曾在家乡南埠圩主持并参与修建过两座桥梁,另一座为拱桥,名"拱元桥",目前已圮。

为何当年将此桥命名为四仙桥,我想可能有俞樾老人的深刻用意在其中。俞氏家族的闻人有自元代时迁居德清的俞希贤,清乾隆年间的俞廷镳、俞鸿渐,还有俞樾先生自己。在俞樾的印象里,这些先辈皆为俞氏家族中的著名人物和仙者,然不久以后,他自己也将随之仙去。故俞樾用"四仙"命其桥记之,看来其用意已是不言而喻了。四仙桥的楹联和桥名都为篆书。桥名镌刻在中孔的桥额之上,桥楹则镌刻在排柱墩的东西两侧,共分为左右两条共 4 句,每句由 12 字组成。四仙桥楹联用词典雅、内涵深奥、颇有章法,可谓俞樾先生之传世佳作,也是德清古桥梁诸多桥楹中比较特殊的一联。

(三)桥碑

古代为桥立碑记,犹如昭示牌,它一方面记录了造桥的历史,另一方面还可以向过往的行人显示造桥的业绩。桥碑是桥文化内容中一个重要的方面,它除了记录了一段往事以外,还记录了一段耐人寻味的人文历史,体现了中华民族优良的传统文化和美德。德清县目前发现的桥碑有《千秋桥碑记》(明,余启)、《重建新塘桥碑记》(清,吴荣)、《重建步云桥碑记》(清,李卫)、《重建拱元桥碑记》(清,俞樾)等。这些碑文记载详细,描述有章,有很重要的史料和人文历史价值。《重建拱元桥碑记》是俞樾先生亲自所载写,该桥碑现藏于德清县博物馆,现摘录如下:

苕水出天目之阳,经吾邑为余不溪。入南门,出东门,循乌山而东有拱元桥焉,与乾元山相对故得名。往昔寇乱桥毁,往来皆阻。里人谋重建之,经始于光绪十三年冬,期年告成,刻石记事,仿汉碑例书出钱人姓名于左,里人俞樾记……

句中"苕水",为县内主要干流,源于西部莫干山区,属天目山之余脉。其水系流经德清城关的余不溪(余不,为城关的旧称),现称东苕溪。碑文中的"东门"和"小南门",是该溪流经城关镇区一段所设的城门。在这一河区域还建有东门城桥和西门城桥等。乾元山位于城关镇南侧,与乌山(乌巾山)遥遥相对而得名。

续:……德清县知县崇明童君叶庚助洋钱二十……浙江候补知府蒲圻贺君助洋钱六十……举人诸暨吴君颖炎助洋钱一百……曲园居士里人俞樾助洋钱三百。大清光绪十有四年冬十月刻石。村落萧然亦复嘉,背山临水面桑麻。隔河邱垅闻松籁,傍舍田畴看稻华。父老神祠归烂醉,儿童乡塾散喧哗。拱元桥畔闲扶杖,不入城门两月赊。右先祖南庄府君拱元桥散步诗,因有余附刻于此。府君、廷镳,乾隆甲寅钦赐副榜贡生,吾家子孙粗知读书,府君遗泽也,记。

《重建拱元桥碑记》记述了修桥的时间、历史、位置、水系、修桥因由、募捐人姓名、钱额等。在碑文的末端,曲园先生还纳其先祖昔年所作《步拱元桥》诗句发挥,做进一步的描述和衬托,使整篇碑文显得更加直观与亲切。碑文前后呼应、相得益彰,字里行间无不流露出俞樾对先祖、故土的依恋之情,读后让人倍感亲切。其中的

"父老神祠归烂醉,儿童乡塾散喧哗"句。"神祠",应是描述了古时南埭圩当地的祠堂,或俞氏宗庙等内容。通过调查,碑文中所提到的古迹目前均已无存。据村中的一些年长者相传,南埭圩古时有俞氏宗族祠堂,但后来毁于战乱,据推测应在清光绪年间,因为那时正是俞氏离开德清之际。碑记中还详细记录了募捐者共 16 人,其中有官吏、文人雅士、商人、里人等,捐募钱额共 1470 元,其中俞樾先生所捐独多。

关于修建这两座桥梁,在当地老百姓当中至今仍流传着一段广为人知的佳话趣闻。话说修建拱元桥时,凭借俞樾先生的显赫名声,桥工们在运送石材的船上故意插上写有俞樾字样的三角小旗,地方官府见后遂免其税,且价钱也异常的低廉。于是,船工便多装满载,结果竟多出了许多石料。因此,据传梁桥"四仙桥"是用多余的这部分石材所建成的。

(四)古桥诗词

目前流传关于与古桥梁相关的诗词有以下这些:

其一,《重建步桥落成诗以志喜》(明,陈澈);其二,《清河桥看水》(明,释信);其三,《前溪观涨》(明,陈素);其四,《野桥》(明,沈宗元);其五,《苍山桥》(明,蔡汝南);其六,《官桥曲》(清,潘汝奇)等,共五十余例之多。这些诗词的作者主要以明清期间居多。现摘录几首如下:

《苍山桥》:"苍山待月人,闲座溪上。水鸟忽相呼,委波金荡洋。"(苍山桥始建年代无考。清道光《武康县志》记载:"苍山桥在县北三十三里,北安山之水出焉之。")

《清河桥看水》:"云绽天边水涨桥,行人景两两逍遥。烟空眼底田歌散,回首夕阳半山腰。"(清河桥,原名桂枝桥。跨前溪,宋绍兴十三年知县范普建。)

《武康碧泉桥》(清,张又绪):"宫前巷口碧泉桥,流水潺潺雪尽消。最好春光逢二月,杂花生树鸟声娇。"(碧泉桥,又名叶家桥。在武康镇城北,宋宣和三年知县朱容建。)

(五)古桥歌谣

目前流传于民间的部分歌谣,如《名桥歌》:"高得天平桥,低得塌水桥;长得五里桥,短得跨塘桥;阔得横里桥,狭得竹叶桥;望煞虹星桥,快活林石桥;多得三步二桥,外加一座猫儿老鼠桥。"

《拜桥神歌》:"拜桥神来拜桥神,桥梁四柱两边分。桥上自有荷花柱,两边狮子绣球滚。上桥拜,拜桥神,桥东自有桥神土,桥西自有土夫人。桥南置有龙王庙,桥北设了歇凉亭。上桥前头高一步,下桥后头步步高。"

(六)古桥桥谚

目前流传于民间的部分桥谚,如:"东西南北中,处处都见桥。""一里一桥,三里二桥。""九里三环桥,平政茅山蔡家桥。""雷甸白云桥,挖掉当大刀。""走过三十六码头,难到德清长桥头。""三步一拱,五步一桥。"等等。

四、古桥历史与地方建桥用材武康石

史料记载德清县最早的桥梁,是三国(吴)置武康县时的千秋桥。千秋桥,又名"官桥"。明万历《湖州府志》,清道光《武康县志》《浙江通志》等记载:三国(吴)黄武元年(222)建石梁桥。明洪武二年(1369)知县李大春重建时改为六孔石拱桥。正德十四年(1519)桥倾,嘉靖十八年(1539)知县陆奎章始谋重建,二十五年(1546)知县余启先后重建,竣工后由余启立《千秋桥碑记》。清康熙十四年

(1675)知县冯圣泽改建时将六孔改为三孔。清乾隆三十九年(1774),邑人集资复建,桥长30米,将桥墩设计成两个三角形的分水墩,以达缓解水势之目的。千秋桥距今已有近1800年之久。目前千秋桥地段由于道路整改,已将原来的桥拱拆除,仅存桥墩部分。另一座时代较早的桥梁,是地处原武康县的石梁桥,名为清河桥,其历史也已有1700多年。清道光《武康县志》记载:"清河桥,在县西南二百步,吴建兴间(253—256)建。"续载:此桥在南朝齐明帝建武年间重建,明洪武年间又重建。现在的清河桥为清光绪年间重建。

清河桥是一座单孔石拱桥,长仅7.5米,宽2.1米。清河桥虽小,但它却和唐代诗人孟郊关系紧密,因为桥堍便就是孟郊的故里孟宅堡(现名清河桥村)。清河桥的历史仅次于千秋桥。这两座桥梁均分布在武康的余英溪(即前溪)之上,清河桥在上游,千秋桥在其下游,两桥相距仅两三百米。

宋、元、明及清早中期,德清地区普遍采用武康石建造桥梁,这是德清县古代桥梁史上的一大特色。古时候建桥用材以石材当为最佳选择,它比起原始的藤、竹、木等,自然会更加坚固耐用。如何选择一种适合建筑桥梁的大型石材,但又要便于开采和运输方便等,这在各方面技术尚不够发达的古代,可能还有一定的难度。始于唐宋时期,出自德清的武康石则具备了这些条件。虽然武康石材有粗而不坚、容易风化等不足,但在当时无其他石质材料来源,开采技术又显得陈旧落后的情况下,武康石便自然成了浙北杭嘉湖地区及苏南等地最为著名的桥梁等建设工程主要用材。武康石色呈紫红,桥梁腾空犹如一道空中的彩虹,有吉祥之意,因此更加受到人们的喜欢和推崇。

千秋桥和清河桥是德清县桥梁历史上建造时代较早,且比较著名的两座桥梁。这两座桥梁由于已几经重修和重建或已拆除,其始建时所用的石材种类现已很难确认。资料显示,德清历史上的武康石资源,可分为园艺用石和建筑用石两种。前者被园艺界称为"武康黄石",后一类则被叫作"武康紫石"。这两种石材在质地上存在着比较明显的不同。武康黄石呈黄褐色,比较坚硬,属地表类风化岩石。这类石材往往纹理不清、不成规矩,在同类型石中有一定的地方特色,故颇得文人和士大夫的欢喜。目前发现最早的文献是宋杜绾的《云林石谱》云:"……湖州武康石……石性扁侧,多涮道折叠势,浙中假山借此。"此类假山石可见于上海明代豫园大假山(图 24)。后一类武康紫石,则被广泛用于古代各种建设工程,如古桥梁建筑、海塘等。这类石材属于砂岩类,其特点是比一般的花岗岩略软,且稍具吸水性,其表面纹理比较清晰,还

图 24

有一个特点是可塑性较强,因此便于加工和镌刻花纹,也适合开采较大的块材,如桥梁的拱券、护栏、其他建筑上的特殊用材等,由于表面呈紫色,所以以"武康紫石"闻名。目前记载这类石材最早的史料为明万历《湖州府志》,所载:"武康石大而近粗,青石出黄山桥,蛮石出乔木山。"由于当时武康石的开采量较大,官方不得以发布一些禁开禁采的宕文,用来保护这一带的石矿资源。所谓"禁石宕文",其内容主要是限制开采,或禁止开采,一旦需要开采一定要得到官方批准,等等。如清康熙《禁石宕文》载:"康熙五十三年,山盱县丞施宗周以修筑淮安高家堰来武邑采办……"云云。经调查,高家堰就是位于今江苏淮安和盱眙之间的洪泽湖大堤。由此可见,武康石不仅用于建造桥梁,还广泛用于防洪和海防工程等建设。调查发现,"德清县境内目前发现古代开采石材的石宕已多达50 多处,其中还不包括被后人开矿破坏的一部分"[1]。可以想象,

当时矿业规模之大、石宕数量之多，让人叹为观止。其中较早的为二都防风山一带的古石宕群，目前这一带已发现了十余处之多（图25）。防风山，唐《云和郡县志》中称为封山。封山，唐

图 25

图 26

宋文献中均记载为"禁樵采"。这说明防风山自唐朝以来曾多次被禁止开采石材，还可以说明武康石的开采可能早在唐代已开始了，而最迟至清中期前后结束。"武康石当时主要的要货方是江浙沪一带的南方地区。"[2]江苏省甪直保圣寺北宋武康石幡杆夹石（图26）。

建筑用材的武康石具有开采较大型条石之特性，由于此类石材质地比其他石材略软，所以使开采显得较为容易，且也非常适合于古代的桥梁工程，故吸引了八方客户的争相采办，一时使武康石名声大振。据清道光《武康县志》记载，仅武康县范围，建于宋元时期的桥梁竟多达60余座，这些桥梁所用的石材多为武康石。据统计，德清县目前保存诸多古桥梁中，有一半左右竟都为武康石。目前，江浙沪一带保存的武康石桥梁等古建筑非常之多，因此，武康石已成了鉴别古代桥梁等建筑物年代的重要依据之一。资料显示，武康石在清中期开始，已逐步失去了江南地区建筑用材的主导地位，随之被一种呈黄褐色的花岗岩石所代替。笔者认为其原因有二：其一，武康石由于长年的过度开采，使石材资源迅速减少，一些采石场也只好被迫关门息业。其二，唐宋开始至清早中

期,已历经近千载的岁月流逝,至清代时,一些早期的、用武康石砌筑的桥梁,无疑已暴露了其石质粗而不坚且易风化的不足之处。另一方面,由于一些质量优于武康石的花岗岩石被广泛利用,也成了武康石逐步失去市场的原因之一。

五、结 语

综览我国大江南北,由于各地气候、地理环境、民风民俗等方面的不同,古桥梁建筑在风格、形式、类型、用材等方面自然也会存在差异。我国江南水乡地区的古代桥梁建筑,以造型秀美、结构巧妙、建造精良等著称。

通过近年来的文物普查,德清地区目前发现和保存古桥梁共207座,其中梁桥168座,拱桥39座。从时间分布上来看,宋元12座,其中梁桥7座、拱桥5座。明代8座,其中梁桥5座、拱桥3座。清代123座,其中梁桥97座、拱桥26座。民国64座,其中梁桥59座、拱桥5座。桥梁类型主要有石梁桥和石拱桥两种,虽然随着工农业等建设的发展,使古桥梁的破坏也较严重,但是相比于周边等其他地区,目前保存的数量仍比较可观,且大多数桥梁仍在为当地的经济建设和人们的日常生活服务。古桥梁保存尚可的主要原因,客观上,德清县域,特别是中东部地区河道港汊密布和小桥流水的地理环境不太适宜较大规模开发建设。主观上,当地百姓一般均淳朴守旧,且传统思想观念严重,认为拆老桥、破坏老桥是不道德行为,不吉利,等等。

德清古桥梁建筑的风格和特点,在本地区的杭嘉湖平原一带,有着更多的相似性。如梁桥和拱桥的造型和结构、拱桥的吴王靠座椅形式、晚清至民国期间一些梁桥中孔护栏的镂空形式比较多见等。但也有不同的地方,如湖州市区、城郊地区与相邻的余杭区等地,均出现了三孔石拱桥,而三孔拱桥在德清地区却不见,在地方史料中也没有记载。资料显示,位于湖州马腰的永丰塘桥,全长达 65 米;双林的万元桥全长 51 米。但也有长度在 40 米左右的三孔拱桥,如位于练市的洪城五谷塘桥,全长 41 米;双林的妙严桥,全长 44 米。德清最长的单孔石拱桥茅山高桥,全长也已达40.4米。在这一河道上,原有长度、时代、风格特点和类型相同的三座拱桥,当地俗呼"九里三环桥"。通过比较,按照德清茅山高桥所处河道的宽度,应已达到和具备了建造三孔式拱桥的条件,为何不建三孔拱桥,原因可能有二:其一,建三孔拱桥需要更高的技术和更多经费方面的支持;其二,局部与航道所处位置等区域商业贸易方面条件的不具备等。

　　资料显示,德清古桥梁相比于浙江省内钱塘江以南的金温、宁绍等地区,无论在古桥梁的建筑风格与装饰、造型等各个方面均具有一定的差异。如浙南地区一些地方较为普遍的木质廊屋桥、多孔石拱桥、厚墩技术等桥梁类型,在德清地区基本看不到。德清地区宋元等时期梁桥和拱桥的建筑风格、装饰工艺、收分技术、用材、排柱墩镌刻,明清时期拱桥的狮形望柱、吴王靠座椅等,在浙南地区也不成气候。

　　拱桥的出现比梁桥迟,通过对目前德清古桥梁现状的研究和资料分析,自南宋开始,德清地区的石梁桥与石拱桥已基本形成了两支技术相当的发展体系,经历了一个从三国(吴)初创的石梁桥,发展到两宋、元时期梁桥与拱桥各自达到了高潮期;从明清至民国期间,则逐渐步入了一个相对平稳的发展和演变过程。因此可以认为,德清古桥梁虽然类型不多,但梁桥和拱桥这两种桥梁类型中的形式却比较丰富和多样;宋元时期古桥梁成就显著,有较高的科研价值;因武康石特色,以及与古桥梁相关的人文历史等,形成了和周边其他地方不同的桥梁特色与文化。

　　截至成文时,德清已有 11 座建造于宋元时期的梁桥和拱桥被公布为省级文保单位,省级文物保护单位寿昌桥正在申报国家重点文物保护单位,这些无疑可以大大提高德清古桥梁的总体水平和知名度,同时也为保护好这些珍贵的历史文化遗产提供了良好的政策支持和国家法律方面的保证。

德清地区现存丰富的古代桥梁,是我国江南水乡地区古代桥梁建筑中的重要组成部分,它不同程度地反映了这一地区古代桥梁建筑的风格和特点,也真实地记录了这一地区与古桥梁相关的人文历史、风土人情、民俗习惯等。这些珍贵的历史资料,对于研究我国南方地区,乃至全国古代桥梁建筑的形成、发展和演变等具有重要的价值。

由于目前对一些桥梁建筑的内部结构等问题,尚缺少足够和准确的了解,所以,在对一些古桥梁建筑结构方面的描述时,可能会存在一些不尽如人意的地方,敬请各位专家学者批评指正。

备　注:

①图 24、图 25、图 26 均引自《东方博物》2003 年第 9 期。

参考文献:

[1][2] 朱建民.浙江德清古代采石宕遗址调查[J].东方博物,2003(9).

原载《古建园林技术》2005 年第 86、87 期

全国重点文物保护单位：宋代寿昌桥

话 说 德 清 宋 代 桥 梁

　　早在汉六朝时期我国的桥梁技术就已有了很多的经验和技术积累。隋唐期间经历了一个技术进一步发展和创新并举的阶段。"宋元时期桥梁建造技术已经纯熟,在传统的拱桥和梁桥的建造方面,出现了不少技术上的新突破。"[1]"浙江桥梁的发展与此同步,而且更为明显……"[2]宋《吴郡图经续记》记载:"吴郡昔多桥梁,自白乐天诗云'红栏三百九十桥'矣……逮今增建者益多,皆垒石甃甓,工奇致密,不复用红栏矣。"这段文字见证了宋以前浙江等地盛行木桥,并由以木架桥向用石造桥过渡的史实。浙江省是全国古桥梁分布最多和桥梁文化内涵最为丰富的省份之一。1963年浙江省交通厅普查资料显示,全省除索桥以外,各式民用桥梁约有十万座左右,时代从宋至近现代。[3]

　　德清县地处浙江省的北部,著名的江南水乡杭嘉湖平原的西部,京杭大运河的南端。县域地势呈西高东低状,可分为西部多山区、中部半山区和东部水乡平原区三个大致区块。主要干流东苕溪、大运河、龙溪是县境内重要的水路通道,并连接着境内许多条大小支流,形成了河道港汊密布、小桥流水的江南水乡景观。南宋章鉴《余不志·序》赞:"余不(德清别称)为邑,去天尺五,簪绅宦游,慕其山水之秀而居之者,比他邑为盛,意其习俗熏染,典制彬然,必有可观。"明嘉靖《德清县志》又载:"德清居泽国间,水利其舟,固其恒事,乃若舍舟遵陆,非桥渡莫通。"这些史料均对德清古代社会面貌和水乡独特的地理环境作了生动和形象的记录。现在的德清县是由原武康县(始建于三国吴黄武元年)和创建于唐代末年的临溪县在中华人民共和国成立后1958年合并而成。

清道光《武康县志》载:"所云梁者,大都累土和草,及葭苇、槁桔诸物相縻束而成,须岁为之……或枕以石,用木与竹跨之,栉比相承。有力者则累石为杠而枅,其下望之,如覆虹然,其成可支百年,不必岁岁作也。县介山水间,河分冈断,虽不容刀,而长桥卧波,实为民利。"又载,当时仅建于北宋治平年间的桥梁,就有龙尾桥、丰桥、崇仁桥、安济桥等多座。还有许多则分别建于南宋建炎、绍兴、乾道、淳熙、嘉定、端平等年间。史料还显示,当时仅武康一小县城,建于宋元时期的古桥梁就达50余座之多。岁月流逝,虽然历代以来人为和自然力等对桥梁的损坏比较严重,但至今仍幸存了许多建于宋代和具备宋代风格的桥梁,明清等后期的桥梁则更是数量不菲。据中华人民共和国成立后新编《德清县志》统计,截至1985年德清全县境内存有各类民国以前的古桥梁641座,其中石梁桥535座,石拱桥106座。

笔者通过对这些古桥梁的调查,以德清境内目前发现的宋代桥梁资料为蓝本,结合虽然不见史料记载和题刻、但宋代风格明显的宋式桥梁资料,试就德清地区宋代和宋式桥梁建筑的现状、风格、特点、科技水平、建桥用材等进行大体的概括和分析研究。

一、德清宋代与宋式桥梁分布和现状

德清县目前保存下来的宋代和具有宋代风格的宋式桥梁均分布在县内中部一带,以三合、武康、乾元和钟管干山、雷甸等乡镇为主,其中又以武康石矿藏资料最为丰富和开采时间最早的三合乡和武康镇范围为主要分布区。中华人民共和国成立以来德清县发现的历代桥梁中,除极大部分已被公布为县级文物保护以外,目前已有12座被确定为具有本地区宋代或宋代风格的桥梁被公布为国家和省级文物保护单位,其中寿昌桥(拱桥)为国家重点文物保护单位,其他11座均为省级文物保护单位。其中僧家桥、万安桥、兼济桥、追远桥、社桥、上邻桥、普济桥为梁桥,清河桥、永安桥、万寿桥、青云桥为拱桥。

2008年浙江省第三次文物普查初步统计数字显示,又新发现了10余座风格相同的宋式桥梁。虽然这些桥梁大部分均不见题刻和史料记载,但宋代桥梁风格明显,且用材一致,均由产于当地的武康石建成,因此对于研究宋代桥梁建筑有很重要的价值。为了便于介绍和区分,本文将这类桥梁分别称为宋代、宋式、具有宋代风格的桥梁。笔者通过对上述诸多具有宋代风格桥梁的调查和分析,又在其中选取了6座有地方史料明确记载,宋代创建原造,且构件保存相对比较完整或在桥梁上能找到创建时的纪年题刻的桥梁。通过研究和观察,这部分桥梁只有极少数曾有过重修,因此看得出大部分桥梁的始建风格、整体结构等均保持完好甚至不变。其中梁桥建造最早的是建于南宋绍兴年间的万安桥(图1),其次为兼济桥(图2)和追远桥(图3)、僧家桥(图4)。四座桥梁之间的始建时间差约为90年。拱桥主要为永安桥(图5)和寿昌桥(图6)两座。

图1

图2

图 3

图 4

图 5

图 6

除此之外的十余座桥梁，虽然或缺少地方志记载，或在桥上至今未能找到创建纪年等内容的题刻，但是通过对比认为，它们均具有明显的本地区宋代桥梁风格。其特征主要体现在以下一些方面：梁桥桥面板呈向上的弧拱，底为平面，表面两侧设边框线；帽柱横梁端面的特色造型；排柱墩转角采用抹角；拱桥的覆莲纹望柱头；断面呈须弥座的桥栏；长系石端面的特色造型；桥面非顶盘石造型、拱顶非龙门石结构等。

这部分桥梁主要可分为梁桥和拱桥两大类型，其中梁桥有位于武康开发区的社桥（图7）、上邻桥（图8）、萧公桥（图9）、谢公桥（图10）、大桥（图11）、上桥（图12）；三合乡太平桥（图13）、乾元

图 7

镇大友山田畔桥(图 14)、钟管干山普济桥(图 15)等。拱桥类有位
于下舍镇的万寿桥(图 16)、雷甸镇的青云桥(图 17)等。其中位于
钟管镇的梁桥普济桥的创建时代较晚,据资料为明代万历年间,清
乾隆时曾重修。观察发现此桥有本地区强烈的宋代桥梁建筑遗
风,尤其体现在:排柱墩上端帽柱横梁端面向上的"凸"字造型,断
面呈须弥座式的桥栏,折沿并略呈弧拱和平底的桥梁面板,排柱墩
转角抹角,望柱覆莲纹装饰和抱鼓石等构件的制作工艺及造型等
方面。仅从这一座桥梁单一的资料实例,便可以充分地说明德清
地区宋代桥梁的建筑工艺和技术等,对后期明代桥梁所产生的深
刻影响。

图 8

图 9

图 10

图 11

图 12

图 13

图 14

图 15

图 16

图 17

二、有明确题记的宋代梁桥

目前,可以确认的宋代梁桥有 4 座,它们是位于武康地区的万安桥、兼济桥、追远桥和僧家桥。除兼济桥以外,其他三座均为不设桥栏的平板式梁桥,其中万安桥时代最早,为南宋绍兴年间创建。这些桥梁的用材均为产于当地的武康石。有三座桥梁的排柱墩均为密排式,一座为间隔排垂直分立式。其中兼济桥桥型非常独特,其造型与风格和其他三座有较明显的区别,体现了德清地区宋代梁桥在造型、工艺等方面的特殊之处。

万安桥为单孔梁桥,位于德清县武康镇太平村斗门山旁小河上,当地老百姓称环桥。桥面纵向两侧上边凿成折沿形,两端雕刻具有地方风格且比较粗犷的蔓草纹作为装饰,桥额上镌有阴刻楷书"万安桥"三字桥名。排柱墩内侧一立柱上设有荷叶荷花为框的铭石区,内有南宋绍兴创建年号并记事内容。桥面纵向两侧雕刻各8厘米宽的边框线。地方志记载和桥上题刻可对应。万安桥始建至今已近900年,至今仍保存基本完整,是德清县宋代单孔梁桥中的主要形式,也是目前发现本地区最早的梁桥。

兼济桥为三孔梁桥,位于德清县武康镇龙胜村六组的小溪之上,中孔桥栏上阴刻楷书"兼濟橋"三字桥名。排柱墩用四条石做垂直式分立,每根立柱之间间隔约8厘米。桥栏直接架于两端帽柱横梁之上。帽柱横梁两端面阳刻浅浮雕如意花卉纹。排柱墩内侧一立柱上设有荷叶荷花为框的铭石题刻区,内有南宋乾道年间创建并启事内容。兼济桥始建至今已近850年,在整体造型和结构上,它与万安桥有异,但是排柱墩立柱上的铭石区风格相同,均包含纪年与启事内容。时代上,兼济桥比万安桥略迟。

追远桥为三孔梁桥,位于德清县武康镇三桥村骆家冲自然村蟹儿桥组,当地人俗呼"蟹儿桥"。排柱墩用三立柱密排、转角采用抹角处理。帽柱横梁上端设有用于架设圆木的卯痕,其端面雕刻有精致的花卉几何纹。桥面梁板两侧做成垂直的折沿状,且在两端阳刻如意云纹和蔓草纹。此桥虽未见地方志记载,但桥上保存有明确纪年题刻:"绍熙二年(1191)"创建。追远桥排柱墩立柱上的铭石区虽然与上述两桥有相同之处,但差别在于追远桥桥铭石区略小且只纪年不记事。追远桥始建至今已有800余年,目前保存基本完整,是德清县宋代三孔梁桥中的通常形式,总体上属于万安桥类型。

僧家桥为三孔梁桥,位于德清县武康镇五龙村。此桥的两边孔桥面上镌有石阶最具特点,在本地区宋化梁桥中也仅此一例。桥额上不见桥名,中孔排柱埘一立柱上镌刻有:"皇宋宝庆二年(1226)季夏上□吉日重建"纪年并图案。与追远桥一样,铭石区内不设建桥记事内容。明嘉靖《武康县志》有载:"僧家桥,县东七里,唐天宝二年(743)建。"根据桥上题刻,结合德清和南方地区唐代曾盛行木桥的历史,笔者认为唐代的僧家桥,不排除为当时初创建的僧家桥木桥。此桥在总体风格上也属于万安桥类型。

三、缺少纪年题刻但有史料记载可以确定为宋代桥梁的石拱桥

目前发现有明确史料记载,且认定为其原造风格不变的宋代石拱桥共有两座,均为单孔桥,并设有桥栏式。两座桥虽然时代和风格相近,但一些细部结构、整体造型等方面还是存在一定的区别,体现了在不同时期、不同地理环境和条件下灵活多变的桥梁设计思想。

永安桥位于德清县三合乡下杨村。桥梁南北向横跨于村中小河之上,拱券为分节并联法砌筑。桥两侧坡脚垂带石上镌有横向的栅阶。整桥两侧只设置横贯拱墙的长系石两根,其端面均阳刻半乳雕牡丹花纹,长系石的下端不见明柱构件。桥栏造型为断面呈须弥座状式的长弧形,纵向、两侧各可分为桥中和两端共三节为一组,每侧的长度为 12 米。两头望柱头共 4 个,皆以饰覆莲瓣纹为主要特色,并用表面各镌刻卷云纹的抱鼓石支撑。桥面中央非顶盘石结构,而是用两块长弧拱形条石做纵铺。在桥额上阴刻双钩楷书"永安桥"三字为桥名。永安桥具备本地区南宋早期拱桥的特征,根据对比和相关史料记载进行年代推测,专家一致认为此桥创建于南宋可信。永安桥初创距今已近 900 年。此桥拱券为坦拱式,

拱墙、桥面、两坡脚的宽度一致,这样的设计做法和造型,在德清宋代和宋式拱桥中仅此一例,因此是德清县宋代拱桥中的第一种桥梁形式。

寿昌桥位于德清县三合乡二都村。桥梁南北向横跨于下渚河支流小河宋代京杭国道之上,根据研究和资料,这里应当是当时浙北地区的南北要道。寿昌桥拱券略呈圆弧形,相比于上述永安桥则显得略驼。拱券为分节并列法砌筑,拱券石纵向对齐,但横向间略有错缝。拱券断面呈上窄下大的梯形。拱墙呈逐层叠涩的收分状,使桥体和桥面呈双向反弯曲线形状。桥顶非顶盘石结构,而是用长方形条石做横向铺就。桥面两坡脚的垂带石上设有栲阶。压券石外侧面饰有鼓钉纹,两端各饰卷云纹和蔓草纹作为装饰。桥栏断面呈须弥座状。望柱每侧6根、两侧共12根。望柱头形式多样,有平顶覆莲瓣纹,也有球形圆头和圆头饰覆莲瓣纹等多种。两侧拱墙置素面长系石并与上端望柱相对,共12根,其端面均为呈往前凸并作上扬的素面品字形。整桥设有素面楹联石两侧共4根。桥额处镌有楷书阴刻"寿昌"二字为桥名。拱券内设有上荷叶下荷花的铭石题刻区,可惜由于年代久远石质风化而字迹已无法看清。根据史料记载寿昌桥创建于南宋咸淳年间。综合各方面资料,专家一致认为寿昌桥创建年代可信。寿昌桥创建距今已700多年,它造型独特优美,尤其收分技术的独到之处为本地区仅有;其拱跨之大,在江南地区宋代单孔石拱桥中仅此一例。寿昌桥是德清县宋代拱桥中的第二种桥梁形式。

四、德清宋代和宋式桥梁的主要技术特征

通过对德清宋代和宋式桥梁拱桥的总体风格和技术特征,以及造型等多方面的分析和观察,笔者发现其与本地区后期、明代中晚期以后的桥梁有着明显的区别。调查显示,自明代中期以后,德

清地区前期宋代的拱桥桥梁造型与风格
特征已基本无存。有史料记载，建于明代
嘉靖年间的武康古板桥（图 18）为实物见
证。可以看出此桥的造型与结构已与前
期宋代拱桥的造型完全不同了，如拱券分
节并联法、望柱头覆莲瓣纹等均已不复存
在，拱券的结构已为纵联式，并在拱券的
两侧边设计了眉石，这种造型与本地区清
代拱桥是完全一致的。梁桥在造型与装
饰工艺等方面则区别不大，从南宋开始，

图 18

历经元、明、清，一直至民国，仍保持着前期宋代初创时的梁桥主要
特征，可参见建于明代万历年间的梁桥普济桥（图 15）。这座桥的
早期宋代桥梁风格非常明显，如望柱饰覆莲瓣纹、桥面弧拱底为平
面和侧面折沿等。综上所述，明代中期是本地区拱桥技术和造型
开始出现变异的分水岭，梁桥则一直可以延续至民国。

　　另一方面，根据德清南宋期间梁桥与拱桥技术与风格基本一
致，且桥形丰富等情况分析，可以认为两种桥型的发展与技术水平
是基本相当的，在技术和装饰工艺等方面也各具特色，特别是明代
之前，它们的技术和工艺是相互借鉴的。以下对德清地区宋代和
宋式桥梁，包括具有宋代风格桥梁的主要技术特征、装饰工艺等，
进行大致的描述和介绍。

　　现存宋代和宋式及具有宋代风格的梁桥排柱墩形式，有密排
和间隔排两种。密排的排柱墩立柱少者 3 根，多的至 6 根，均采用
横向联锁式结构。立柱单根断面长 0.50—0.65 米、宽 0.3 米左右。
上邻桥排柱单根断面为 0.65×0.33 米。追远桥排柱单根断面为
0.48×0.27 米。间排式排柱墩分别设 2、3、4 根立柱不等，立柱单
根断面 0.45×0.25 米左右。无论密排和间隔排式排柱墩，一般均

可见其排柱墩的做法是:排柱墩四周转角除上下各保留 0.20 米左右,中段一律采用抹角处理做法,抹角平面在 0.06—0.08 米之间,因此总体观察,排柱墩上下呈两头略大中间小的须弥座状。上邻桥排柱墩抹角处理细部(图 19)。以上两种梁桥形式的帽柱横梁上一般均见用于放设随梁圆木的卯痕。随梁圆木技术除了可以有效减轻桥面梁板的负载力,还可以使新桥刚完工

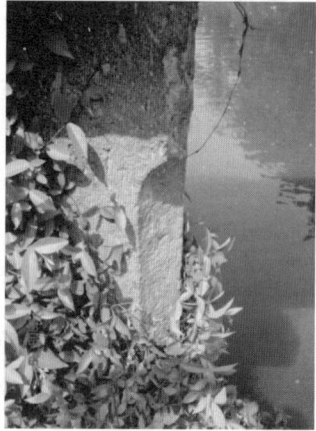

图 19

后对桥面板起到稳定作用。分析表明,梁桥在建造完毕之初,因其桥面石梁板刚从矿上采取下来不久,所以往往要经过一个负载牢固度的试适应过程,或经过一段时间的日晒雨淋后其石材才能更加坚硬和牢固。虽然目前这些随梁圆木由于年代久而均已腐朽不存,但当时凿刻在帽柱横梁上的卯痕至今仍清晰可见。调查发现,梁桥上的随梁圆木,根据每一座桥宽度的不同也各不一样,一般最少为 3 根,最多可达 6 根。如密排式的僧家桥、追远桥、上邻桥等,间排式的兼济桥和具备宋代梁桥风格的萧公桥、谢公桥和上桥等。资料显示,梁桥帽柱横梁上置随梁圆木这一技术,在德清地区一直可沿用到民国时期。间隔式排柱墩式样的梁桥,虽然不属德清地区宋代和宋式梁桥的主要形式,但也有一定的数量。目前共发现了 4 座三孔式中孔均采用间排分立式排柱墩的梁桥,其中有两座形式相似,中孔各仅用两根立柱作横向垂直分立,另两座则中孔用 3—4 根立柱。如位于德清县武康龙山地区的兼济桥,其中孔排柱墩各用 4 根,两边孔采用密排。萧公桥中孔各用 3 根立柱,两边孔为密排。谢公桥中孔各仅用 2 根立柱,边孔为密排。上桥中孔各用 2 根,两边孔为密排。上述这样的梁

桥排柱墩造型与设置,和浙江宁绍地区所见的宋代梁桥排柱墩间隔分立方法有明显的不同[4]。萧公桥(图9)用3根立柱作排柱墩垂直分立。调查发现,德清地区明清至民国等后期的梁桥排柱墩无上述的间排式现象,均为用3、4、5等根条石密排,而且在排柱墩转角的设计上也不见抹角处理,有些桥梁排柱墩造型还出现了总体上呈下大上小的形状,俗称"侧脚"。不过总体来讲,明清至民国时期的大部分梁桥仍沿用前期宋式梁桥的造型与风格,如桥面仍做成略呈向上弧拱和两侧

图 20

仍做成垂直的折沿、帽柱横梁的端面设计成略呈往上的品字形素面等。见宋式遗风单孔和三孔梁桥(图20—24)。

图 21

图 22

图 23

图 24

德清宋代梁桥桥面虽然以底为平面、正面呈上弧的做法为主

要特征,但是也有总体呈平面的个别桥型,如在桥上有题刻纪年为南宋乾道年创建的"兼济桥"便是其中的一例。向上呈微拱的桥面梁桥,可见其桥面板底面一般均呈平面,由于表面为弧形,因此出现了面板两端变得稍薄而中间部分增厚的现象。比如三孔式梁桥,其中孔桥面板似显得尤为明显,边孔次之。一般中孔两端的厚度在各 0.4 米左右,再逐步向中间增厚至 0.5 米左右,之间有0.1米左右的厚薄差异。梁桥面板底面为平面的又可分为小平底和大平底两种,资料显示,其中小平底类型的桥梁其创建时代一般略早,如位于武康地区的万安桥,兼济桥、上邻桥,追远桥等。时代略晚的其平底则较大,因此又可称为大平底,如位于钟管镇干山的普济桥(图 15),体现了属于大平底造型的梁桥结构。

梁桥桥面板两侧边沿设计成折沿状,也是德清宋代和宋式梁桥的主要特征之一,其方法是在桥面纵向两侧上沿预留宽 0.05 米左右的厚度,再向内凿进厚 0.03—0.05 米不等,然后再往下垂直至底面。因此在平底弧拱桥面的两侧面往往可以观察到似有三条纵向线的造型。在梁桥的桥面纵向的两侧边设计 0.05—0.08 米宽不等的边框线,也是德清地区宋代和宋式梁桥的主要特征之一,如位于武康地区的僧家桥、萧公桥、万安桥、上邻桥,以及乾元镇的山田畔桥和雷甸镇的青云桥、三合乡的太平桥等。参见万安桥(图 1)。

上述对梁桥面两侧进行折沿的特殊设计,笔者认为,不仅可以让桥梁面的纵向侧面起到遮尘作用,使雨天时侧面落水顺畅且不容易结尘,还可以使梁桥在微呈拱形桥面的映衬下显得更加精致和紧凑。因此,这样的设计显得比较实用而又科学,同时也许更符合当时设计者的审美意识和要求,因此这一技术得于延续和推崇。从桥梁的安全性和牢固度考虑,由于武康石这种材质在硬性和牢固度等方面不如花岗岩,因此将桥梁面设计成微向上的弧形、底为平面,使中间增厚,从力学上分析,可以有效增加梁桥面板的负载

力,应该是设计者为了增加桥梁强度而
创造出来的明智之举,但也可能是针对
武康石这种材料本身不够坚硬的特性而
采取的不得已之法。观察发现,将梁桥
桥面两侧设计成弧拱并折沿,与同时期
拱桥永安桥、青云桥、寿昌桥等的桥面两

图 25

侧垂带石侧面的折沿做法是基本相同的,因此也说明了拱桥与梁
桥在技术方面的相互借鉴现象。拱桥寿昌桥(图 25)桥面侧面折沿
及素面品字形长系石及无眉石的拱券造型。梁桥萧公桥(图 9)桥
侧面折沿和帽柱横梁素面品字形端面造型。

　　用子母口榫卯法结构砌筑桥面,也是德清宋代梁桥的主要技
术特征之一。此方法虽然增加了取材、加工、施工等方面的难度,
但是它可以使桥面不留直接缝隙而更具整体感,因此对于增加桥
梁的牢固度和稳定性、安全感等均会起到很好的作用。调查发现,
德清地区清至民国时期的梁桥面板采用的均为齐缝拼合法技术,
而前期的榫卯法结构已不见。从这一点亦可以看出,前期宋代梁
桥工艺与技术,在后期清代的梁桥建造过程中也在逐步被慢慢从
简或者遗失和失传的一个方面。据资料显示,宋代或宋式梁桥设
桥栏者较少见,但德清地区有设桥栏和不设桥栏两种桥梁形式。如
兼济桥、上桥、社桥等为有栏式。僧家
桥、万安桥、追远桥、山田畈桥、西边桥
等为无栏式。德清宋代或宋式拱桥一
般以设桥栏为大宗,但唯独位于雷甸
的青云桥不设桥栏,且其桥面的做法
和呈微拱形的造型也与梁桥的面板

图 26

造型相似,桥塸与拱墙则做成垂直。因此也是一拱桥借鉴梁桥技
术的范例,而这种现象在德清地区古代桥梁中独此一例(图 26)。

此桥的勾云纹、蔓草纹雕刻风格，和其他拱桥和梁桥坡脚两侧垂带石下端的雕刻手法相同，这种装饰风格几乎在德清现存所有的宋代或宋式梁桥和拱桥上都能看到。如：乾元镇山田畔桥、清河桥、武康镇追远桥、三合寿昌桥、永安桥等（图 27）。桥栏形式除具有宋

图 27

代风格的清河桥（拱桥）和宋代兼济桥（梁桥）为特殊造型以外，其他则基本相同，多为断面呈须弥座状的长弧形式样，如寿昌桥（图 25）和永安桥（图 28）。由于梁桥与拱桥的桥面大部分呈不同程度的弧形，因此桥栏也必须设计成和桥面一样的弧形，桥栏一般高度在 0.45

米左右。相比之下兼济桥和清河桥桥栏的做法为最独特和别具风格。兼济桥由于桥梁面板呈平面，其栏板也只能做成平面，它用整块大武康石镌刻而成，上端外侧做成呈向外凸的线纹（亦可称为须弥座式），而顶为平

图 28

行横向弧形，中间两面凿刻有三条粗细不一的阳纹节线，两边雕刻如意花卉纹，桥名兼济桥三字用楷书阴文镌刻于桥中孔中央的桥栏（桥额）之上。桥栏直接架于两排柱墩帽柱横梁上，再在其内置子母口结构拼合的桥面梁板，两侧桥栏与其内桥梁面板结合在一起形成整体。这种做法和位于武康开发区的上桥相同（图 32），但是上桥的桥面略呈往上拱的弧形。永安桥栏板组合布局非常别致，整桥仅在两端各设一根望柱（整桥两侧仅 4 根），由于桥中间的栏板部分不设望柱，因此使桥栏显得特别弧长，因此独具风格。调查发现，德清明清等后期的拱桥有设桥栏和不设桥栏两种，梁桥基本以设桥栏者居多，不设桥栏的基本不见。

　　望柱是一座桥梁的主要构件之一,它关系到整座桥梁的结构与风格、美观等诸方面因素。德清宋代或宋式梁桥和拱桥的望柱大多数整体呈四方形、连接上方柱头的一节做成有二至三条间隔线纹的八角形柱,其上的柱头大多也为略带角度的圆形或圆形平面,并以装饰覆莲瓣纹饰为主要特征,但也有局部形式上的差异,在寿昌桥上就出现了不同形式的望柱头造型,这可能与桥梁的规格高低等有关。寿昌桥(图 29)独特的望柱造型及断面呈须弥座桥栏。抱鼓石是桥梁栏板两端做支撑和收尾用的装饰构件,德清宋代梁桥和拱桥的抱鼓石,其造型以设计成大小圆形和半圆弧形相组合配伍者居多,但也有顶端做成似兽头状、表面以雕刻卷云纹和旋涡纹为主要特色的造型。但是总体上是以拱桥永安桥和寿昌桥的抱鼓石形式为主要造型。通过

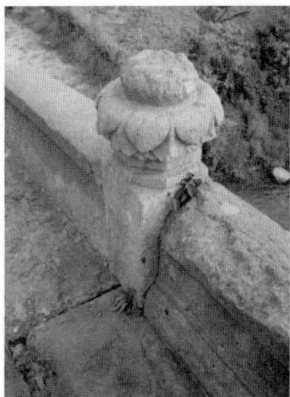

图 29

对比发现,这些抱鼓石的式样,尽管早晚稍有差异,但是造型与风格是基本一致的,体现了桥梁的时代特征。

　　德清地区宋代桥梁,无论梁桥还是拱桥,其梁桥的帽柱横梁和拱桥的相似构件长系石端面,其做法一般宽度均在 0.5 米左右,伸出部分在 0.35—0.45 米之间不等,并可分为素面前端呈品字形和前端平面饰浅浮雕花卉纹两种形式,但以素面前端呈外凸,并渐收成向上品字形的为大宗,但一般这些造型桥梁的时代相对略迟。有纹饰前端均呈平面的造型,其纹饰以云纹、花卉纹、蔓草纹等浅浮雕为主要特色,如上述的拱桥永安桥和梁桥兼济桥,还有追远桥等,这些桥为基本相同的风格。这一构件无论素面还是有纹饰的,在梁桥帽柱横梁和拱桥长系石上通用。素面体现在梁桥帽柱横梁端面的有:大桥、上桥、萧公桥、谢公桥、僧家桥、上邻桥等。体现在

拱桥上的有：寿昌桥、万寿桥、追远桥
等。在拱桥的长系石两端雕刻花卉
纹饰的比较少见，目前仅见永安桥一
例，梁桥则有兼济桥、追远桥、社桥
（素花并用）等。兼济桥帽柱横梁（图
30）、永安桥长系石端面（图 31）。在

图 30

拱桥垂带石或压券石、梁桥桥面两侧雕刻突出于表面的鼓钉纹（一
说乳钉纹、馒头纹）和花卉、云纹的比较普遍，这些现象几乎在所有
的宋代和宋式桥梁上都有所发现，除二都寿
昌桥、下舍万寿桥、开发区上桥（图 32）饰鼓钉
纹，其他均为在垂带石侧面饰花卉和勾云纹
等。在梁桥的排柱墩立柱和拱桥拱券石表面
镌刻题记，并配以
上荷叶下荷花的
方框，在框内镌刻

图 31

纪年记事等，也是德清宋代梁桥和拱桥
建筑工艺方面的主要工序和特征之一。

图 32

如梁桥的万安桥、僧家桥、上邻桥、兼济桥和拱桥的寿昌桥等，都见
有此类雕刻工艺。

　　桥名用楷书题刻，也是德清地区宋代桥梁的主要特征之一，其
形式主要以楷书阴刻为主，其中以永安桥、寿昌桥、兼济桥、万安桥
等为代表。

　　间壁石，亦称楹联石、明柱等，是置于拱桥拱券（墙）两侧长系
石下端的一长形条石。德清宋代和宋式拱桥大部分设计了此构
件，但唯独可以确定为是南宋原造的永安桥不设明柱，这可能与桥
梁的造型有关，体现了设计师的独具匠心。此桥位于河道相对不
宽的村中内河之上，由于桥梁的跨度较小，因此设计者采用了直

块、直拱墙的造型,而且不设间壁石构件。笔者认为,设计者在拱墙两侧不设间壁石,应是体现了一种特色和时代风格。因此,永安桥独特的设计手法,在德清古代拱桥资料中仅此一例,在其他地区也不见。间壁石的作用可以起到增强拱墙和桥面、拱券之间的强度,同时应还是增加桥梁美观方面的装饰构件。德清所有的宋代和宋式拱桥,其间壁石均以不设楹联的素面为主要特征。调查发现,本地区大约在清代初期时的拱桥间壁石上开始出现楹联文字。因此可以这样认为,德清地区初始时期的宋代或宋式拱桥的间壁石,完全是为了增加桥梁的牢固度和作为拱墙结构和桥梁框架的功能性构件,或是考虑桥梁的整体美观而设置的。

通常,南方地区古代石拱桥拱券的分节并列砌筑法,要早于纵联分节并列砌筑法技术。德清地区的古代拱桥资料显示,纵联分节并列砌筑法拱券技术大约是在明代中期开始出现。可参见明代武康古板桥(图18)。但有一个奇怪的现象,另一座具有早期宋代风格的拱桥万寿桥,其拱券也为纵联分节并列砌筑法,且可见在此桥的拱券之上设置了本地区不多见的高规格压券石构件和鼓钉纹装饰。出现这一情况的原因,笔者认为此桥可能存在时代风格上的问题,或推测为明代中期之际地方桥梁技术的复古产物。但结合本地区明代早中期之际桥梁的用材,仍以当地的武康石为主要用材建造这一现象,万寿桥所出现的情况是完全有可能的。

通过观察和研究,并根据目前所知拱桥拱券先并列分节后纵联分节的发展规律,位于德清乾元镇、具有早期宋代桥梁风格的清河桥拱券,与万寿桥一样其形状和结构明显具有后期明清时期的风格。清河桥出现这一情况,也许与《湖州府志》载"……明天启四年教谕马文耀更名'会瀛桥'"有一定的联系。虽然史料中未曾提到此桥重修或重建,而是仅记录了在明代时曾经更名,但根据拱券的结构和形状等分析,也许在当时更名的同时对桥进行了重修或重建。因此可以这样认为,清河桥在明代时经过了重建以后保留了部分宋代的原始构件,如望柱、垂带石等。笔者在调查中曾发现了清河桥桥栏修复时留下的痕迹。因此,对于此桥确切的创建年代、历史沿革及总体建筑风格的定位,尚待进一步调查研究。宋代拱桥拱券形状主要可分为近似半圆形和圆弧形(坦圆弧形)两种。以始建年代相差约130多年的永安桥和寿昌桥为例,虽然两座桥均属于圆弧形式拱券桥型,但早于寿昌桥的永安桥拱券显然要平坦得多,属于坦弧形式拱券桥型。寿昌桥由于比永安桥体量高大,所以看上去更属于驼峰隆起的陡拱拱桥,其实也应属大于半圆的圆弧形拱券桥型。两座桥为何在拱券上存在了一定的差异,笔者认为是由于桥梁所处地理位置和环境的不同,因此是设计者采用了两种各自适宜、但又不同弧度的弧形拱券结构技术造型所致(图5、6)。

压券石也是拱桥中的重要构件之一,在德清地区设计考究的宋代拱桥上,一般均设有此构件,其位置是在拱券之上、垂带石之下区域,这一构件对稳定拱券具有一定的作用,同时也是一种美观和高规格的标志。设此构件的拱桥主要有寿昌桥和万寿桥两座。德清地区明清时期的拱桥已不见此构件。寿昌桥可以确定为是南宋时期创建,万寿桥虽然不见地方志记载和桥上题刻纪年,但此桥的宋代风格也非常明显,如须弥座桥栏、覆莲望柱、圈云纹抱鼓石、素面品字形长系石、桥面、非方形顶盘石结构、压券石侧面设鼓钉纹、大于半圆的拱券形状等。但根据此桥的实际情况,不排除如前所述为明代中后期之复古产品的可能性。万寿桥全长仅17.6米,从体量上比较是寿昌桥的三分之一,虽然差距很大,但由于万寿桥桥梁构件与装饰方面的考究,因此体现了万寿桥是一座非同一般的桥梁,其背后的故事尚待进一步挖掘。

德清的宋代或宋式石拱桥多为薄拱薄墩的实腹拱结构技术,

一般跨度不大,而且多为单孔。观察和研究表明,这些桥梁由于所处的地理位置不同,而宋代匠人合理利用了地势地理条件,并采取了因地制宜的方法建造桥梁,使拱桥的形式更具灵活性。根据资料显示,由于拱式桥梁的高度一般要超过梁式桥梁,因此为了增加拱桥的牢固度,聪明的匠人一般根据桥梁所处的位置和桥的大小来决定将拱桥的桥塅设计成喇叭状还是垂直结构。喇叭状造型由于具有下大上小的力学原理,因此有增强桥梁稳定性的作用。德清宋代拱桥中的桥塅基本上是直塅和稍呈下大上小近似直塅的造型,如永安桥和青云桥属于直塅,寿昌桥由于桥大所以为喇叭状造型。永安桥位于地势相对平坦三合乡杨坟村村内的一小河之上,桥全长 17.3 米。在河道跨度不大,又处在内河的情况下,设计者突破拱桥的常观而采用了因地制宜灵活多变的直塅技术,无疑应是明智之举(图5)。另一座宋式直塅形拱桥是位于雷甸的青云桥,桥全长 11 米。此桥比永安桥短了约三分之一,但其大半圆形拱券其矢高却超过了永安桥。两座桥所处的地理位置基本相同,均属于跨度不大的乡村内河较小的河道。青云桥跨度不大且又无栏,自重自然会减轻,设计者大胆采用了直塅和无栏造型,无疑也是可行的(图17)。

永安桥、寿昌桥两座桥桥塅垂带石表面的特征基本相似,均在相同的位置设计并雕刻了往上凸起的栉阶。这种设计可以起到防滑和方便行人、车辆过往的作用,体现了设计者以人为本的思想理念,是本地区早期宋代拱桥的重要地方特征处之一(图33)。

顶盘石、亦称桥心石、定心石等,是放置在拱桥顶面中央的重要构件,它又和垂带石

图33

（仰天石、压券石）一样，可以起到稳固、定位桥面与拱券，以及使桥梁更加美观等多方面的作用，另一个作用应具备与置于拱券背面顶端龙门石相同，体现了本地区相对时期拱桥的风格和工艺。通常，德清地区明清等后期的拱桥顶盘石设计一般会比较考究，而且越到后期，其顶盘石往往会越大，如建于清代的茅山高桥和永寿高桥（图34）等。德清宋代和宋式拱桥的桥顶面，均以不设方形顶盘石为特征，

图 34

而是直接用长方形条石作横向或纵向直接铺就，如永安桥纵向，寿昌桥横向和具备宋代风格的万寿桥、青云桥等都是这样的设计。宋代风格的万寿桥桥面非顶盘石结构（图35）。这种现象还可以在

图 35

明代嘉靖年间所建的拱桥上发现，如位于武康兴山村的古板桥，可见其在通常顶盘石的位置用6块长1.5米左右的长方形石块作横铺，但为了体现顶盘石存在的效果，在其中间的一块横向条石正中雕刻了一个后期拱桥上广泛使用的圆形旋涡纹。

这样的情况也许可以这样认为，德清地区早期宋代或宋式拱桥的桥面根本没有在桥顶设置方形顶盘石这一构件的做法，而从明代的古板桥开始出现。我们发现古板桥上的顶盘石特征不够明显，应该属于尚处在顶盘石构件初始阶段的一种现象吧。在古板桥以后的清至民国，凡拱桥者皆设有独块放置在桥面中央的方形石块——顶盘石。

　　古板桥，一名板桥，为单孔石拱桥，整桥均用武康石建成，全长约18米。拱墙用条石水平错缝砌置，拱圈纵联分节并列砌置，长系石呈半圆形素面拱墙，靠近拱券处设两块垂直的长方形明柱，表面无楹联文字。桥额上镌刻有阳文楷书"古板桥"三字为桥名，其旁有阴刻纪年题记，但已模糊不清。清《道光武康县志》载："板桥在县东北六里。明嘉靖知县张宪建。"

　　古板桥的武康石用材和德清明代期间桥梁用材相吻合，具有德清早期桥梁的特征，但其工艺、整体风格、桥型等和宋式拱桥相比已截然不同，而与本地区后期清代用花岗岩石材所建的拱桥形式完全一致，因此说明了，古板桥是目前找到的德清宋式拱桥技术和风格在明代开始流变的重要见证性桥梁。古板桥纵联分节砌筑法拱券石和其上端的眉石、长系石、明柱等，与清代所建的茅山高桥基本一致，两座桥通过对比唯一不同的是，后者茅山高桥设桥栏并在桥顶端两侧设"吴王靠"座椅、在明柱上镌有楹联文字等，其他均基本相同，两座桥尤其拱券石上端的眉石构件造型如出一辙。

　　龙门石设置在拱券内的顶端，是拱桥拱券整体的重要组成部分。它是一个在拱券成形之初最后放入的重要构件，可以起到稳定和稳固桥梁拱券的作用。这样的设计和做法一般都会出现在后期清代至民国期间的拱桥之上。德清宋代和宋式拱桥拱券内大多不设龙门石，而是均由拱券石直接相连，如永安桥、寿昌桥和具备宋代风格的雷甸青云桥等均都为这样的设计。

　　纵观德清宋代风格的桥梁，无论拱桥还是梁桥，均可以用设计独特、造型精致、装饰秀丽来概括。具体可以从宋代拱桥永安桥、寿昌桥及具备宋代风格的宋式拱桥万寿桥、青云桥和梁桥万安桥、兼济桥、追远桥、僧家桥，以及具备宋代风格的宋式梁桥上邻桥、谢公桥、萧公桥、上桥、山田畔桥和普济桥等桥梁上得到体现。这些宋代和宋式桥梁无一不精、无一不美，显示了原汁原味、独具匠心、一气呵成的桥梁建筑风格和特点,可称得上设计独特巧妙、造型精致、装饰秀丽,通过与周边地区相比较,具有明显的时代和地方区域性特色。

五、德清宋式桥梁与周边地区比较及技术形成

目前所见资料显示,位于湖州、江苏、上海等地区用出自德清的武康石建于宋代、并风格相似的桥梁主要有"湖州市文物保护单位——菱湖南商林宋代武康石长寿桥(拱桥),其长弧形桥栏、长系石面浮雕莲荷、牡丹等纹饰图案"[5]和德清地区的宋代拱桥风格相同。"上海市文物保护单位——金泽宋代武康石普济桥(拱桥);松江宋代武康石万安桥,望仙桥(梁桥)。江苏省吴江同里宋代武康石思本桥(拱桥),"[6]等等。这些桥梁的拱券石或压券石和垂带石的侧面,基本上也出现雕刻鼓钉纹、两端勾云纹等现象;也有素面和饰有纹饰的长系石、长弧形须弥座式桥栏、坦弧形拱券形式、覆莲望柱、梁桥桥面呈弧形两侧折沿和平底的形式、排柱墩转角抹角处理等。这些现象说明了湖州、江苏、上海等德清就近的周边地区,其宋代或宋式桥梁在风格和技术特征、装饰工艺等方面存在的一致性。目前,已知用武康石作为建桥用材的传播方向,主要见于浙北地区的杭嘉湖平原,以及江苏地区的苏南和上海地区等。古代桥梁业的发展与否,自然与建桥用材资源关系密切。经过考察,上述这些地方不具备建桥用材资源,而武康石材均出自德清地区,因此,德清县独有的武康石矿藏资源优势。在南宋初年开始,南方地区社会稳定经济发展,用武康石建桥在当地成了时尚和必需,继而逐步形成建桥技术,然后再根据各地的需要,伴随着武康石及建桥技术一同向外扩展和输出,从而也促进了周边地区交通和桥梁业的发展而造福于民。

德清县有着非常悠久的建桥历史。据史料记载,德清地区最

早的桥梁,是建于三国(吴)黄武初(222—226)的"千秋桥",又名"官桥",并地方志上记载了千秋桥为石梁桥。千秋桥始建至今已近两千载,但由于损坏等原因,原始状态的千秋桥目前已很难考证。因此,德清地区从三国以后至隋唐和北宋以前,关于桥梁方面的资料已无从查考。史料显示,德清地区唐代前后之际盛行木桥,与宋《吴郡图经续记》记载:"吴郡昔多桥梁,自白乐天诗云红栏三百九十桥,今增建者益多垒石甃甓,工奇致密,不复用红栏也"相吻合。由此可以认为,德清地区隋唐期间盛行以木架桥之风,至晚唐宋初之际用石建桥又兴,从而开始形成地方风格。

综上所述,根据德清地区目前保存时代在两宋时期丰富的桥梁资料分析,完全有理由相信,上述周边等地区两宋时期的建桥技术和风格形成的源发地,应为建桥用材武康石产地的德清县地区。

六、结　语

我国属于多民族国家,土地辽阔,受自然地理环境和社会历史、矿产资源、气候、民俗风情等方面的影响,各地的桥梁建筑,因地制宜形成了各自不尽相同的风格和特色。德清县地处浙北古老的东苕溪流域,这一带历史悠久、土地肥沃、物产丰富、文化特征明显,各时期历史文化丰富。马家浜文化、崧泽文化、良渚文化、马桥文化、商周文化、古陶瓷文化等异彩多姿、交相辉映,形成了以东苕溪水系为主轴线、地方传统特色明显的古文化带。德清县地方民风淳朴,民俗文化积淀深厚,历代能工巧匠层出不穷,这些优良的地方民间传统文化,无疑均属于成就德清县古代地方桥梁技术丰富多彩的重要基石。特殊的江南水乡地理环境,造就了古代建桥业因地制宜的发展方向,独特的地方人文历史、民俗风情和丰富的建桥用材武康石资源等,形成了其不同于金温、宁绍等周边地区的桥梁历史、技术和风格。

德清县现存的古代桥梁众多,尤其宋代桥梁保存良好而珍贵,归纳起来主要应有以下一些方面的原因。第一,地理环境和社会功能。县境内水网密布、物产丰富,其中蚕桑、水稻、茶竹等为传统的主要农业,是典型的江南水乡小桥流水人家之地。地方经济发达,乡间民风淳朴、民俗丰富,桥梁成了人们社会交往和劳动生活的必需。第二,建桥用材得天独厚、取之方便。德清县境内蕴藏了色泽好、藏量丰富、又开采方便的建桥用石资源——武康石。武康石由于质地较一般的花岗岩略软并有韧性,使开采比较方便,又因其色呈紫红而深得人们的喜爱。因此,早在唐代就被发掘,宋代以来便被广泛用于建造桥梁等古代大型建筑。第三,天时地利人和。在宋代桥梁建设飞速发展的背景下,尤其宋皇室迁都杭州建立南宋以后,德清地处京畿之地,必受其益,随着各项事业的发展必然带动交通和桥梁业的发展。

设计独特、造型精致、装饰秀丽的一座古代桥梁,它不仅可以体现悠久的人文历史和地方古代科技水平,还反映了一个地方古代政治、社会、文化、经济发达及文明程度。工艺考究的古代桥梁,犹如一件精美的工艺品,它可以对周围的环境起到点缀作用。可以想象,当时一座座宋代风格的桥梁,犹如现成的活体范本,无疑可以对本地区后期桥梁建设和技术的发展,起到潜移默化的作用。调查发现,目前所知具有德清地区特色的古代桥梁技术,从南宋开始形成,发展至明代中期风格不变,明代中期至清代早期开始,随着武康石的逐步禁止开采和产于外地花岗岩建桥用材的进入,建桥技术与工艺也在逐步发生变异。相比之下,拱桥技术从明代开始完全出现了变革而形成了与前期"风马牛不相及"的局面,梁桥技术则可以延至民国,比如桥面板两侧做成折沿,桥面略往上弧拱等特征,在民国晚期的桥梁上还能看到。

资料显示,原造且保存完整、地方特色与风格明显的宋代桥梁,目前在国内并不多见。虽然德清宋代桥梁形式相对比较单一,而且可能还缺乏气势磅礴的规模,但却以轻盈灵巧、小巧精致见长,尤其宋代和具备宋代风格的宋式桥梁特征最为明显。目前保存的宋代和宋式梁桥中,除一座为五孔以外,其余均为单孔和三孔,拱桥则全部为单孔式。其中梁桥最长的是位于武康龙胜村的省级文物保护单位社桥,全长42米;拱桥最长者为全国重点文物保护单位寿昌桥,全长50多米。而比较小的梁桥有位于县中部乾元镇的单孔山田畔桥,全长仅5米,孔跨1.8米,通高仅1米。还有更小的单孔梁桥,如位于开发区的宋式西边桥、喉咙桥等,其长不超过3米,宽在1米或1米多一点。虽然这些桥体量很小,但其微呈弧拱的桥面、两侧面呈折沿、两端镌刻勾云、蔓草等纹饰,以及排柱墩转角抹角处理、排柱墩垂直分立、用材一致等宋代桥梁风格都颇为明显。有些桥梁很小其跨越空间也可想而知,这一方面说明了人们在劳动生产和日常生活过程中对桥梁的依赖性,还见证了用当地的武康石建桥在德清地区被推崇并盛行。

经过观察、对比和研究不难看出,虽然德清宋代桥梁的时代和地方特色颇为明显,但一些桥梁由于各自存在创建年代上的差异和所处地理位置的不同等因素,因此在一些相关形制、细部特征和结构造型等方面均会存在一些不同程度的区别,体现了一定的地方色彩和在宋代不同时间段内丰富多彩的桥梁建筑技术特点和风格特征。通过对德清宋代桥梁的现状和相关技术数据的分析,并根据地方志记载和桥梁题刻纪年等为依据,可大致粗略地区分出宋代梁桥与拱桥的发展和技术传承脉络与基本关系。根据观察,这些桥梁的原始构件保存情况均非常良好,但由于宋代至今已经过了近千载的岁月流逝,目前幸存并桥上有确切纪年题刻属于原造的桥梁也只有十座左右,已不能和史料上记载的几百座数量相提并论。因此就目前的桥梁数据,自然远远不能够充分和完全地揭示它们所有的技术与工艺传承方面的特征,以及桥梁的发展和演变轨迹。鉴此,本文只能从一定程度上,或者从一个侧面描述出一个大致的概况。桥梁调查存在一定的难度和采集数据方面的局限性,存在不足在所难免,敬请各位谅解。

参考文献:

[1] 杜石然,范楚玉,陈美东,等.中国科学技术史稿[M].北京:科学出版社,1985.

[2][3][4] 张书恒.浙江宋代桥梁研究[M]//浙江省文物考古研究所.浙江省文物考古研究所学刊建所十周年纪念:1980—1990.北京:科学出版社,1993.

[5][6] 朱建民.武康石的建筑与艺术[M].杭州:西泠印社,2005.

原载《交通建设与管理》2008年第6、7期

德清县宋代与宋代风格桥梁、武康石材分布示意图

浙江德清宋代桥梁技术与装饰工艺

关键词:浙江德清 宋代石梁桥、拱桥 武康石材 排柱墩、转角抹角 桥面(梁)弧拱、折沿 帽柱横梁、端面

摘　要:德清县独特的江南水乡湿地环境,独一无二的武康石矿产资源,给古代桥梁业的发展提供了良好的条件。悠久的人文历史和居山为农、近水为田的地域民俗风情,造就了德清地区古代桥梁业发达且技术和工艺独特。我国南方地区目前保存的宋代桥梁资料极其珍贵,德清宋代梁桥在用材、技术与装饰工艺等方面颇具时代和地方风格。通过与周边地区相同时代的桥梁资料比较,具有一定的独特性和特殊性。

保存较好、风格不变,并在桥上有题刻纪年的宋代石桥梁,目前在南方地区幸存的已不多见。德清县是江南地区古代桥梁建筑众多的一个地区,目前发现桥上有题刻纪年并在地方志上有记载的宋代梁桥有四座[1];有记载但在桥上未发现题刻纪年的宋代石拱桥有两座。其中一座拱桥已被公布为国家级文物保护单位,其他均为省级文物保护单位。虽历经沧桑,但这些桥梁至今仍保存完整,大部分原始构件完好无损,始建风貌不变。本文着重对四座梁桥做最大限度的细部揭露,同时就桥梁的技术与装饰工艺等做初步的分析与探讨。两座拱桥造型独特、工艺考究、时代和地方特

征明显,是不可多得的珍贵资料。通过对比,梁桥和拱桥在一些相关构件和装饰风格等方面有着一定的相似性,显示了在技术和工艺方面的相互借鉴元素。由于桥梁调查存在一定的局限性,故难免会存在不妥之处,敬请各位见谅。

一、梁　桥

四座梁桥虽然均建于南宋,但通过观察不难发现,在一些细部结构和局部形制,以及装饰工艺等方面还是有所差异的,显示了因地制宜和在同一风格前提下的灵活性,因此大致可分为四种不同的形式。

(一)A 型(线图 1)

万安桥(图 1),单孔无栏。两侧排柱墩密排并作金刚墙壁面。桥面(梁)略呈向上弧拱并纵向设边框线、侧面折沿,桥长 4.25 米,桥面宽2.15米,高2.8米。桥面(梁)侧面两端雕刻蔓草纹。排柱墩

图 1

一立柱上镌刻上三角形下荷花纹为框的铭石区,其内有"劝缘比丘僧善诚募众,唯造南津西北□□桥,□□□利用□□□□,国泰民安祈众丰稔,绍兴庚辰孟秋至日题"[2]题记。明嘉靖线装本德清《武康县志》载:"万安桥南有南津桥,绍兴间僧善诚建,距县东十里。"

图 2

(二)B 型(线图 2)

兼济桥(图 2),三孔有栏。中孔排柱墩间排、两边孔密排。桥面呈平行,非折沿,桥长 11 米,宽 2 米,高 2 米。[3]排柱墩上置随梁圆木,见卯痕。设桥栏。帽柱

横梁端面雕刻半浮雕花卉纹。中孔一立柱侧面镌刻上荷叶的长方形铭石区,其内有"宋乾道八年壬辰岁丙午朔端午立,□□□□厘友共捨财重新建造□,□□□□□□□□□□启智心,□□□□□□干舍钱壹佰贯"[4]题记。清道光线装本德清《武康县志》载:"兼济桥,在县东北二十五里。"

(三)C型(线图3)

追远桥(图3),三孔无栏。中孔排柱墩稍呈间排、两边孔密排。桥面(梁)略呈向上弧拱并纵向边框线、侧面折沿,桥长10.4米,桥面宽1.65米,高仅见1.65

图3

米(因排柱墩埋于土中实际高度不易查明)。[5]排柱墩转角抹角,帽柱横梁端面镌半浮雕花卉纹。桥面(梁)侧面两端雕刻如意云纹。帽柱横梁上置随梁圆木,见卯痕。中孔一排柱立柱上镌刻上荷叶的长方形铭石区,其内有"绍熙二年岁次辛亥□□□□"[6]题记。清道光线装本德清《武康县志》载:"玉蟹桥,一名蟹儿桥,在县(武康县)西北十二里。"

图4

(四)D型(线图4)

僧家桥(图4),三孔无栏。排柱墩均密排。桥面(梁)略呈向上弧拱并纵向边框、侧面折沿,桥长11.1米,桥面宽2.12米,高2米。[7]边孔桥面上设石阶,边孔侧面折沿,并在两端镌刻勾云纹。中孔排柱墩一立柱上刻双线为框并下荷花纹的长方形铭石区,其内有"皇宋宝庆二

年季夏上□吉日重建"[8]题记。清道光线装本德清《武康县志》载：
"僧家桥，县东七里，唐天宝二年(743)建。"

二、分析探讨

早在汉六朝时期我国的桥梁技术已有了很多的经验和技术积累。隋唐期间经历了一个技术进一步发展和创新并举的阶段。"宋元时期桥梁建造技术已经纯熟，在传统的梁桥和拱桥的建造方面，出现了不少技术上的新突破。"[9]"浙江桥梁的发展与此同步，而且更加明显……"[10]宋《吴郡图经续记》记载："吴郡昔多桥梁，自白乐天诗云红栏三百九十桥，今增建者益多垒石甃甓，工奇致密，不复用红栏也。"见证了宋以前浙江等地盛行木桥，并由以木架桥向用石造桥过渡的史实。浙江省是全国古桥梁分布最多和桥梁文化内涵最为丰富的省份之一。"1963年浙江省交通厅普查资料显示，全省除索桥以外，各式民用桥梁约有十万座左右，时代从宋至近现代。"[11]

德清县目前保存的四座宋代梁桥，时代最早的是建于南宋绍兴年间的 A 型万安桥，其次为 B 型兼济桥、C 型追远桥和 D 型僧家桥。除万安桥为单孔，其他均为三孔。单孔桥长不超过 5 米，三孔者长度在 12 米以内，桥高均不超过 3 米。通过观察，这些桥梁均位于自然村宅前或村后的市内小河之上，大多是为了方便当地百姓日常生活和劳动而建的普通桥梁。桥梁体量均不大，但是在造型、设计和建造、装饰等方面却比较讲究。

四座梁桥中 A 型万安桥时代最早，距今已逾 900 年，是目前发现德清宋代梁桥单孔桥梁中的最早形式。进而观察可以得知，A 型桥梁上的技术特征、装饰工艺、风格等特征元素，在其以后的 B，C，D 型三座桥梁上均有所发现，可见这一风格和技术的形成，目前所知最早应在万安桥始建期间的南宋绍兴年间。

这些桥梁的排柱墩为杭嘉湖地区常见，用三至四块长条形立柱并排做联锁式结构。其形式有间排式和密排两种，间排式均为三孔式。三孔的一般中孔间排、边孔密排，单孔的则均为密排。密排式和间隔式排柱墩，其柱的断面多为长方形，并立柱均做垂直状并排立。排柱墩单根立柱断面在长 0.55 米、宽 0.28 米左右，B 型用材略小，为长 0.44 米，宽 0.25 米。B 型和 C 型为三孔式梁桥，虽然其中孔排柱墩立柱均做垂直并间隔状分立，但间隔的宽度各不一样，B 型 0.25 米，C 型仅 0.06 米。笔者认为：前者间隔稍宽应和节约用材降低造价有关，后者间隔较密，这可能对方便施工有作用，还体现了排柱墩做间隔式在当地已成为风格和特色。排柱墩转角有直角和抹角两式，除 A 型排柱墩不见抹角，其他均采用抹角技术。根据桥梁时代的早晚关系判断，直角式应早于抹角式。排柱墩转角抹角面一般在 6—8 厘米不等，可参见 C 型追远桥，从侧面观察排柱墩，其状似两头略大中间略小的须弥座形。笔者认为，排柱墩转角采用抹角一方面可显得更加紧凑和美观，另一方面还可以免受来往船只外力碰撞而造成缺陷，这对于硬度不如花岗岩的武康石材可谓是明智之举。

时代最早的 A 型万安桥，与其他三座桥梁有着许多明显的不同之处。第一是单孔与三孔的区别，第二是桥面（梁）两侧底边的斜大抹角做法不同，第三是帽柱横梁端面装饰花纹和其上置随梁圆木技术尚未出现，第四是排柱墩转角未采用抹角，第五是铭石区上端图案呈双线的三角形而非荷花叶纹的不同。

B 型兼济桥桥面（梁）为平面，纵向两侧不见折沿。栏板用整块大武康石镌刻而成，上端外侧呈向外凸的沿、顶面为弧形，侧面中段凿刻有三条阳刻节线，其上做均匀状饰三个菱形如意图案，下端两边镌刻如意花卉蔓草纹，兼济桥三字楷书阴文桥名镌刻于桥中孔的桥栏（桥额）之上。通过比较，B 型的设计与其他三座桥梁存在的差异也较大,主要可体现在排柱墩、桥面(梁)、桥栏等方面。A型与 B 型的始建年代相距约 40 年,虽然在造型和结构上存在了明显的不同,但不难看出 B 型桥栏侧面下段两端的花卉蔓草纹和 A 型的风格如出一辙,体现了传统的装饰风格和工艺元素(可参见文后桥梁平立面线图)。

这些桥梁桥面(梁)的形态有弧拱形、纵向侧面折沿和平行面非折沿两式。桥面(梁)均用三条石纵铺和子母口榫卯法拼砌。这一技术和传统的木作技术相似,但在石材上采用这一工艺其难度则要大得多。这种做法虽然在加工时增加了难度,但在实际效果上可使桥面不留直接缝隙和更具整体感,还可以增加桥梁的牢固度和稳定性,使行人更有安全感。

调查发现,四座桥桥面(梁)的厚度相差不大,平面的 B 型兼济桥稍薄,三孔均为 0.26 米,弧拱形的一般中间厚 0.36 米,两端0.26米左右,呈中间厚两头薄。其中弧拱形中的 A 型较特殊,其梁侧面底部中段抹角部分比两头增厚约 10 厘米,与 C,D 型相比虽然总体上风格一致,其上沿的折沿也相同,但时代早的 A 型底边采用的是向内的大抹角,时代晚的 C,D 型采用的则是向内的折线形。这种在局部形式上的变化,见证了桥梁在设计方面随着时间的推移得到了改进,从而也确立了德清宋代梁桥桥面(梁)侧面折沿形的固定模式和风格。因此可以认为,A 型桥面(梁)侧面底边大抹角的设计形式应是折线形的雏形,两者所要达到的设计和视觉效果应是相同的。众所周知,桥面弧拱形能加大抗压强度而使负载力增加,体现了桥工的聪明与智慧。这一技术和风格发展到稍后最为典型的可见 D 型僧家桥,从侧面观察这一部位其上端两条折沿线、其次一道随梁弧线、再次一条底平线,共四条线清晰可见。C 型的折沿设计与 D 型虽然属同一风格,但其底边与随梁弧线之间的宽度则很浅且窄,仅 2.5 厘米,这和 A 和 D 型宽约 10 厘米存在了明显的区别。这种在局部形态上的变化,笔者认为一方面体现了桥梁设计随着时代变迁在形式上也发生了轻微的变异,但同时应包含了灵活多变的设计元素。再者,由于折沿结构从断面观察是呈上大下小的梯形状的,因此从审美上与直边形相比会产生不一样的视觉效果。从实用效果方面分析,由于有上端折沿凸出部分的遮挡,可以使桥的侧面不易积尘,便于下雨天落水保持清洁。资料表明,德清宋代梁桥两端桥堍与桥梁面大都呈平衡状,因此一般不设上下石阶而由平行连接为大宗。D 型僧家桥在两边孔(梁)的面上直接设计了阶级非常独特,也是德清宋代梁桥桥面唯一所见的形式,体现了灵活运用的设计方法。

笔者将横置于梁桥排柱墩上端的石梁称为"帽柱横梁",它起到了其下紧锁立柱,其上置桥面(梁)的作用。在这一构件的横向两端面可分为素面和有纹饰两种,并在其上有设置随梁圆木和不设两式,其中 A 型万安桥不设随梁圆木,B、C、D 型均采用了随梁圆木设计。B 型中孔帽柱横梁端面装饰有半浮雕的蔓草纹、边孔素面,这种形式与 C 型一致,且中孔帽柱横梁端面雕刻的图案也极其相似。D 型帽柱横梁端面均呈前凸的品字形与 C 型边孔风格相似。B 型始建南宋乾道八年(1172),C 型始建南宋绍熙二年(1191),两桥相距不到 20 年,C 型与 D 型相距也仅 30 余年。观察发现,梁桥帽柱横梁上纵置的随梁圆木,一般有四至五根不等,可以起到稳定桥面(梁)和减轻其承压力的作用。通常,石材在刚采下时需经过一段时间的日晒雨淋老化过程才能更加坚固,这段时间里随梁圆木的腐朽正好起到了一个过渡。

铭石题刻形式与桥名可分为两种,A 和 B 型相似可为一式,其特点是:题记内容既有记事又有纪年。文字排列为从右至左呈竖排多行,并阳刻粗线为框。但两桥铭石区图案装饰还是有所区别,A 型上端饰双阳线的三角形,下端饰比较写实的荷花纹。B 型上端阳刻写实的荷叶纹,下端不见,但阳刻粗线为框相同。A,B 型铭石区的差异主要体现在装饰图案的不同,但总体上的风格比较一致。C,D 型可为第二式,主要可以从其文字皆单行竖排、并有纪年等特色来区分。铭石区的边框线 C 型为阴刻,D 型为阳刻,上下各饰有与荷花植物元素相关的叶纹和花纹,体现了与 A,B 型铭石区风格一致的元素。铭石字体均以楷书阴刻为主要风格。四座桥虽然均有铭石题记,但 A,B 型有楷书桥名,C,D 型却不见,可见也有一定的区别。A,B 型的桥名皆用楷书阴刻,且楷书味极浓,字体饱满、端庄有力,让人回味无穷。

综上所述,德清宋代梁桥除在设计和工艺上非常讲究以外,不难看出还很注重对桥梁的装饰,用产于当地的武康石建造也是其中最为明显的特征之一。虽然本地区至晚清和民国时期桥梁用材皆改由花岗岩代替,且帽柱横梁端面花纹装饰、桥面(梁)子母口榫卯法拼砌、排柱墩转角抹角等工艺已不复存在,但在有一些地方则仍能见到宋代桥梁的遗风,如梁桥桥面(梁)设计成向上弧拱并侧面折沿等,可见延续时间之长。

三、拱 桥

永安桥和寿昌桥均为单孔有栏式,保存完整、大部分原始构件完好、始建风貌不变。两座桥相距仅 5 公里,位于建桥用材武康石矿藏分布的中心区。根据记载,两座拱桥的始建年代虽然均属于南宋期间,但之间相距长达 100 多年。通过观察,两座桥在一些细部结构、整体造型、装饰等方面有一定的差异,但在技术和工艺、风格等方面则显示了明显的一致性。如整体造型、垂带石表面的栉阶、小于 100 度弧圆形拱券分节并列法砌筑、长弧形桥栏、覆莲瓣纹望柱、拱券内不设龙门石构件、桥面非顶盘石结构等风格相同。两座桥的望柱和造型、明柱构件的设置、长系石造型、桥垛垂直和喇叭形、桥顶面砌筑方法等则存在着不同。

永安桥是一座拱桥,但它却不设明柱,这种设计颇具特色,比较罕见。除此之外,通过对比发现,拱桥上的一些构件的装饰工艺和风格与上述梁桥有明显的相似性,主要体现在:拱桥永安桥上的长系石端雕刻图样和风格与梁桥 B,C 型上的类似构件帽柱横梁端面装饰图案和风格一致,凡素面的也相同,见拱桥寿昌桥和梁桥僧家桥侧边两端装饰的蔓草纹,与拱桥寿昌桥压券石和垂带石侧边饰于两端的纹饰风格相同,以及折沿风格也一致。

(一)永安桥(图 5)

桥长 17.3 米,顶宽 2.8 米,单孔净跨 6 米,矢高 2.7 米(矢跨比 1:2.2)。[12]拱券石横和纵向均对齐,拱券宽和桥面及两块的宽度一致,两桥块至桥顶面呈垂直,不见压券石构件。桥顶面也非方形顶盘石

图 5

结构,而是用两块长弧形条石纵铺。两侧垂带石上镌有栏阶。拱墙两侧共设长系石 4 根,其端面呈平面,且均阳刻半乳雕牡丹花纹,其下不见明柱。桥栏为长弧形,断面呈须弥座状,高 0.42 米、厚 0.25 米,每侧由 4 节组成一组。桥栏两端置柱头,顶为平面、四周饰覆莲瓣纹的望柱,两侧仅 4 根,两端置表面阴刻卷云纹的抱鼓石收尾。桥梁保存完整,清道光线装本《武康县志》记载:"永安桥,在县东二十二里,宋绍兴间僧法嗣建。"永安桥长系石端面的纹饰风格和宋代梁桥 B,C 型帽柱横梁端面的装饰风格一致,且桥型独特罕见。

(二)寿昌桥(图 6)

桥长 35.2 米,顶宽 2.8 米,矢高 7.19米,单孔净跨 17.5 米(矢

跨比 1：2.4）。[13]拱券石纵向
对齐,但横向间略有错缝,这
可能和拱券设计成较大收分
状有关。拱券底宽 3.75 米,
顶宽 2.5 米,收分达 1.25 米。
在拱券之上设压券石构件。
桥顶面非方形顶盘石结构,而

图 6

是用宽约 30—40 厘米的条形石板做横向铺就。两塊至桥顶面略呈
长长的喇叭形,两侧垂带石上镌有栌阶。拱墙做逐层叠涩的收分
状,断面呈梯形,使拱墙和桥面呈双向反曲线状。压券石和垂带石
两端侧面饰有鼓钉纹和卷云纹、蔓草纹等。垂带石和压券石侧面
的蔓草纹和上述 A,B 型宋代梁桥桥面(梁)侧边两端的蔓草纹风格
极其相似。桥栏为长弧形断面呈须弥座状,高 0.5 米,厚 0.26 米。
望柱形式比较丰富,两侧各 6 根,共多达 12 根。其头有平顶覆莲瓣
纹装饰,也有球形圆头和圆头饰覆莲瓣纹等多种。两端置表面刻
卷云纹的抱鼓石收尾。长系石呈上扬的品字形,其形态与 D 型梁
桥上的帽柱横梁端面一致。唯靠近拱券两侧抱鼓石与长系石下设
素面明柱,两侧共 4 根。在拱券内一拱券石上设有长方形铭石区,
但由于年代久远所刻文字已无法看清。道光年间修《武康县志》记
载:寿昌桥宋咸淳间邑人姚智建,当为可信。[14]寿昌桥造型独特,尤
其收分技术的独到之处和单孔拱跨之大,在江南地区实属罕见。

四、结 语

我国地域辽阔,南北方地区性差异较大。由于各地地理环境、
物产分布、气候条件、民俗风情等方面不同,与自然环境联系最紧
密的桥梁建筑的形式也各有千秋。保存完整的宋代桥梁建筑目前
在南方地区由于存世量较少,因此显得尤为珍贵。位于浙江省北

部杭嘉湖平原的德清县,水网密布、河道纵横、物产资源丰富,非常适合古代桥梁业的发展。特殊的江南水乡地理环境,造就了古代建桥业因地制宜的发展方向,独特的地方人文历史、民俗风情和丰富的建桥用材武康石资源等,形成了其不同于其他地区古代桥梁文化和特色。虽然德清宋代桥梁在形式上相对比较单一,还可能缺乏气势磅礴的感觉,但却以造型别致、工艺独特、装饰考究、轻盈灵巧、小巧精致、地方特色明显等见长。

德清县桥多,而且宋代桥梁保存良好、资料丰富,归纳起来主要应有以下一些方面的原因。第一,地理环境和社会功能。县境内水网密布、物产丰富,其中蚕桑、水稻、茶竹等为传统主要农业,是典型的江南水乡小桥流水人家之地。地方经济发达,乡间民风民俗淳朴丰富,桥梁成了人们社会交往和劳动生活的必需。第二,建桥用材得天独厚、取材方便。德清县境内蕴藏了色泽好、藏量丰富、又开采方便的建桥用石资源——武康石。调查表明,以德清武康地名命名的建筑用武康石为德清地区所独有。这类石材由于质地较一般的花岗岩略软且有韧性,因此开采比较方便,又因其色呈紫红而深得人们的喜爱。"武康石至迟在北宋时期已经成名,它包括园林假山石和建筑用石两种。"[15]"武康石宋代以来被广泛用于建造桥梁等古代大型建筑。"[16]第三,天时地利人和。在宋代桥梁建设飞速发展的背景下,尤其宋皇室迁都杭州建立南宋以后,德清地处京畿之地,必受其益,随着各项事业的发展必然带动交通和桥梁业的发展。

摄影制图:孙荣华

电脑绘图:朱俊敏

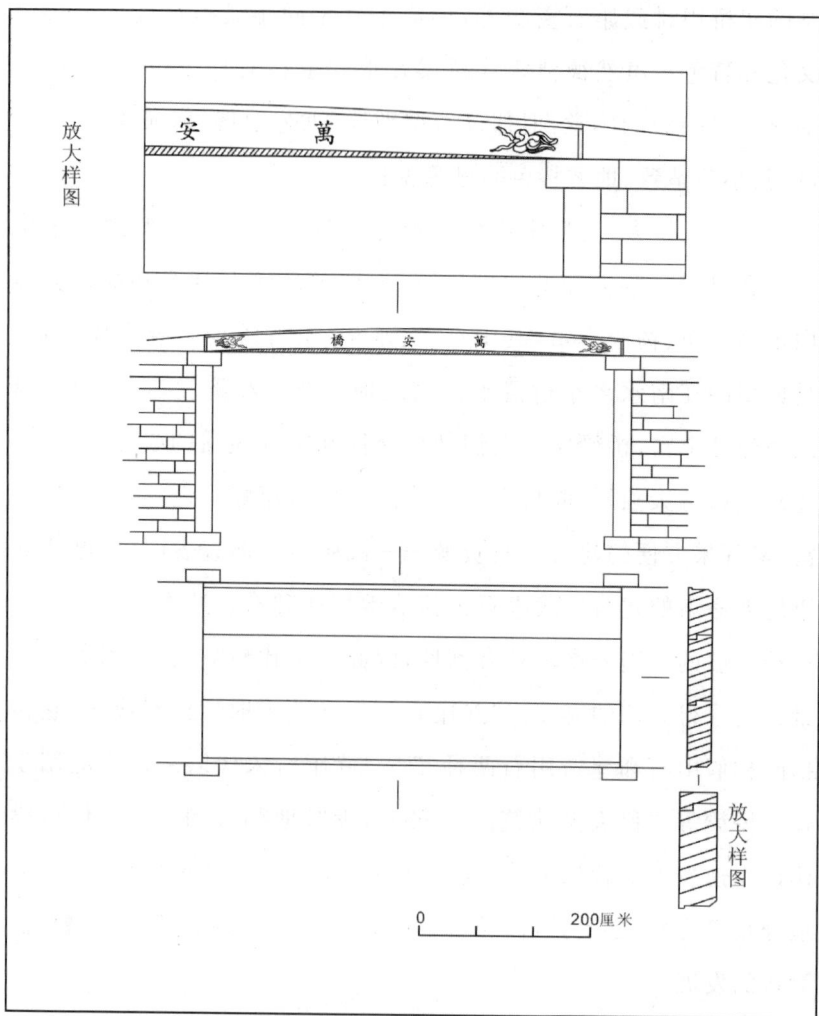

线图 1　万安桥平立面线图

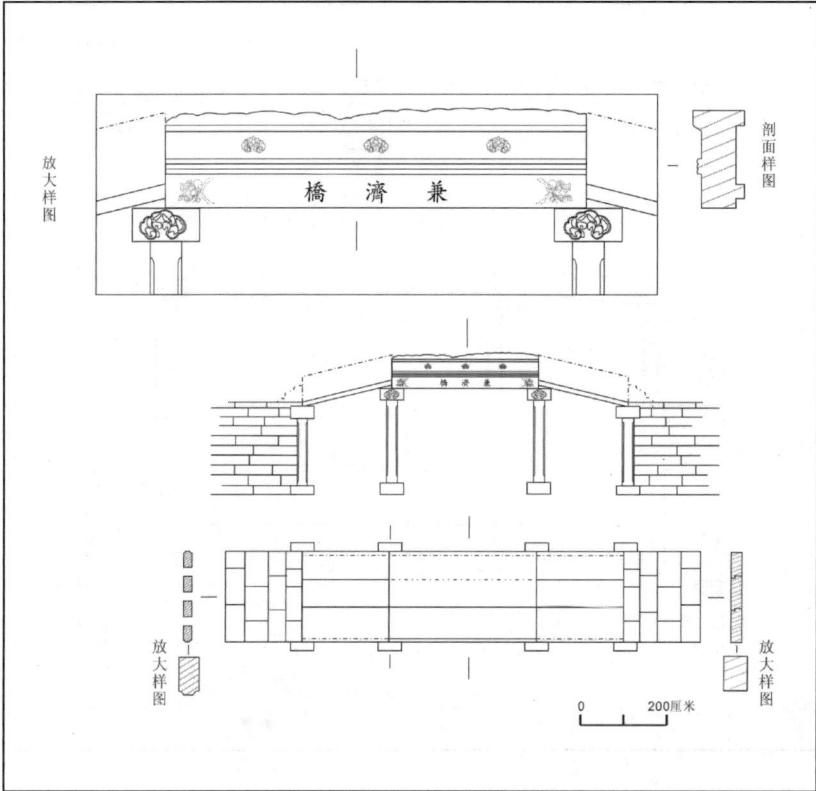

线图 2　兼济桥平立面线图

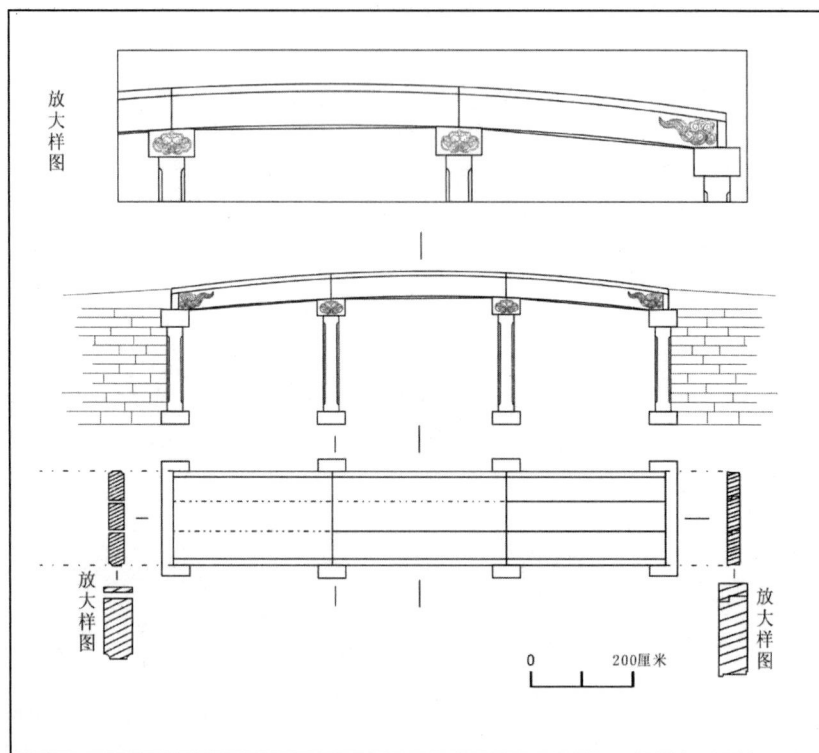

放大样图

放大样图

放大样图

0　　　200厘米

线图 3　追远桥平立面线图

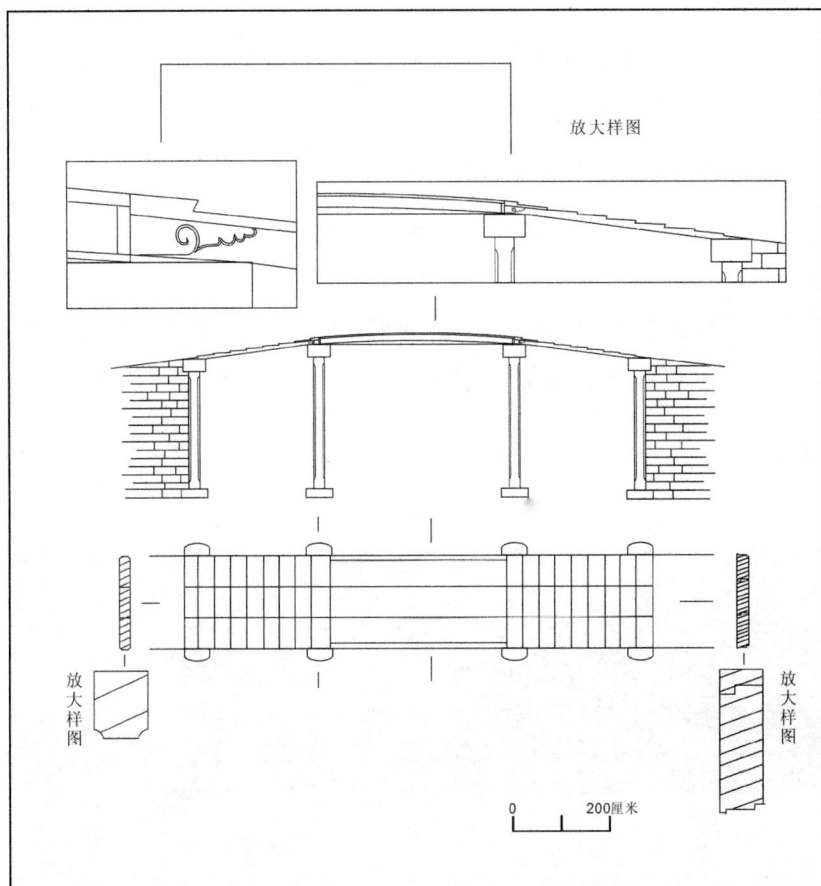

放大样图

放大样图

放大
样
图

放大
样
图

0   200厘米

线图4 僧家桥平立面线图

参考文献：

[1][2][3][4][5][6][7][8][12][13] 德清县文物普查资料。

[9] 杜石然,范楚玉,陈美东,等.中国科学技术史稿[M].北京:科学出版社,1985.

[10][11][14] 张书恒.浙江宋代桥梁研究[M]//浙江省文物考古研究所.浙江省文物考点研究所学刊　建所十周年纪念:1980—1990.北京:科学出版社,1993.

[15] 朱建明.武康石的建筑与艺术[M].杭州:西泠印社出版社,2005.

[16] 孙荣华.江南水乡、古桥文化——浙江德清古桥梁初探[J].古建园林技术,2005(87—88).

原载《文博》2009 年第 3 期(总第 150 期)

宋式梁桥普济桥

浙江德清宋代寿昌桥与
永安桥、源洪桥比较研究

　　浙江省内已发现的宋代桥梁，主要分布在浙南的温州、绍兴、义乌等地和浙北的杭嘉湖平原地区，其类型主要包括"单孔石梁桥、多孔石柱形墩梁桥、混合形多孔梁桥、石壁形墩梁桥、石壁墩加砌翼墙式梁桥、弧边形拱桥、折边形拱桥"[1]。这些形式多样的宋代桥梁各具特色，用材各取所长，至今仍保存了大部分的原造构件，因此始建风格不变。其中位于德清县中部武康石材矿藏资源主要分布区的寿昌桥是其中十分重要的一座。[2]

　　德清县历史上的武康石可分为园艺用石和建筑用材两种，前者被园艺界称为"武康黄石"，后者则被建筑业称为"武康石材"和"武康紫石"[3]。用德清地区独有的矿藏资源武康石材为原料建造桥梁，是位于杭嘉湖平原浙江省北部德清及其周边相关地区宋代桥梁的主要特征之一。目前发现该地区最早用这类石材建造的桥梁时代为南宋。[4]

　　寿昌桥，单孔实腹、薄拱薄墩结构石拱桥。整桥皆用武康石建成。桥南北走向，全长52.3米。拱券以分节并列法砌筑，呈圆弧形坦拱，可分为11节，拱宽、横向用4块宽度基本一致的弧形条石砌筑。单孔净跨17.5米、矢高7.19米、拱券底宽3.75米、顶宽2.5米、收分达1.25米，桥栏高0.5米、厚0.26米。寿昌桥拱墙（亦称"金刚墙"）呈逐层叠涩的内收状。拱墙两侧、桥栏两端抱鼓石处望柱下设间壁石(亦称明柱和楹联石),桥南北两侧共4根。整桥置横贯拱墙的长系石共6根,其端面均为呈"品"字形的素面。桥栏断面呈须弥座式,望柱头主要为仰覆莲瓣纹状,亦有瓜棱纹球状和莲花蕊式圆头状不等。桥顶宽至两坡坡脚宽略呈上窄下宽的喇叭形。桥顶面用若干长方形条石做横向铺就,坡脚垂带石表面内侧镌横向栿阶。桥顶面两侧仰天石、两坡脚两侧垂带石之下纵置随形压券石。垂带石侧面以南北置间壁石的上端为界两端各雕刻勾云纹,其下压券石侧面以两个望柱宽为一个单元、各雕刻成组的蔓草纹和鼓钉纹装饰(图1)。桥额处阴刻楷书"寿昌"二字为桥名(线图1)。这些均为德清地区宋代桥梁的常见

图 1

工艺和装饰纹饰。德清县明代嘉靖和清代道光《武康县志》记载:寿昌桥,宋咸淳间邑人姚智建。

寿昌桥设计独特,工艺考究,造型古朴,大部分原造构件保存完整,时代性和地区性宋代桥梁特色显著。它是江南地区现存拱跨最大的宋代单孔石拱桥,也是研究宋代石拱桥的珍贵实物例证。[5]通过与寿昌桥的桥梁造型、结构、装饰工艺、用材等方面进行比较,可以对本地区和周边地区其他不见纪年题刻、缺少地方史料记载的桥梁进行断代等研究。

目前在浙江省以德清县为中心的浙北地区,除了寿昌桥以外,还保存着具有相似建筑特征的永安桥和源洪桥两座年代较早的拱桥。其中寿昌桥和永安桥位于德清县境内,源洪桥则坐落在与德清县北侧毗邻的湖州郊区青山乡,三座桥的直线距离在20千米左右。永安桥一般被认为是宋代所建,源洪桥则是近年来新发现的早期拱桥。三座拱桥用材和造型基本一致,技术和装饰工艺也相

同,但是因为在永安桥和源洪桥上未见题刻纪年,所以对于它们的创建年代和是否属于原造等尚存在一定的困惑。另外,2000年全省第三次文物普查中在德清地区新发现了4座宋代梁桥。这些梁桥不仅在地方志上有明确记载,而且在桥上还找到了可以与之相对应的纪年题刻,被确认为原造风格不变,已被评定和公布为省级文物保护单位。本文拟以拱桥寿昌桥和这4座宋代梁桥作为参照对象,探讨永安桥和源洪桥两座拱桥创建的相对年代及原造保存情况等问题。

一、永安桥、源洪桥与寿昌桥

(一)永安桥

永安桥(图2),单孔实腹、薄拱薄墩结构石拱桥,整桥皆用武康石建成,细节参见线图2。桥南北走向,全长17.3米,拱券以分节并列法砌筑,可分为五节,拱宽、横向用4块宽度基本一致的

图2

弧形条石砌筑。单孔净跨6米、矢高2.7米、拱券顶宽2.8米、两坡脚宽2.8米、桥栏高0.42米、厚0.25米。

永安桥桥顶面用两块长弧形条石纵铺,两坡脚下段垂带石表面内侧镌横向栌阶。桥顶宽与桥塊两坡脚宽一致。拱墙两侧上下纵横均呈垂直。长弧形桥栏,其端面呈须弥座式。整桥仅在桥栏南北两端各设望柱共4个。望柱头为仰覆莲瓣纹,与其下南北各一根横贯拱墙的长系石两端相对。长系石端面雕刻半浮雕卷云纹,其下不设间壁石(图3)。拱券之上、仰天石和两坡脚垂带石之下不置压券石构件,而是由仰天石直接与拱券石叠压,且垂带石侧为素面。桥额处阴刻楷书"永安桥"三字为桥名(图4)。明嘉靖、清道

光线装本《武康县志》载："永安桥，在县东二十二里，宋绍兴间僧法嗣建。"

图 3

图 4

(二)源洪桥

图 5

源洪桥(图 5)，单孔实腹、薄拱薄墩结构石拱桥，整桥皆用武康石建成，细节参见线图 3。桥南北走向，全长 17 米，拱券以分节并列法砌筑，可分 7 节，拱宽、横向用 4 块宽度基本一致的弧形条石砌筑。单孔净跨 6.5 米、矢高 2.8 米、拱券顶宽 3.1 米、两坡脚宽 3.1 米、桥栏高 0.46 米、厚 0.22 米。

图 6

源洪桥桥顶面至两坡脚用 5 块长弧形条石做纵向错缝铺就，通常应为阶级结构的两坡脚中间的 3 块石板表面不采用石阶，而是设计了纵向间距在 80 厘米左右的横向栉阶，这种形式亦称"马道"(图 6)。桥顶宽与桥堍两坡脚底的宽度一致。与上述永安桥一样，拱墙两侧上下纵横均呈垂直。长弧形桥栏、其端面呈须弥座式。桥栏仅存桥中部分,其他及望柱均已损。整桥共设 4 根横贯拱墙的长系石,其中靠近拱券的两根端面雕刻半浮雕牡丹花纹,外侧两根则为品字形素面,其下均不设间壁石(图 7)。拱券之上、仰天石和两坡脚垂带石之下置压券石构件,且表面雕刻蔓草纹、勾云纹和鼓钉纹为装饰。桥额处阴刻楷书"源洪"二字为桥名(图 8)。源洪桥未见地方志记载。

图 7

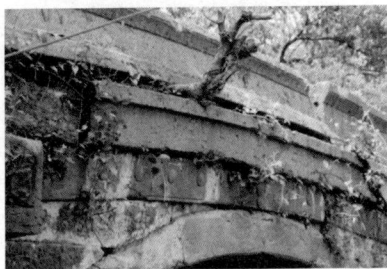

图 8

　　将上述两座桥与寿昌桥进行比较,三座拱桥在总体风格和造型上有着明显的一致性,但在局部结构、造型和细部装饰等方面则体现了明显的差异性。相同之处主要体现在:第一,三座拱桥用材相同。皆分节并列法圆弧形坦拱拱券造型,拱券上端无眉石,桥顶面中心不设顶盘石(后期拱桥亦称"定心石"),拱券内顶部不设方形石块(后期拱桥亦称"龙门石"),桥栏端面呈须弥座式。两坡脚表面的栟阶风格相同。侧视两坡脚至桥顶整体呈坦弧形。第二,永安桥与源洪桥桥顶面结构用长方弧形条石纵铺,桥顶宽与桥堍两坡脚宽一致。长系石端面花面和素面者其造型和风格皆一致。拱墙长系石下不设间壁石的做法相同。第三,寿昌桥与源洪桥的垂带石、仰天石和压券石侧面或两端和桥中段镌刻蔓草纹、勾云纹、鼓钉纹等一致。不同之处在于:第一,三座拱桥的长系石端面形式和风格有一定的区别。寿昌桥为"品"字形素面,永安桥与源洪桥的长系石端面虽然总体风格一致,均呈平面且雕刻半浮雕纹饰,但纹饰的类型则有一定的差异,前者为卷云纹,后者为牡丹花纹。第二,三座拱桥的桥栏端面均呈须弥座式,但在桥栏的总体布局和形式上,寿昌桥为一柱一栏式,永安桥则为桥中段不用望柱的长弧形桥栏式。源洪桥虽然由于两坡脚栏板及望柱和抱鼓石均已不存,给确定它的原始布局和形式带来了不便,但通过将其目前所存的桥栏造型和桥的结构等与寿昌桥和永安桥进行比较分析,推测其桥栏应为与永安桥相似的长弧形式。第三,源洪桥两坡脚的结构与永安桥和寿昌桥不同。它不设通常的阶级,而整个坡脚表面直接用长弧形条石纵铺,并在表面横置与寿昌桥、永安桥一致的栉阶。

二、宋代梁桥与拱桥

德清现存四座年代可考,桥上有铭文和纪年题刻,并可与地方志记载相对应,整桥皆用武康石建成,且大部分原造构件不变的宋代梁桥。其中,万安桥(图 9)建于绍兴庚辰年(1160),单孔无桥栏。桥上有纪年和

图 9

记事铭文题刻"劝缘比丘僧善诚募众,唯造南津西北□□桥,□□□利用□□□□,国泰民安祈众丰稔,绍兴庚辰孟秋至日题"

图 10

(图 10)。兼济桥(图 11)建于乾道八年(1172),三孔梁桥,桥面两侧设桥栏。排柱墩亦作垂直分立,其中中孔为间隔排,两边孔为密排。桥上有纪年和记事铭文题刻"宋乾道八年壬辰岁丙午朔端午立,

图 11

图 12

□□□□厘友共合财重新建造□，□□□□□□□□□□启智心，□□□□□干舍钱壹佰贯"（图12）。追远桥（图13）建于绍熙二年（1191），为三孔梁桥、无桥栏，排柱墩

图 13

亦作垂直分立，其中中孔排柱墩单根立柱间稍有间隔，两边孔为密排。桥上有纪年铭文题刻"绍熙二年岁次辛亥□□□□"（图14）。僧家桥（图15）于宝庆二年（1226）重建，三孔梁桥、无桥栏。

图 14

排柱墩亦作垂直立，三孔均为密排。桥上有纪年铭文题刻"皇宋宝庆二年季夏上□吉日重建"（图16）。

图 15

　　四座梁桥中以万安桥为最早，创建于南宋绍兴年间，它的技术特征、装饰工艺和风格等，在其他三座时代稍后的梁桥上均有所反映。因此可见，德清地区宋代梁桥别具一格的建筑风格和技术特征，目前所知最迟应在万安桥始建的南宋绍兴年间已经形成。通过比较发现，这些梁桥上的相关技术特点和装饰工艺等特色，在上述寿昌桥、永安桥、源洪

图 16

桥三座拱桥上也同样有所体现，呈现出梁桥与拱桥在技术和装饰风格方面一定的共通性。具体可归纳为：（1）梁桥万安桥、追远桥、

僧家桥的桥面纵向两侧折沿造型与上述三座拱桥仰天石、垂带石侧面的折沿风格和造型一致。(2)寿昌桥与源洪桥在仰天石、垂带石和压券石侧面雕刻的纹饰如出一辙,与梁桥万安桥和兼济桥的蔓草纹风格也相同。(3)梁桥兼济桥、追远桥、僧家桥的素面帽柱横梁端面,和拱桥源洪桥、寿昌桥的类似构件素面长系石的造型一致,风格也相同。(4)在桥顶面的结构方面,除寿昌桥以外,其他拱桥皆以长弧形条石做纵向铺就,这与梁桥桥面均采用长弧形条石做纵铺的技术和做法相同。(5)梁桥兼济桥、追远桥两花两素的帽柱横梁端面配置和装饰风格,与拱桥源洪桥长系石两花两素的配置和装饰形式一致。(6)三座拱桥均镌刻桥名,且皆为繁体楷书阴刻,但在桥名的字数上却存在了区别,其中永安桥是带有"桥"字的三个字桥名,源洪桥和寿昌桥则省略了最后一个"桥"字。对比发现,永安桥桥名形式与创建于南宋早期的梁桥万安桥和兼济桥形式一致,皆为三个字完整桥名,应属本地区南宋早期桥梁特征之一。

三、永安桥、源洪桥创建年代判断

上述拱桥、梁桥各个方面特征和相关数据显示,为我们推测永安桥和源洪桥的创建相对年代、原造保存情况等提供了宝贵的线索。拱桥永安桥在地方志上记载为:"宋绍兴间僧法嗣建。"首先,通过比较发现,与之创建年代相似的是梁桥万安桥,以及略迟的追远桥和僧家桥。这些桥梁桥顶面皆用长方弧形条石做纵向铺就,桥面纵向两侧的折沿做法也相同。其次,永安桥长系石端面雕刻的纹饰风格,与乾道年间建的梁桥兼济桥,以及建于绍熙二年的梁桥追远桥相似构件帽柱横梁的造型和装饰风格也基本一致。这种装饰工艺和风格,在已被确认为宋代原造的寿昌桥上则没有发现。德清地区古代桥梁资料显示,建造时代在南宋中晚期至元明时期的桥梁,其拱桥长系石和梁桥相似构件帽柱横梁的端面均为不饰花纹的素面,且其造型也皆为寿昌桥长系石的素面品字形。因此,笔者认为拱桥长系石和梁桥帽柱横梁端为素面者,其创建年代应晚于端面雕刻花纹者。再次,三座拱桥中唯寿昌桥在拱墙处设置了间壁石构件。永安桥和源洪桥皆不设此构件,后期拱桥则无论桥梁大小均设间壁石。以此观之,无间壁石者应早于有间壁石的拱桥。结合上述诸多因素分析,永安桥的创建年代应与梁桥万安桥相当,即南宋早期。

接下来再看拱桥源洪桥的建筑特征。首先,此桥拱墙长系石之下不设间壁石的做法与永安桥一致,两桥长系石端面雕刻纹饰的风格也相同。长系石两花两素的装饰风格和设计,与建于乾道年间的梁桥兼济桥和建于绍熙二年的追远桥相同。其次,源洪桥两坡脚处设计了和寿昌桥、永安桥形状和风格一致,但所处位置和分布范围不同的栏阶形式。再次,源洪桥垂带石和压券石侧面的蔓草纹、鼓钉纹、勾云纹的工艺和风格皆与寿昌桥相同(其中蔓草纹与万安桥、兼济桥一致)。最后,三座拱桥的拱券造型、须弥座的桥栏以及长系石端面花素二式(寿昌桥仅素面)的风格与造型也完全相同。结合永安桥、寿昌桥和梁桥兼济桥、追远桥的情况分析,笔者认为源洪桥的创建年代同样不会晚于寿昌桥,但可能比永安桥要略迟,大致应与南宋乾道年间创建的梁桥兼济桥和南宋绍熙年间始建的追远桥年代相当。

除此之外,以上述宋代梁桥和拱桥的桥名及相关纪年题刻形式和特色为依据,同样可以对三座拱桥的创建年代有所启发并做出判断。建于南宋绍兴年间的梁桥万安桥和乾道年间的兼济桥,在桥额上皆镌刻带有"桥"字的三个字完整楷书阴刻桥名,如"万安桥"等。建于南宋晚期咸淳年间寿昌桥的桥名,则省略了"桥"字,而仅以"寿昌"二字作为桥名。拱桥源洪桥桥额处亦仅刻"源洪"二字作为桥名。据此分析,刻有楷书阴刻完整三个字桥名的拱桥永安桥的创建年代不会迟于源洪桥和寿昌桥,而应和地方志记载的建于南宋绍兴年间相吻合。观察发现,比万安桥和兼济桥创建年代略迟的梁桥追远桥和僧家桥,其桥额处已不见桥名,而仅在桥梁中孔排柱墩内侧镌刻简单的纪年铭文题刻(仅建造年号)。这种只在桥上题刻纪年的简单形式,与万安桥、兼济桥既镌刻楷书三个字桥名又镌刻纪年记事铭文的形式成了明显反差。由此可以看出,德清地区宋代桥梁从南宋绍兴、乾道、绍熙至宝庆、咸淳年间的100多年时间里,随着年代的推移,传统的建桥铭石工艺也逐渐简化了。同时,也大致反映了目前所知德清地区自南宋开始,建造桥梁时的铭文形式,经历了从南宋早期镌刻三个字完整桥名并附纪年、记事,到中晚期开始省略了三个字桥名中的最后一个"桥"字,并省略了记事,再到不设桥名仅题刻纪年这样一个从繁复到简略的演变过程。综上所述,三座拱桥的创建年代应均在南宋期间,其早晚顺序应是永安桥—源洪桥—寿昌桥。

上述桥梁之间比较研究所得出的信息和数据,均可以作为判断德清及其相关地区古代桥梁建筑创建年代早晚的重要依据。

国家重点文物保护单位:宋代寿昌桥

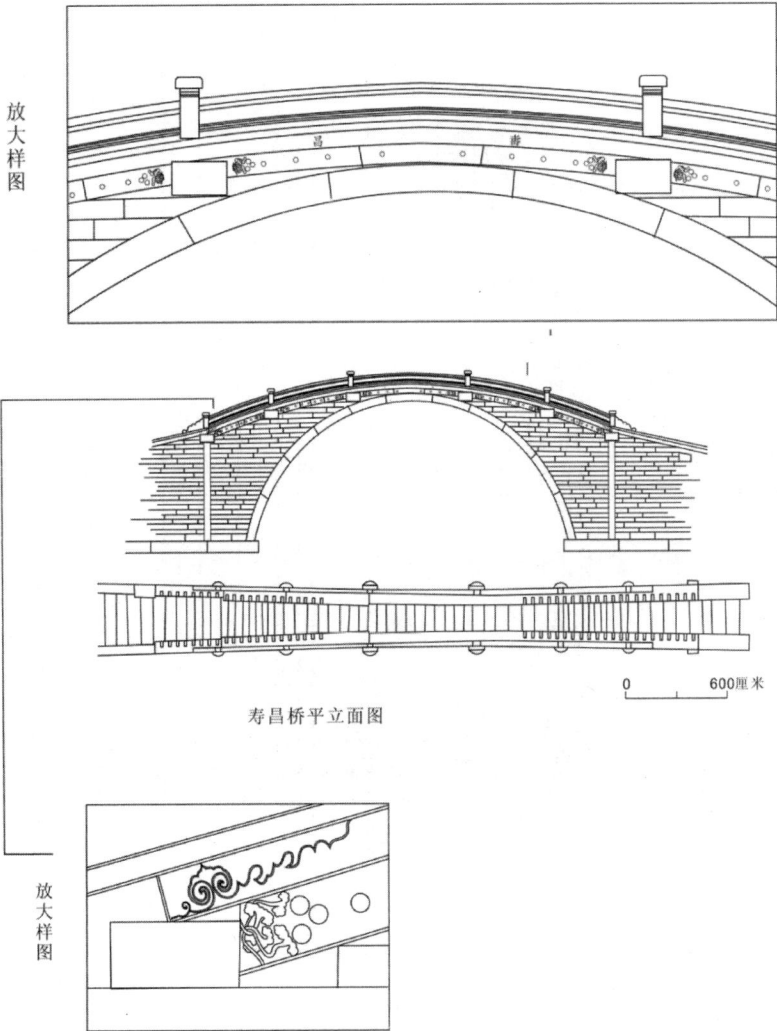

放大样图

寿昌桥平立面图

0   600厘米

放大样图

线图1 寿昌桥平立面线图

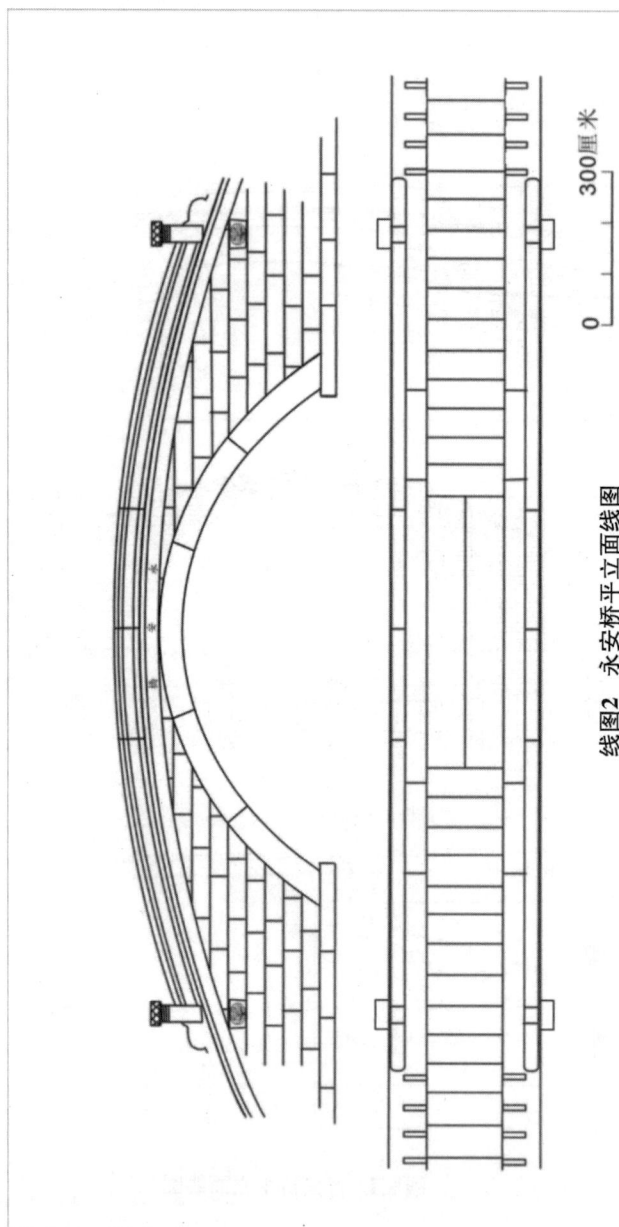

线图2 永安桥平立面线图

0

300厘米

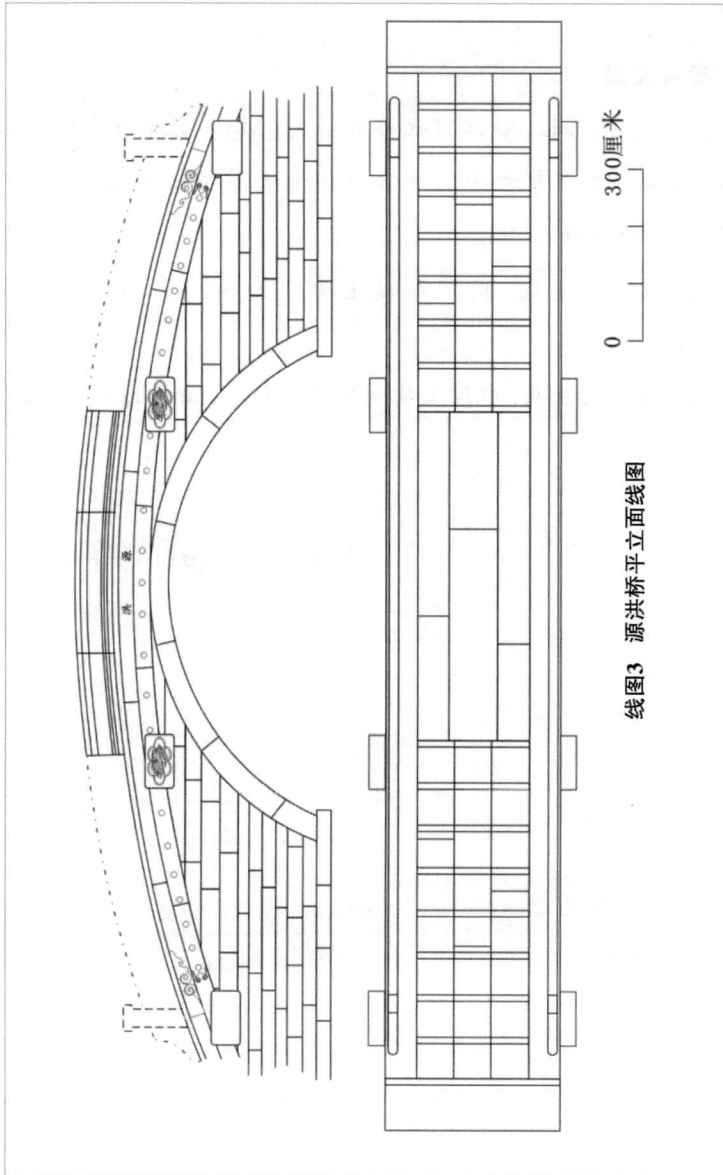

线图3　源洪桥平立面线图

照片拍摄：陆晓峰　陶渊旻　孙荣华

制　　图：孙荣华

电脑制图：徐一华　朱俊敏

参考文献:

[1][2] 张书恒. 浙江宋代桥梁研究[M]//浙江省文物考古研究所. 浙江省文物考古研究所学刊建所十周年纪念:1980—1990. 北京:科学出版社,1993.

[3][4] 朱建民. 武康石的建筑与艺术[M]. 杭州:西泠印社,2005.

[5] 国家文物局. 中国文物地图集:浙江分册[M]北京:文物出版社,2009.

原载《文物》2011 年第 4 期

小桥流水，安居乐业

——珍贵的德清宋代桥梁

德清县位于浙江省北部，杭嘉湖平原西部，素有江南"鱼米之乡、丝绸之府"之美称。特殊的地理环境和山水相间的地形地貌，加上本地区独有的建桥用材武康石资源和丰富多彩的地方传统文化与民俗风情等，造就了其与周边其他地区不尽相同的古代桥梁文化及技术与风格特征，成了浙江省著名的多桥之乡，且桥梁历史悠久、技术与装饰工艺独特。

在德清县目前保存的许多古代桥梁中，宋代和具有宋代风格的"宋式桥梁"比较珍贵。其中在地方志上有记载的宋代万安桥、兼济桥、追远桥、僧家桥等，由于在桥上有纪年铭石题刻并原造构件保存完整，且地方桥梁建筑风格强烈，因此具有重要的文物和研究价值。根据建桥用材武康石为德清所独有及用此种石材建造并风格一贯、目前所见最早建于南宋早期的桥梁在德清被发现，同时结合目前发现苏南和上海周边等地相同风格桥梁的创建年代等因素分析，可以确认这些建桥技术和装饰工艺风格的形成均源于德清本地，体现了德清地区古代桥梁建筑具有地方区域特色和丰富多彩的民俗文化。通过这些桥梁的技术与装饰工艺等元素，可以对这一地区其他一些创建年代不详，但时代风格明显的桥梁，以类型排比、借鉴等方法进行断代等方面的研究，对于文物保护与文物利用具有重要的意义。

南宋乾道年创建的兼济桥(省级文物保护单位)　兼济桥铭石上的纪年记事题刻

　　上述四座梁桥均创建于南宋,年代最早的是建于绍兴庚辰(1160)孟秋的万安桥,其次为建于乾道八年(1172)的兼济桥,再次是建于绍熙二年(1191)的追远桥和建于南宋宝庆二年(1226)的僧家桥。另外,包括寿昌桥和永安桥在内的清河桥、万寿桥、青云桥等5座拱桥,以及梁桥社桥、上邻桥、普济桥等共12座桥梁,已被公布为国家和省级文物保护单位。虽然在寿昌桥和永安桥上未找到与纪年题刻相关的文字内容信息,但是根据地方史料记载及桥梁的建筑风格、装饰工艺和仍保存大部分的宋代原造构件等因素,可以确认其创建时的宋代桥梁风格不变。因此,专家一致认为这两座桥的创建年代属于南宋应可信。除此之外的其他桥梁,虽然均具有本地区明显的早期宋代风格,但由于尚存在一些不可确定的因素,如在桥梁上缺少铭石纪年题刻,或地方志没有记载等,所以将它们的年代一般定在宋元之际。这些桥梁皆采用清一色产于德清当地的武康石建造。

　　经过研究和对比发现,德清宋代桥梁的时代特色和地方特征颇为明显,但一些桥梁由于存在初创年代上的差异和所处地理位置上的不同等因素,因此在一些相关的桥梁形制、细部特征、结构、装饰工艺与风格等方面,或多或少会存在一些区别和差异,因此体现了一定的地方色彩和在宋代不同时间段内,不拘一格、灵活多变的桥梁建筑技术特点和风格特征。比如梁桥,虽然一些主体的结构与造型及装饰风格等基本趋向于一致,如排柱墩的造型与结构、帽柱横梁端面凡素面和有纹饰者也一致等。而不尽相同的地方主要体现在,如有些梁桥设桥栏且有高低和造型不同之分,有些则不设;有些在两边孔桥面板上直接设石阶,而有些梁桥的桥面板则做成一反当时统一式样常态(略呈往上弧拱且中间厚两端薄)的平衡状。再如拱桥,有些桥其拱墙与桥堍为一线呈垂直,且不设长系石构件和不设压券石、间壁石,而有些则不然。除寿昌桥以外,这些桥梁大部分体形都不大,长度大多数在5—10米之间且基本建造在村前屋后的乡村内河之上,因此是古代德清小桥流水人家、人们安居乐业的真实体现。

纵观德清宋代桥梁,主要具有以下一些方面的特色和技术特征。其一,凡是梁桥,其桥面板均设计成往上呈微弧拱且设计成两端薄中间略厚,并纵向两侧面做成略向内收的三折线形状,还在桥面的纵向两端置6厘米左右的边框线。其二,排柱墩一般均做垂直立,且四个转角做成抹角式。其三,创建时代略早的桥梁,一般在桥额处镌刻后面带有桥字的完整桥名,且字体皆为楷书阴刻,如万安桥、兼济桥、永安桥等。其四,在桥额一侧两端和帽柱横梁端面等处(拱桥长系石端面),以雕刻成组的蔓草纹、莲枝纹等图案作为装饰特色。凡是拱桥,其拱券皆设计成呈坦弧形并结构为分节并列法砌筑(本地区明代中期以后皆采用半圆形和纵联法)。其五,桥面不设方形顶盘石,且铺石结构亦与梁桥相似的用长方形条石做纵铺为特色。其六,桥栏均为长弧形的须弥座式,望柱头则以做成覆莲瓣纹为主要特点。其七,早期宋代拱桥一般在拱墙两侧不设间壁石(亦称楹联石)构件,且桥堍与桥面宽度呈垂直者为常规,呈梯形者仅寿昌桥一例(或可能由于桥梁体形大的原因)。

　　本人在以往发表的桥梁文章中,将本地区具有早期宋代风格和特征,但由于在桥上缺少纪年题刻或地方志没有记载的,创建年代尚不能最后确定的桥梁,统称为"宋式桥梁"。研究资料显示,德清地区上述这些宋代桥梁的技术与装饰工艺等特征,在浙江乃至江南地区均具有明显的独特性和独创性,因此是研究古代地域性桥梁不可多得的实物资料,也是德清县地方桥梁悠久历史和别具一格古代桥梁建造技术与工艺的珍贵实物见证。

原载《今日德清》2013 年 7 月 18 日(总第 18 期)

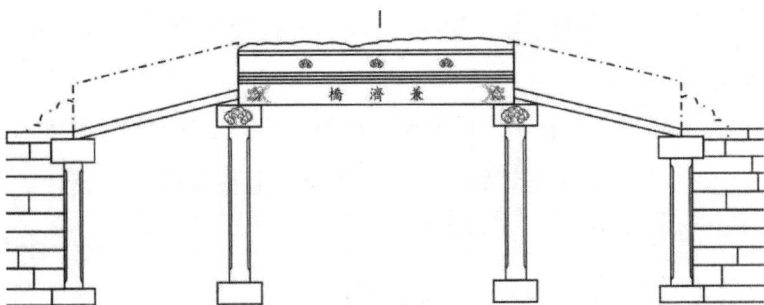

兼济桥桥栏、帽柱横梁等侧面线图

第三章

古琴艺术研究

礼乐人生，君子风范

——试论中国古琴的若干问题

"舜与文王、孔子之遗音"，昭示了中国古琴悠久的人文历史和特殊的文化内涵，多少年来一直为古代文人雅士向往与推崇。古琴艺术作为中国本土文化中最具民族特色的非物质文化遗产之一，在我国漫长的历史发展长河中时刻闪烁着耀眼的光芒，在世界文化发展史上也同样占有重要的地位。中国古琴艺术的独特魅力吸引了世界各国有识之士的关注，目前已被联合国教科文组织授予"人类口头与非物质文化遗产代表作"称号。虽然从古琴单一的功能上来理解，它可能只是一件普通的民族弹奏乐器，但如将它的历史和与之相伴随的一整套艺术联系起来研究的话，那么它的价值就远远不止于这些了。资料显示，古琴艺术的发展在浙江有着颇为悠久的历史。宋皇室南移临安（今杭州）后，全国各路文人雅士和琴人汇聚在京城，他们在创作琴曲和研究古琴艺术的过程中，形成了具有江南地方风格曲调和演奏方式的古琴派别。资料显示，浙派古琴发展至明代，经历了一百多年的演变已到达了一个鼎盛时期。正如明代刘珠在《丝桐篇》中所言："习闽操者百无一二，习江操者十或三四，习浙操者十或六七。"浙派古琴"质而不野，文而不史"的古琴演奏风格更加符合人们的审美品位。浙派古琴的出现，在我国古琴艺术的发展史上具有重要的开创性意义。

一、古琴与琴缘

"舜作五弦之琴,以歌《南风》""撞巨钟、击鸣鼓、弹琴瑟、吹竽笙、而扬干戚"——《乐记》。"琴瑟击鼓,以御田祖"——《诗经》(《甫田》)。"我有嘉宾,鼓瑟鼓琴"——《诗经》(《鹿鸣》)。在这些古籍中分别记载了古琴的历史,反映了琴在当时社会中已被广泛使用的史实。根据这些古文献的记载,可知古琴艺术至今已历经了三千多载的悠远历史。

古琴艺术在漫长的发展过程中,通过历朝历代无数先辈和文人雅士们的不懈努力,逐步形成了一整套完整的艺术体系,它主要包括琴制、琴形、琴弦、琴谱、琴史、琴歌、琴社、琴派等。据不完全统计,保存至今的琴曲多达三千余首。琴乐在古代被称为"雅乐",在古人的心目中有着较为特殊和极其高尚的地位,故在历代被冠以中国古乐之王的尊称,也成了中国古代文人雅士的标志和代名词。

也许是我曾从事过多年的专业音乐工作以及多年来文博工作的缘故吧,当我第一次见到古琴模样的时候就被深深地吸引住了,也许这就是一种缘分。记得在 1998 年,我开始进行古琴方面资料的收集。为了进一步对古琴的结构与原理、发音等进行深入研究,便开始在工作之余尝试着自己斫琴的实践。于是,我首先开始通过各种渠道查找相关信息和走访,然后进行局部试验。在经历了许多次的失败挫折和教训以后,终于初步掌握了古琴各个方面的相关数据,并试斫出了第一张古琴(图 1)。在这张琴的设计和制作中,我将古琴的尾部以传统方法用整块硬木镶嵌上去,纹饰则采用了商周青铜器风格,琴头也设计了类似的云纹图案,因此体

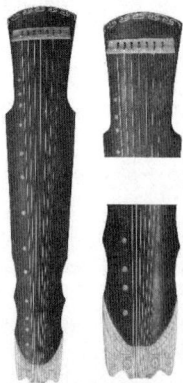

图 1

现了一定的创新元素。虽然这张处女作古琴在造型结构、音质音色等方面还不尽如人意,其弦线也是用古筝弦线来代替的,但它确能弹奏出古琴所独具的声响效果来,使我初次品尝到了斫琴所带来的乐趣,成就感亦油然而生。但是,第一次的初步成功不等于达到了完满的地步。于是我认真总结经验,通过向有经验的老师求教,在网上查找资料等来获取有效的信息。结果在网上认识了四川成都一位古琴爱好者。据介绍,他对古琴也有一定的研究,但关于古琴的腹腔内部结构等状况尚一知半解,于是我们经常在网上一起探讨。不久我又完成了第二批两张样琴的斫制。通过这两批琴的第一手资料的分析对比,以及结合相关资料上描述的一流琴的数据分析和对照,经过"浙派"传人之一徐晓英老师的指点,我又开始了第三批琴的试斫。功夫不负有心人,通过不断摸索,终于斫制出了我认为比较完满的样琴(图2)。随着第三批琴的试制成功,我不仅掌握

图2

了古琴的相关数据,也积累了许多实践经验和理论知识。

我认为,斫琴人如何掌握古琴内部的结构,以及外观各个部位的数据非常重要,如面板的腹腔哪个部位需要厚一点和薄一点,琴面的流线型和直线型,头尾的做法,岳山的形状与高度,琴轸、雁足、护轸的制作等,还包括用哪种胶水、油漆,硬木用什么料,上弦怎么上,琴徽的用料和怎样做,如何找准琴徽位置,等等,最后这些难题均被一一攻克。为找到最为上等的小叶紫檀木料用来作为古琴的配件,我又远赴福建和义乌等地查找,终于有所收获。

本着改良和创新琴桌式样,同时怀着能拥有一张能和自己所斫之琴相配琴桌的想法,我又对琴桌的式样与结构等进行了研究。调查得知,目前社会上流传被称为琴桌的桌子,从其高度尺寸等方面分析,我认为并不属于真正用来弹琴的琴桌,这些所谓的琴桌可

能是用来放置和摆设古琴等用的。因此通过实际测量和亲身体会试验得出的琴桌数据为:桌高70厘米、宽45厘米、长100厘米。在设计中大胆采用了中国古代家具传统的在两侧开窗的做法,并将琴桌四足设计成向内的弧形状。当然这样的设计会增加选料时的高要求和制作时的难度,但可以使琴桌的外观颇为别致和独特。虽然它与别人或者传世琴桌在尺寸和款式上会有异同,但通过验证还是相当成功的(图3)。(琴桌制作人:孙水华)

图3

从理论到实践对古琴进行研究,无疑是一个极其艰难的过程,动力、能量和坚强的信念三者缺一不可,当然其中的酸甜苦辣也许只有亲历者才能体会得到。

二、古琴若干问题的讨论

(一)古琴的音质音色应和古琴的外观美一样重要

关于古琴的形制,历来有"唐圆宋扁"的说法,笔者更喜欢唐琴的风格。据了解,当今具备一定修养的弹琴人,似乎认为琴的音色要比外观更为重要。当然,一张琴音质的好坏是关键,也是历代好琴人所向往的。但笔者认为,一张古琴除了要有良好的音质以外,它的外观做工好坏也是同样重要的。资料和实物显示,崇尚丰满的唐代雷氏琴非常讲究琴的外观美。目前公认的一流古琴雷氏琴不仅音质一流,其外观也非常

图4

讲究,以现藏于北京故宫博物院的唐代"九霄环佩"琴最具代表性(图4)。"这张古琴声音温劲松透,纯粹完美,形制浑厚古朴,自清末以来即为古琴家所仰慕的重器,被视为'鼎鼎唐物'和'仙品'。"[1]由于笔者对唐琴的形制和风格大为欣赏,故其作品在强调内部结构的同时,也更注重外表的风格和美观。笔者认为,古琴拥有如此美妙的造型和深厚的文化内涵,除了可以演奏以外,还可以作为显示高雅艺术,传承民族文化的居室或书房、办公室等的摆设品和高雅标志性礼品流行于国内外。

　　古琴的形制非常丰富,有伏羲式、神农式、凤势式、连珠式、仲尼式、列子式等,但资料显示一般以伏羲式为大宗。笔者注重琴的外观美,也许是被琴的各个部位象征性和雅致的名称所感染有关,如龙池、凤沼、承露、龙龈、冠角、琴徽等。这些极富色彩的琴名,无疑显示了悠久的历史和优良的传统文化之渊源,如琴面上的十三个琴徽,象征着一年十二个月加上一个闰月。琴的浑身上下都充满着文化内涵,因此可以认为,研究古琴艺术和弹习古琴,都属极其高雅的风尚和行为,它可以为传承古代的传统文化做出贡献,也体现了中国传统的君子风范道德观念。下面是流传下来的部分琴样,图5-1为唐"太古遗音"琴(师旷式),图5-2为唐"大圣遗音"琴(灵机式),图5-3为唐"飞泉"琴(连珠式),图5-4为唐"大圣遗音"琴(伏羲式),图5-5为宋"混沌"琴(伶官式),图5-6为明"浣尘"琴(仲尼式)。

图 5-1　　　图 5-2　　　图 5-3　　　图 5-4　　　图 5-5　　　图 5-6

（二）古琴与小提琴

小提琴和大提琴是西洋乐器中最为主要的拉弦乐器之一，大约产生于16世纪的中期。古琴是弹奏乐器，它和拉奏乐器在演奏方法上有差异。笔者通过对它们的观察后发现，古琴的内部结构与小提琴有着惊人的相似之处，主要表现在它们均由底板和面板组成，其腹腔内也均设有用于承重和发音的音柱，但小提琴为一根，而古琴则分上下两根。古琴的两根音柱分别被称作"天柱"和"地柱"（天柱为圆形、地柱为方形），蕴含着古代中国天圆地方的传统思想观念。在用材上，古琴和小提琴均采取了面板用较松的木质和底板用相对密度较紧和质地较坚硬的木质的方法。这种一硬一松相互配合能形成科学的发音原理的道理，据对目前存世音色最好的唐琴的研究证明，中国起码在一千多年前的唐代就掌握了，而考古发掘资料证明，中国早在战国至秦汉之际就已有了这样的配置。

（三）古琴的定音和校音

古琴的音箱壁较厚，又相对较粗糙，所以其发出的声音会具有独特雅致的韵味和历史的沧桑感。古琴演奏方法独特，以弹奏为主，且指法颇为复杂。移指是古琴的主要技巧之一，但它又可用泛音作长篇的调儿。古琴发音清静淡雅不含夸张，又不会对周围环境带来干扰，这些都是其他乐器所不可比拟的。古琴的特性和中国古代文人士大夫讲究雅致和包含的心态不谋而合，因此大受历代文人雅士的推崇和喜好。古琴的音准要求又非常严格，这无疑应和古琴有许多泛音不无关系。凡会演奏和懂得器乐音乐原理的人都知道，一件乐器在没有校准音或音位不对的情况下，是奏不出美妙和准确的泛音来的。关于古琴的定音，有不固定的说法，这也许和早期古琴的形制长短不统一有关。"历代由于古琴的长度不一,琴家对定音高低的要求不同及琴体本身对琴弦张力的承受能力的不同,因而古琴定音的音高并无绝对统一的标准。"[2]又载:"后因琴箫合奏、数琴合奏、乐队为古琴伴奏或琴歌演唱之需,而产生了基本统一的空弦定音标准。"[3]古琴的定调较复杂,一般常用的是将第三弦定为 F,从第一根到第七根以秩为:CDFGACD(音名),简谱唱名为 5612356(第一根和第二根弦是低音)。这就是以 F 为宫音的"正调"(也有称"仲吕均"和"黄钟调"的)。[4]这里所指的"正调",也就是我们通常在演奏乐器时的 F 调(下同),其第七弦的音高是简谱中的 6(啦)音(下同)。古琴的调式(性)的变化是通过紧(调紧)、慢(放松)琴弦,以及"借调"等方法来实现的。[5]例如慢第三弦变 F 为 E 就可以弹奏 C 调,如慢一、三、六弦,就可以用 G 调来演奏等。[6]

通过研究与实践,笔者认为古琴的调音,也就是确定第七弦音的高度,在使用现代钢丝弦的情况下,可能只能控制在一定的高度空间比较合适,也就是 F 调的 6(啦)音。如果音过高的话,其琴轸的拉力和弦本身的张力限度似乎难以承受,因为本人在试验中曾经断了好几根弦。虽然如将第七弦 F 调 6(啦)再调高的话可能会使古琴的调性出现问题,但笔者认为不妨尝试一下,因为它可能会对改变和提高古琴,尤其是针对某一张琴的时候,会在音色和音质、音量等方面发生一些变化,这是笔者在试验中感受到的。比如高音可以变得更加清脆,而低音则可以更具刚烈浓厚和富有弹性的感觉。如想比较容易地达到这样的效果,笔者认为可以采用改良后金属的螺丝轸子调弦方法来实现,但问题是由于这样改变了古琴原来的外观结构,会有损古琴本来的属性和风格面貌,因此笔者建议应当慎重。据传,古琴的初创琴弦是用野蚕丝缠绕成线来进行弹奏的,故其音量有限,有三步之外听不到声音的说法。用蚕丝作琴弦,虽然可以显示中国古琴本来的纯正面貌,但随着时代的进步和科学技术的发展,这种方法也许已成了珍贵的历史资料而很少被现代人所采用了。

(四)琴曲与风格

根据笔者的经验和观察,在古琴的传统演奏法之中,除按照曲子的节奏演奏以外,可能还有一种是演奏者不按节奏,或随心所欲地想象发挥的夸张奏法。这种演奏风格是我在造访一位著名琴家时亲自感受到的。如果真有这种不按节奏或较夸张的演奏和弹唱方法风格的话,那我想也许是历代文人雅士们在随着各自的情趣想象,以及操琴人当时心情的不同而自由发挥形成的。因此又可以这样认为,中国古琴不仅是作为一种乐器来演奏,而且还可以是操琴者用于超脱自我、表达内心肺腑的工具。虽然以琴声比喻心声发挥的表演形式是艺术的真谛和最高境界,但中国古琴的表演艺术在这方面似乎显得尤为突出,也许这便是中国古琴艺术和中外其他乐器在功能上不尽相同的主要原因之一。有些古琴曲是以自弹自唱的形式出现的,比如《阳关三叠》等。其富有感情的唱声和着时而悠扬时而激荡的琴声,很有雅致的古琴弹唱之风格与特色,其艺术魅力能感人肺腑,让人听起来飘飘欲醉如进入仙境一般,这种独特的弹唱方式在其他乐器形式的演唱中也是不多见的。

(五)关于斫琴和琴材

由于古琴造型独特,音色优美动听,历代以来让好琴之士推崇至深,因此学琴、斫琴、赞美琴和传承琴者不乏其人。一些好琴人为了斫出一流的古琴,不惜付出许多心血和汗水。根据体会笔者认为,如斫琴者对古琴的结构和原理一知半解,也无音乐修养和实践经验,是很难如愿以偿的。古琴的发音原理确实有其耐人寻味的奥妙所在,如要斫出满意的琴,非在选材、斫制手法、结构、油漆等几个方面层层把关、深入研究不可。目前,全国保存最早、外表雅致大气且又能弹奏出一流音色的古琴,当属北京故宫博物院收藏的唐代雷氏名琴"九霄环佩"。此琴形制浑厚古朴,琴音温劲松透、纯粹完美,可谓全国音色、音质和音量最好的一张传世古琴。"九霄环佩"琴之所以能有如此美妙的音质和音色,笔者认为,除了唐代著名琴家雷氏斫琴技术有独到之处以外,其斫成年代已经久远,木料已完成了充分的自然干燥等均是重要的因素。

时下,随着社会经济的飞速发展,人们生活水平的不断提高,喜欢古琴和研究古琴者逐渐增多。据了解,一些当代的斫琴人,为了得到音质和音色完美俱佳的琴,往往想方设法探索斫琴过程中的各个环节,如选材、内部结构、油漆等,更有狂妄者扬言要用出土的两千多年前棺木、所谓"汉木"打造古琴。虽然笔者至今尚未见到过用此类真正的"汉木"所斫之琴,但我对所谓用这一类木材能造出好琴来的说法有疑问。因为,从事过考古发掘工作的朋友都会有亲身体会。出土的汉代或时代相当的棺木,一般都长期处于地下阴暗潮湿的环境之中,如棺木则埋于淤泥和死者腐朽物侵入的污水之中。因此,如果说要处理好这般木材,使之成为松而透的斫琴良材,其难度可想而知,在科学上也是得不到支持的。据考古发掘证明,两千多年前汉代墓葬的棺椁能保存至今完好的非常少见,除一些规格较高的大墓,或者经过特殊技术处理和具备特殊葬俗风格的墓葬以外,大多数汉墓出土时其棺椁均已朽尽。根据对目前发现保存下来的少数汉代墓葬棺椁木料遗存分析,其葬具的木质一般均以楠木和柏木等硬性树木为主。众所周知,光用硬木是不可能打造出发音良好的琴、瑟之类乐器的,而一定要由软硬木有机结合才有可能。因此笔者可以断定,这些用"汉木"能打造出好的古琴的说法根本没有依据可言,也是没有科学道理的。

据了解,浙江省安吉县博物馆近年来曾在其辖区内出土了一件时代为战国(楚)的乐器瑟,据程馆长介绍,这件瑟的长为160厘米、厚为9厘米,缚弦24根。经专家鉴定,其木质为楠木,和墓葬出土的棺椁材质一致,并在这件瑟上还留有当时用丝线作为琴弦的遗物。这就又给我们又提出了问题,用全部硬木打造乐器,而且弦线为丝质,那它的发音一定会存在问题。因此也许可以这样认为,这件随葬品,不排除其带有象征性和纪念意义乐器类明器的可能性。如这一观点可以成立,那么用楠木制作的瑟作为随葬品,是和不易腐朽有关了。

笔者认为,斫琴过程中的选材是最为关键的环节之一。斫琴者如选用老材,其面板应以百年以上老宅杉木为最佳,有老桐木的则更优。虽然这类木料未经脱脂,但因年代已久远,也无其他动物腐朽物等侵入过,属于自然性干燥的木材,故可谓斫琴木材之上品,但问题是能达到和符合这个标准与要求的木材一般比较难寻。另一种是新桐木、杉木等。南方的泡桐树有两种,有经验的人可以从树叶上加以区分。桐则指泡桐,亦称白桐,和又称青桐的梧桐不是同一科的植物。[7]《急就篇》颜师古注:"桐,即今日之白桐木也。"[8]资料显示,泡桐木材质轻、脆、滑符合共鸣的要求,故适合用于制琴的面板。这些观点和《淮南子·修务训》"山桐之琴,涧梓之腹"的记载相合。在选用这类木材打造古琴时,笔者的经验是,首先应将此类木材活伐,然后立即进行脱脂,这对于琴的面板来说是非常重要的。脱脂可有两种方法:其一,将活伐下来的木材放于流动的河水中冲刷进行自然脱脂。其二,用现代化学药物进行药物脱脂。无论何种脱脂法,切记一定要让脱脂好的木材充分干燥,最好是自然干燥,否则就很难达到理想效果。笔者认为,给新伐下的木材脱脂,犹如洗清沾上了汗水的衣衫一样,它可以使衣衫更加松软、通气、干净和具有芬芳香。选用活树伐下,这是因为活树内的树脂更容易被脱出。但实践证明,一般活伐经脱脂干燥后的木材,会有一个多次反复受潮的过程,所以,如要得到与百年老宅取下的木材特性相同的木材,非经历一个相当漫长的过程不可,可惜这个周期不是三五年,而是要好多年才能完成,当然年份越长越好。北宋《斫匠秘诀》引唐雷氏之语:"选良材,用意深,五百年,有正音。"南宋赵希鹄所撰《洞天清录》载:"古材最难得,过于精金美玉。"可见古人对斫琴用材考究和重视的程度。这也许就是时代久远的古琴有正音的原因。唐代名琴历千载其声会越弹越妙,也是有科学道理的。

(六)琴的面底板与油漆

经验和资料显示,斫琴用的底板,其硬度一般要超过面板为好,但也有用与面板同种木质或老杉木的实例,但在通常情况下琴的底板可以选用梓木等相似的硬木材。面板则通常采用桐木;冠角、琴轸、岳山、雁足等琴的硬木配件,则应以高档紫檀木等硬红木为上等,这除了可以显示古琴的高贵之外,也符合中国古代斫琴对材质上的严格要求和标准。目前通过考古发掘获取最早的古琴(七弦琴)是战国时期的。在湖北荆门郭店及湖南长沙五里牌等地的战国中晚期墓葬中均出土了七弦琴(图6)。[9] 西汉七弦琴仍沿袭战国形成的制度。长沙马王

图6

堆3号墓出土的七弦琴,木制,琴的面板和活动板分别用桐木、梓木制作。[10]虽然湖北出土的战国时期七弦琴用何种木质斫制的在资料上没有介绍,但我们已找到了长沙马王堆汉墓出土的古琴(图7)是用桐木、梓木制作

图7

的资料,从而验证了汉代古琴用材以桐木为面、梓木为底的事实依据。虽然传说无据,但以《诗经》"椅桐梓漆,爰伐琴瑟"的记载为证,中国古代以桐、梓做面底斫制古琴的历史,则起码可以上溯至西周晚至春秋期间。图8为古代雅士弹琴雕塑像。

唐代"九霄环佩"琴,"……为伏羲式,桐木斫,紫栗壳色漆,朱漆修补,鹿角灰胎漆,漆胎下有粗丝黄葛布底……底杉木制……"[11] 油漆是斫琴工序中的关键,传统的做法是用大漆(又名生漆)。大漆是古代中国传统的油漆材料,它对于装饰和保护木器具有很好的效果和

图 8

作用,故在历代被广泛使用。大漆所拥有的原始特征,使漆器有硬而不亮、经久耐用等特点。我国早期漆器的制作手法特点,是在器物表面多次上面漆,据说最多可达上千次,这样制成的漆器历几千载仍完好如初,可以从已出土的先秦时期墓葬漆器得到见证。资料显示,传统的古琴油漆做法是先粘上葛布后再涂抹鹿角霜调和的灰胎漆,然后待干透后磨平上面漆,它与给一般的古建筑和古代家具类上油漆的方法是有异同的。葛是一种草本类植物,经处理后织成布状物粘于琴之表面,这显然可以在古琴的油漆层中起到牢固和松透的作用。再加上用鹿角霜调和而成的灰胎漆,以及琴表面的多次上面漆,从而形成了松与硬的明显对比,使之产生硬中有松、松里透硬的效果。这样对于提高琴的音色和音质、音量等会有很大的作用。资料显示,鹿角霜为雄性鹿的骨化角(骨化石),又名鹿角白霜,白色或灰白色,内层有蜂窝状小孔,灰褐色或灰黄色,有吸湿性。古人选择葛布和鹿角霜这两种材料作为油漆乐器的主要原料,无疑是明智之举,同时也是有科学道理的。

根据经验,如何将琴底板和琴面板正确黏合,也是提高古琴音质、音色和音量的一个重要环节。根据了解,传统之法可用原生大漆作为黏合剂进行黏合,目前做法可以用现代特性类似的胶水代替,如制作钢琴用的特种胶水等均可以选取,但无论采用何种黏合剂,必须仔细检查黏合前面板与底板表面的平整度如何,要确保黏合前的两面尽可能平整,这也是保证古琴发音正常之关键的一环,

因为如两面黏合不结实、不牢固,或不平整有缝隙,均会对古琴的发音共鸣带来致命伤。

(七)古琴的腹腔

古琴的结构主要由上面下底两块木板组成,如唐式风格,其底板的毛料厚度一般应在1.5—2厘米之间,面板则应不少于6厘米,如需要更丰满则还可以再加厚。根据本人的研究和观察,古琴面板除了做成两边横向呈弧形外,其琴面也有做成水平和流线型两种的。流线型琴面更趋流畅和美观,但其制作工序也会更复杂,较难掌握,往往掌握不好就会出现打弦的毛病而使古琴报废。本人通过研究和实践证明,将琴面板内腹腔侧镌成两边合适的不同深度为最妙,这对于提高古琴的音量、音质会有很大的作用。因为高音和低音的发音关系和所需木板的厚度往往是不同的,其道理应和出土的商周时期青铜器编钟从小形的演奏高音到大形的演奏低音的原理相差不多,但在古琴上要掌握这个原理有一定的难度,因为木质和金属的特性往往是有差异的。总之,在古琴上面板低音一侧腹腔内下挖的深度往往要比高音一侧浅,而高音一侧则相反要挖得深一些,这样应当可以使高低音的发音原理和面板厚薄度的发音关系保持平衡。这一环节往往颇难掌握,可能也是斫琴者想斫出好琴来所苦苦探索最具奥秘的地方之一。笔者认为,腹腔两侧的深度相差应在1厘米左右为妥。由于资料有限,因此笔者不知古人是怎样来处理这个问题的。总之,斫琴的整个工序,是一个非常严谨的过程,千万不可有半点的马虎和大意。除此,还要正确掌握好琴的形制和造型等,这些都是斫琴过程中不可小视的问题之一,否则会前功尽弃,造成难以挽回的损失。

(八)琴尾(冠角、龙龈、龈托)、岳山、承露与轸池

笔者认为,古琴的这些硬木部位配件非采用紫檀等高档硬木

不可,特别是高档琴,其做法是否合理、用料是否规范,直接关系到古琴的品位与档次、美观和发音等重要问题。琴尾的硬木部分包括冠角、龙龈、龈托等,它和琴头部分的岳山、承露、轸池、护轸、琴轸,以及雁足等的用料应是一致的。资料显示,传统名琴的护轸、琴轸、雁足等三种部件有采用玉和牛角质为原料的实例,但一般以紫檀和红木等硬木配件为大宗。笔者曾观察到,传统古琴的琴尾硬木是用整块实木制成的,也就是说用硬木先预制,或者将硬木镶嵌上去后再加工而成。通过实践表明,由于较大的紫檀等高档硬木比较紧缺,又加上制作上存在一些难度,因此现在的斫琴人大多采用较省略的办法。笔者通过研究,采用了根据冠角、龙龈、龈托的形状和要求分解成若干块片状,或预制好和半预制后粘在琴尾表面加工而成的办法,其厚度在 3—4 毫米。传统古琴的岳山与承露应属同一块木料所为,由于用料较大而加工起来也有一定的难度。为了省料,笔者曾采用了将岳山和承露分别加工好固定牢后嵌入琴面的做法,嵌入深度在 2—3 毫米,反面的轸池面也可以用相同的办法加工完成。这样虽能达到紫檀木的视觉效果,但它与传统做法会存在明显的差异,当然笔者赞同传统做法,尤其针对一些高档的作品更应如此。

(九)古琴的改良等问题

有资料记载:西汉长沙马王堆墓葬出土古琴用来调弦的琴轸,纳于琴体之中,从外面接触不到。[12] 调弦时得借助轸钥来进行。出现目前我们所见的琴轸式样,约应在东汉晚至三国时期。"……可知其出现的时间应不晚于 3 世纪。废除了实木琴尾之后,装活底板的做法自然随之改易。从而琴轸加长,且直通琴底,如今日在传世之古琴上所见者。"[13] 综上所述,古琴在两汉时期的琴轸调弦设置和现在是有区别的,因此我们也可以通过改良来实现其比较完满的功能状态。通过对古琴相关结构的观察,笔者认为在不改变古琴基本结构的前提下,可以用增加微调的方法来进行改良,使古琴的紧慢弦和校音变得更加便捷和合理。其方法,可以在琴背面龈托与缚弦的雁足长度内设置与二胡相同的微调来紧和慢弦的张力。但微调的设计一定要有特色,尺寸大小可以加大,质地以高档硬木为佳。在实践中得知,古琴的上弦和缚弦是一个较难掌握的环节,因为它有一个张力范围,比较难把握。在校弦和调音时,如要求一根弦线达到所需的音高时,随着琴轸张力紧慢的变化,其琴弦绳头岳山处的位置也会改变,于是,一不小心便会出现琴面岳山架弦处横向间绳头位置排列不齐而影响美观的现象。如采用了上述的微调,可能这个问题可以解决。在提高古琴的音量方面,笔者认为可以借用不配置外接音箱的电声吉他原理来进行改良,这样不仅可以提高古琴的音量,同时在整体外观上也不会有影响,电子设备则可以安装在琴的腹腔内。任何一门艺术的出现都是在发展和演变过程中得到逐步完善的,只有通过不断地改革和不断地创新,它才能够更具生命力和更容易被许多人所接受。因此,我想现代斫琴人要有创新意识也很重要。

图 9

三、结　语

古琴是中国最具特色的民族乐器之一,琴在中国又属于雅乐之器和文人雅士的象征之器,同时它还可以是显示"中国风"的高雅礼仪之器。有资料显示,琴可以起到引导人们通晓仁义,修身养性等作用。琴字又有"禁"的意思,按照中国古老的传统观念,它可以用来禁止淫邪放纵的感情,存养古雅纯正的志向,达到和自然合为一体,融于太和之中的目的。[14] 图 9、图 10、图 11 为古代雅士弹琴资料图。

图 10　　　　　　　　　　　图 11

　　资料和现代研究表明，学习古琴和从事音乐工作，可以起到陶冶情操和规范人的行为思维，以及培养能吃苦耐劳品质的作用，这也许和学习音乐要具备持之以恒的精神，并要求参与者按照音乐形式严格的节奏与韵律感和音准的规范，还与超脱自我、发自内心的艺术想象发挥等有着密切的关系。

　　礼乐教化是中国几千年的传统。[15]资料显示，古代圣贤及文人士大夫皆以古琴为修身养性、陶冶性灵之器，这也是古琴有别于瑟、筝、琶等乐器的功能属性的原因之一。因此，自古以来从官府到文人雅士，甚至各阶层的有识之士，虽然他们有些不会操琴，但在书斋等相似场所往往会张挂一琴，或配以琴桌、兰花、字画等以增风雅。历代文人雅士视琴为圣物，对抚琴者还有许多条件和要求，如南宋《事林广记》中有这样描述：弹琴当立五功、行十善、习五能、去九不祥、治五病、洗十疵、戒五缪，然后可与琴言矣。这些苛刻的条规除了显示了古琴艺术的高雅至尊之外，也真实地反映了古代中国对琴的重视程度。但笔者认为如过分太夸张或神乎其神，在现代文明和科技高度发达的社会形势下也是不可取的。

　　"礼乐人生君子风范"的思想内涵，对于创建和谐社会和提倡精神文明建设的当今社会，无疑也有着非常重要的意义，蕴含了中华民族高尚的传统思想美德和悠久的历史文化。古琴艺术是我国悠久历史和传统文化的重要代表之一，它的艺术积累极其深奥和广博，笔者之研究观点属于冰山一角和微乎其微,望与有识之士共同探索。

参考文献:

[1]郑珉中.千载遗珍琴中鸿宝——故宫唐琴[N].中国文物报,1999-05-02.

[2][3][4][5][6]龚一.古琴演奏法[M].上海:上海教育出版社,2002.

[7][8][9][10]孙机.琴轸钥[J].文物天地,2004(1).

[11][12][13][15]郑珉中.古琴标准器:故宫博物院的四张唐琴[J].文物天地,2004(1).

[14]殷伟.中国琴史演义[M].昆明:云南人民出版社,2001.

原载《收藏家》2007 年第 9 期(总第 131 期)

作者(摄于 2007 年)

第四章

古陶瓷研究

官窑菊花瓣纹口小碟
——试论明代嘉靖青花瓷器

图 1 所示明嘉靖官窑青花菊花瓣纹碟小件器物极为精致，底书"大明嘉靖年制"楷书款。口径 8.5 厘米、高 2.2 厘米、圈足直径 5.5 厘米。其正面(盘面)设置宽 1.5 厘米的一周菊花瓣 16 片，并在每片上绘制了极

图 1

精致的细线叶脉纹做装饰。碟心部位的圆直径为 4.5 厘米，在表面绘斜线网格纹，象征着花蕊。此器发色纯正，且制作相当精致，釉色白中幽青、细腻光亮，胎质坚致，造型精巧秀丽。器物的底足接痕处皆打磨光致，其青花用进口回青，浓艳奔放，呈现出典型的明代嘉靖青花蓝色，因此是一件不可多得的明青花佳作。

中国是世界上著名的陶瓷古国。早在 8000 年前的新石器时代时期，我们的祖先就已经会制造和使用陶器。瓷器又是我国古代劳动人民的一项伟大的发明。[1] 中国古代瓷器犹以青花瓷器最为著名，并享有国瓷之美称。考古资料显示，青花瓷萌芽于唐代，成熟于元代，但是真正成为我国瓷器的主流应当是在明代。明代青

花瓷器在元代的基础上又有了新的发展,并成了江西景德镇瓷器生产的主流,甚至可以说成了全国瓷器生产的主流,景德镇也成了全国瓷器生产的重要场所。总体上来看,明代青花瓷有官窑和民窑两大发展体系,总的特点是:官窑以白净为上,而民窑则以幽青为特点。从发展的趋势看,釉色由青向白过渡。"使用回青为标志的嘉靖时期,是明代青花瓷器史上一个突出的阶段。但是,明代嘉靖青花并不是全部使用回青着色的,而是以回青和瑞州石子青配合使用的,嘉靖青花的色泽一反成化年的浅淡和正德时的稍浓而带有灰的色调,呈现出一种蓝中微泛红紫的浓重,幽青和鲜艳的色调。"[2]

一、嘉靖官窑

嘉靖一朝的官窑瓷器烧造数量颇多,仅文字记载就有六十余万件,另加上弘治以来的"烧造未完者"三十万件,两项合并共记约有百余万件之多。在制造上,嘉靖后实行了官搭民烧的制度。虽然嘉靖官窑青花瓷器以幽青为主,但是也有不少瓷器由于配料和烧制温度的不同而出现了不同的色泽。嘉靖时官窑的任务是烧制供朝廷使用的瓷器,所以它是按照宫廷的狭隘意图,由朝廷给专款,为满足皇家少数人的需要而制造的,因此在工艺上比较精良且具有胎质洁净而坚致、釉面清亮,青花发色纯正等特点。虽然官窑在一定程度上也能反映当时社会的一些状况,但是它不是一般生产力水平下的产物,所以在艺术发挥上要显得狭隘得多,而缺乏普遍意义上的代表性。嘉靖青花瓷器的造型融合了原重古拙与清丽华美之风格,因此款色多变。器物的大小也相差较大,有约80厘米的大盘、大罐、大瓶等大器,也有小到不盈握的小碟、小瓶。在造型上有方和棱的器物很有特色。主要产品有:杯、罐、壶、瓶(梅瓶、兽耳环瓶、蒜头瓶、葫芦瓶、镂空瓶、壁瓶、筒式瓶)、炉、洗、渣斗、香炉、尊、觚、笔洗、笔架、笔盒、水盂、砚台、印盒、灯台、绣墩、盘、碟（八方碟、菊花瓣口碟）、钟等。嘉靖朝官窑青花器常见的纹饰有：（1）花卉纹，如缠枝番莲、水草、梅花、松竹梅、苹果、石榴、玉兰、葡萄等。（2）花鸟纹，如小鸟、孔雀、云鹤等，有一青花云鹤寿字罐，器面画有云鹤八只，肩上四开光，各书一寿字。（3）龙纹，此时出现了龙头的正面纹饰。除了云龙蟠龙等以龙为单一纹饰外，还有龙与凤共绘一器的龙凤纹，龙与麟、凤、龟合绘的"四灵纹"。（4）兽纹，兽纹在嘉靖青花上有所增多，有狮子纹、麒麟纹、羊纹、八骏纹等。其中以羊为主题纹饰的"三羊开泰"图在青花上为首次出现。（5）人物纹，人物纹有庭院婴戏、山水人物等。

二、嘉靖民窑

嘉靖官窑青花瓷器在产量和质量上都已具备了相当的规模和水平，各地民窑制瓷业已具备了雄厚的基础，在窑口和产量上已远远超过了官窑。有资料记载，在嘉靖二十一年（1542），景德镇从事瓷业的包括工场主和雇工的人数已达十余万人。明万历王世懋在《二酉委潭》中云："万杵之声殷地，火光烛天，夜令人不能寝，戏之曰：四时雷电镇。"以描写当时民间制瓷业的繁荣情况。另据史料记载，当时景德镇陶瓷业兴盛之时有陶瓷炉900余座之多，年产陶瓷达3600余万件。嘉靖时，"由于资本主义因素的发展和官搭民烧制度的实行"，有一些高级的民窑青花器，不仅胎、釉和制作精细与官窑相似，而且还冲破了纹饰上的官方规定。《江西大志》所谓的"青色狼藉……流于民间其制无复分"，就是指官窑、民窑青花之间不是像过去那样有一条不可逾越的沟渠了的意思。由于官窑的"钦限"御器是在民窑中烧造的，这在一定程度上促进了民窑制瓷业水平的提高。嘉靖民窑所用青料有进口和国产两种，用回青料的青花呈色幽青泛紫，用国产土青的青花则发色趋于黑灰。在釉质上看有的透明光亮,釉色呈灰青,有的含有微小气泡而乳浊的釉色呈浮白色,亦见因烧制因素呈炒米黄色的。在形制上,出现了四方罐、瓜楞方罐等比较独特的器物。嘉靖民窑时的大罐、大盘等大器生产较多,但制作比较粗糙,且不注意修胎。有一种深腹铃铛式的薄胎小盅是当时的流行器物。圆形器物都有翘棱,夹扁状、底心下凹,圆器券足内敛,薄胎小件器物圈足则矮窄而修磨圆熟。大部分嘉靖民窑产品青花瓷是当时民营手工业产品,作为商品它广泛地参与社会的经济生活和文化生活,与官窑瓷器相比表面上比较粗糙质地不够细腻,加工制作也不很精巧。但多自然天成,少刻意求工,这是民窑青花瓷器的艺术特色。

纵观嘉靖青花瓷器,除了以青花色泽取胜以外,器形比较多样化。除了以上提到的器物以外,还有各种宗教供器,造型上以仿古铜器的风格较盛。从大体上看,嘉靖朝的青花瓷器带有一种粗犷的味道,但小型器物却十分精致。在图案装饰方面,除了以前各时期所有的外,道教色彩的内容出现较多,如"寿""福"等用字的出现,这是嘉靖前很难看到的。

作者通过几年来的工作实践,从一件小型的嘉靖青花瓷器着手,对明代嘉靖青花瓷器做了一个简单和不够全面的叙述,同时亦为我们对明嘉靖年制青花瓷器的研究,提供了一点真实和可以借鉴对比的实物资料。

参考文献:

[1][2] 中国硅酸盐学会.中国陶瓷史[M].北京:文物出版社,1982.

原载《景德镇陶瓷》1998 年第 4 期

青花人物故事方口瓶

　　青花瓷器是中国古陶瓷中最具代表性的优秀品种之一,在制作工艺、器物造型等诸方面,皆有着强烈的古老东方特有的吸引力,因此在世界上有着极高的地位。青花瓷器的出现是我国古代劳动人民聪明才智的体现。据考证,我国的青花器最早萌芽于唐代,成熟于元代,而真正成为瓷器生产的主流是在明代,不仅品种繁多、形式别出心裁,而且其产量也是空前绝后,产品在满足国内从朝廷到民间的大量需求的同时,还推向东南亚地区的许多国家,成为时尚贵人的抢手货。

　　清代初期官窑尚未恢复,宫廷指派民窑专烧了一些器物。这些器物是用明代留下来的原料烧成的,因此带有明显的明末崇祯青花瓷之特征。清代顺治年所制青花瓷与晚明青花器相似,但又开清代青花的风格,胎有粗细两种,胎质粗的瓷化程度不好,胎骨疏松,为灰白色或灰黄色;胎质细的则坚致而呈白色,修胎粗、足根处露胎、底面见有跳刀痕。清代是我国历史上陶瓷发展较快的一个时期,特别是康熙和乾隆两个朝代,因此传世的和出土的青花器也相对较多。瓷器是一种容易破碎的物品,因此会给传世和保存带来诸多的不便。

　　本文介绍的是一件完整的清代早期景德镇产青花人物故事方口瓶(图1)。该器不仅器形硕大、器形独特,而且青花发色纯正,并具有表面人物描绘奇古、乐府诗小楷工整等特点。因此是一件难得的佳作之器,同时在以往的收藏品中亦属于罕见。此瓶高 43.5 厘米,总体呈方形,露胎处呈灰白色,边长 11 厘米。口沿呈方形,边长 10.7 厘米。该花瓶的腹部四面各绘有极精致的早期人物故事图(两位文将、两位武将),腹部的上半部和颈部均写有作者手书小楷诗句,内容主要是介绍古代的著名历史人物,如孙郎、郭子仪等,并落有边款"射堂、射堂作"不等,无底款。现就器物上的一些诗句内容介绍和抄录如下(按原样排列)。

图 1

中书考(书颈部)	孙郎至(书颈部)
功盖天下主不疑位极	破横江拔当利失魂
人臣众不疾千古将相	魄孙郎至少年如策
之所难令公得此由何	从来无白龙鱼服困
求得丧齐危安一方	泥涂乃策犹能惊汉
寸心中天日　射堂作	贼可惜天亡孙伯符 射堂
尚父郭汾阳王(书腹部)	江东孙郎(书腹部)
子仪字子仪华州	策年十七将父
郑人事上诚御下	坚余兵渡江转
恕握兵处处招至	间所向皆破入
即日就道故功高	闻孙郎至尽失

震主而谗间不行　　　　　魂魄旬月之间

较中书二十四考　　　　　威震江东后过

封汾阳王以身为　　　　　雠家奴歇中频而卒

天下安危者二十年　　　　曹大家（书颈部）射堂

老博士（书颈部）　　　　曹家妻班氏姬踵成父兄未尽书

老博士九十余遣　　　　　皇后贵人事为师前石渠后天禄

秦火壁藏书帝　　　　　　相对多枵腹虽有父兄之书不能

王典漠天地久石　　　　　读何况娥媚在绣屋

飞海立终不朽济　　　　　曹大家班惠班（书腹部）

南道上存一叟　　　　　　惠班名诏一名姬

伏生（书腹部）　　　　　姬赋学高才适违曹

济南人故为秦博　　　　　世叔兄因著汉书

士通治尚书汉文　　　　　未及竟而卒和帝

俗召之生年九十　　　　　沼昭踵而成久数

余老不能行乃侠　　　　　召入师事焉曰大家

朝错往受秦时

禁书生藏诸夹壁

之数十篇独得二

十九篇以教于齐鲁

　　以上文字，可以使我们了解到是为介绍历史著名人物而作。通过查找相关的工具书籍，从边款上我们可以知道，射堂就是金史，《古今人物别名索引》有注。又从《中国人名大辞典》查到：金史，师从陈洪绶。但没有注明金史的生卒年月。再从《中国美术家人名辞典》找到：金史，（清）浙江绍兴人（按读书辑略作南陵人）。善画人物，有无双谱四十小幅，极其工致。又云，毛奇令（1623—1716）有序云："南陵与余同学诗，与徐仲山同学书，未为画而画精，是谱名无双,而实具三绝,有书有画又有诗也。"从以上资料再根据旁证推测和判断,金史的确切生卒年代应与毛奇令相似,即1623—1716年之际。

射堂为堂名。堂名、斋名为士大夫读书人居室之名称,明中期后开始盛行。清代起上至帝王达官、显贵名流,下至布衣寒士,几乎都有自己的书斋名称,以明其志,抒其怀。清代瓷器上的堂名、斋名,除堂、斋外,另还有居、轩、山房、书屋、馆、庵、宫、殿、园、阁、楼、庐等多种,另用珍观、珍藏、雅制、清雅、佳珍、传古、仿古等词也比较多见。

此件青花人物故事方口瓶,属古代青花瓷器中的大器者,且造型和制作独特,青花发色浓艳,诗、书、画无一不精,颇有清早期青花瓷器之特征。此器无底款,因此可能属于民窑器,但通过与其他类似作品相比较,以及古代文人雅士对青花瓷器的喜好等,推测此可能是向窑厂定制用来馈赠、收藏、观赏或纪念等的用器。

通过上述对这件青花人物故事方口瓶的介绍,为我们提供了一件可以作为研究清代早期青花瓷器的产品特点和工艺等参照和借鉴之物,因此无疑亦是不可多得的实物资料。

原载《景德镇陶瓷》1998年第3期(总第82期)

浙江德清发现的早期青花瓷器

　　1999 年 10 月,我作为当地文物保护部门的业务代表,参加了浙江省文物考古研究所主持的对杭宁高速公路浙江德清洛舍段施工前期的抢救性考古发掘工作。由于施工工期比较紧,因此在工地考古发掘现场的周围同时还有公路建设单位的同志在进行零星的取土、填土等作业。有一天我从围观我们考古发掘现场群众的口中无意中听到,说有公路建设单位的人员在取土时挖到了古墓葬,并从古墓葬中取走了一件带有蓝色花纹和文字的碗。由于整个工地区域属于古墓葬、古遗址等的密集分布区,因此这件事引起了我们的重视。根据以往的经验,一旦出土文物已到了他人的手中,真要追回来还是会存在一定难度的,好在施工单位的驻地就在距工地不远的地方,且时间相隔也还没几天。出于对文物保护的责任性,我抽出时间特地到不远处公路建设单位的工地驻地进行了走访和调查。运气倒还真不错,当我打听此事时,施工人员还以为我是去帮助鉴别文物,加上双方由于工作上的关系都已比较熟悉,所以他们很快就将挖到的文物拿了出来。当我看到此件文物时,总觉得这是一件非同一般的随葬器物,便先想方设法稳住对方,然后立即找到了工地上的领导,说明了来意并详细讲解了国家对于文物保护的严肃性,以及相关的法律法规等政策。通过耐心的思想工作和政策攻心,施工单位领导态度非常明朗,表示一定协助文物部门做好当事人的思想工作。于是,我与施工单位的领导一起马上又找到了当事人,通过说服和解释,当事人也比较配合地将这件出土文物交了出来。

这件碗口径 12.5 厘米、高 3.5 厘米、底径 5 厘米。敞口、薄胎、下斜收、圈足。施釉不及底,圈足外底处露胎,底表面有轮制工艺跳刀痕迹,至中心处有一凸起的小圆点。口沿的外侧折沿处和腹与底足的结合处,见有润釉不均匀所造成的点状缺釉现象。碗外素面,碗内有纹饰。碗内口沿处用青花蓝绘一圈常见的线条纹做装饰,碗内底部自下至上用青花蓝绘制了一朵似兰花的花卉纹饰,并在花卉的左下角绘有一文字状图符。在花卉的叶面处见有少许裂纹,且其色也较深,碗内底部的一些部位皆呈黄褐色。器物胎呈青灰色且较粗,但紧密不吸水。笔者认为,碗内底部的一些部位皆呈黄褐色这一现象,可能是当时碗内置油所致,出土时这件碗据说是放置在墓内一侧壁的孔洞内,判断分析应是通常设置在墓内的壁龛。当时在工地上,对于这件碗的断代还让一起工作的省里专家进行了初步的鉴别,从器形、制作工艺、青花发色等方面观察,并通过与其他地区出土的类似器物对比,认为其时代应在两宋时期。因为在浙江地区目前发现的早期青花尚并不多见,因此笔者对这件器物的出土颇感兴趣,并立即又请了一起工作的考古人员到这件碗的出土现场再看个仔细,试图了解到出土时更为详细的细节情况,以便为进一步研究所用。可惜当我们来到现场时,只见墓葬所在的位置已被挖掘机从下至上连底翻起,显然其墓室的结构已经面目全非,但是通过查找还是发现了一些条状、制作比较考究的墓砖,俗称"香糕砖"。据工地上当事人回忆,发现此墓是挖掘机所为,动土之前在该区域毫无半点遗迹或土墩高出地面等现象。据说当时挖掘的操作过程是:挖掘机在取土时突然毫无察觉地挖走了墓室的顶端,随即露出了一个直径约 30 厘米的墓葬洞口,往内观察可以看到用砖砌筑整齐的墓室和墓壁,再往另一侧查看时发现砖壁中间有一缺口,这件碗就放置在缺口内,当事人随即下到墓内将其取出。后来当地的老百姓和工地上围观人员渐渐多了起来,怕事情传开不好收场,于是施工人员就用挖掘机将整座墓室翻来覆去了好几下,导致整个墓葬遗迹不复存在。据说当时还发现有与这件碗类型相同的一些器物碎片。据笔者推测,这可能是有另外相同的出土器物或碗之类被挖掘损坏所致。不久这些被挖出来的墓葬砖等遗物,会连同其他的泥土被运往远处用于工地上的填土。

上述情况如果无误,那么可以初步判断这本来是一座完整的、时代可能在两宋之际的砖室墓,由于工地施工不慎而被破坏了,如果通过正规的考古发掘手段,那么情况就会大不一样,墓葬的各方面资料一定会更加完备,因此实在让人惋惜。

现有的考古资料显示,我国的青花瓷器早在唐代时已开始萌芽。1975年在江苏省扬州的唐城遗址中就曾发现了一片青花瓷枕的碎片。另外,据说香港的冯平山博物馆也收藏了一件唐代白釉蓝彩三足器。有关宋代的青花瓷器,在浙江省的两处塔基中也曾有发现,其中一件出自龙泉金沙塔,其塔砖纪年为"太平兴国二年(977)"。据说当时出土了三件碗、共13片青花瓷残片。其特征是,釉色呈青白或青灰色,青花色泽蓝中带黑、灰或褐色。通过对青花的表面观察,总体上的感觉是青花色泽暗蓝,甚至带有一点黑色,具有国产料早期青花器的特征。据化学分析,其使用的青花料是含氧化锰很高的国产钴土矿,其烧成温度当在1200度以上。另一件则是1970年秋出土在绍兴县环翠塔塔基之中,是一小块青花残片。此青花残片的出土,由于与有宋咸淳元年(1265)年号的石碑同出,因此其年代比较确切,即南宋末年。但是此件青花色泽呈暗蓝且较淡,未通过化学测验。浙江省德清县洛舍砂村出土的这件完整的青花釉下彩蓝绘瓷器,从色泽上看,与浙江龙泉金沙塔出土的相似,但最终的年代确定尚需要得到科学上的化学测验支持才可以最终确定。

另外,在本次考古发掘的考古工地中发现,德清县洛舍砂村一带,特别是靠近东苕溪朝东南方向一带的山冈及坡地上,到处都是一些不同时代的古墓葬遗存。观察和分析发现,其时代早至商周时期的土墩墓,晚至汉六朝与隋唐五代与两宋时期的各类墓葬。资料还发现,在这一地区早期的商周墓葬中曾发现一些黑色的泥质陶器物,因此反映了当时墓葬的一些随葬情况。这些资料相当珍贵,因此今后对于这一地区的调查和保护力度一定要加强。

本次德清县洛舍砂村出土的早期青花瓷器资料相当重要,对于研究我国青花瓷器的萌芽与发展,以及青花瓷器的地方特色和特征等具有重要的学术意义。

原载《中国文物报》2001 年 2 月 11 日

太湖流域浙江东苕溪沿途古窑址调查与思考

东苕溪位于杭嘉湖平原浙江省北部、太湖周围百余公里范围内，是一条由杭州方向往北注入太湖的古老运河。这一带是我国南方地区良渚文化的重要分布区，也是举世闻名的陶瓷古乡。中华人民共和国成立以来，通过多次普查，在这里发现了不同时代的古代窑址共四十余处。这些窑址主要集中在东苕溪沿途、湖州市吴兴区菁山的黄梅山以南，至德清县中部的洛舍、龙山等地区约二十公里范

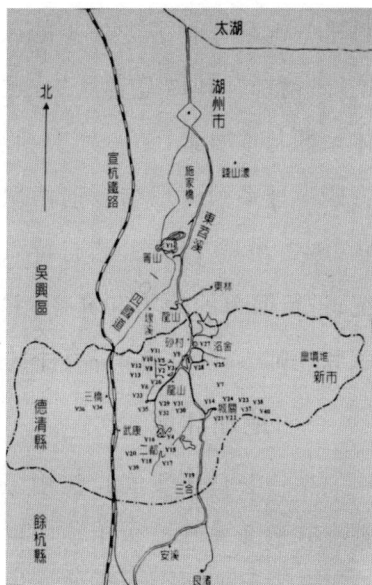

图1

围内(图1)。瓷窑址的类型主要有：原始瓷、原始瓷印纹陶兼烧、印纹陶、青瓷、黑瓷、青黑瓷兼烧等。这些古窑址历经商、(西)周、春秋战国、汉六朝、隋唐等，最迟可延续至两宋期间，前后几千余年连绵不绝。时代最早的是地处吴兴区菁山的黄梅山窑址。这些古窑址不仅历史悠久，而且跨度大、延续时间长、类型丰富、地方特色明显，这在全国尚属罕见。20世纪50年代中期，浙江省文物管理委员会曾对位于德清县城关镇的小马山等窑址进行了调查，同时将

其命名为"德清窑"。[1]

中华人民共和国成立以来,根据上级的统一布置,德清县曾举行过三次规模较大的历史文化遗产普查,笔者于 20 世纪 80 年代末开始从事文物工作,故有幸参加了全省第三次历史文化遗产普查。在这次普查中,笔者主要负责全县古窑址分布最为密集的洛舍(龙山)、二都(三合)、城关等中部地区。在乡镇的大力配合下,我们组成普查小组,共对 130 余处各类文保点进行了普查。从野外到室内的资料整理,如期完成了任务。这次普查工作的亲身经历,使笔者对这些古窑址有了进一步的认识和了解,在参阅了一些相关的古窑址资料的同时,笔者认为,这些古窑址已具备了独立发展、自成体系的基本要素,是一处太湖流域浙北地区地方特色较为明显的古瓷窑址系列。现结合前两次的普查资料,试就这些古窑址的现状、历史渊源、产品工艺与特点、特色、发展与演变、衰落等相关情况,进行简单的分析和介绍,并提出一些自己的观点,仅供各位专家和老师参考,并敬请各位同仁不吝教正。

一、地理环境

德清县位于我国长江中下游浙江省的北部,杭嘉湖平原的腹地。县境北界与湖州市吴兴区埭溪接壤,其南则与杭州市的余杭区交界。东苕溪由南往北途经德清县的三合乡、二都、城关、洛舍等地,进入吴兴县的菁山、施家桥、钱山漾,流经湖州后注入太湖。这一带土地肥沃、物产丰富、文化内涵深远,各时期历史文化丰富,马家浜文化、崧泽文化、良渚文化、马桥文化、古陶瓷文化等异彩多姿、交相辉映,形成了以东苕溪水系为主轴线、地方传统特色非常明显的古文化带(区)。

德清县的地势为东低西高略呈椭圆形状,从东至西可分为三个区域,即东部水乡平原区、中部半山区和西部丘陵低山区。东部属典型的江南鱼米之乡、蚕桑之地。中部和东部大致相同,但一些丘陵和山坡是东部区所缺少的。西部区则是以莫干山为主的低山区、属东天目山余脉。德清县中部地区及东苕溪沿线一带水陆交通四通八达,地理环境十分优越,使该地区成为最适合于从事和发展古窑业的理想之地。

二、窑址现状

Y1 黄梅山原始瓷窑址——时代:商周。地点:德清县中部洛舍镇沿东苕溪以北约十公里的菁山黄梅山之南坡,西距 104 国道约 100 米。窑址所在的黄梅山南坡,现已种植竹子,在一些断面上尚可见有原始窑床等遗迹。调查发现,黄梅山窑址是一处以烧制原始瓷为主,同时兼烧印纹陶的窑场,器形主要有罐、豆等。罐的形状可分为若干式,器物表面饰以菱形纹并套云雷纹和纯云雷纹等最具特色。其器物豆的形状,有竹节高把形、矮圈足喇叭形等几种。根据分析,器物成型采用泥条盘筑、慢轮修整和拉坯成型等工艺手法。产品比较规整,胎质细密坚致,烧制温度较高。

Y2 掘步岭原始瓷窑址——时代:西周晚至春秋。地点:德清县洛舍镇龙山施宅村火烧山。窑址面积在 400 平方米左右。产品以原始瓷为主,并有少量的褐黑釉瓷器,还见有少量的印纹陶器物。产品有厚釉和薄釉两种,一些时代较早的产品发现其内外均施釉。厚釉产品呈青褐色,薄釉产品呈青和黄、淡黄等多色。时代早的产品成型主要采用泥条盘筑法。薄釉产品多见于碗类,其器形比较规整,成型已基本采用了轮制法,但一些较大的器物应仍采用盘筑法和慢轮修正等方法完成。产品器形有罐、碗、盂、器盖、盘等。罐有圆腹平底、折肩弧腹、敞口圆腹、垂腹等多种,器形比较丰富。装饰采用刻划、模印、堆塑等方法。纹饰有云雷纹、勾连纹、方格纹、S 形纹等,胎质坚硬。窑具主要采用黏土、小石子、垫珠等作为间隔物。该窑址由于中华人民共和国成立后建造水库大坝而造成了一些破坏。目前在大坝的南北两侧均可见有窑址堆积,且比较丰富。据初步分析,掘步岭窑址应是一处以烧制原始瓷为主,同时兼烧少量印纹陶器的窑场。

Y3 叉路岭原始青瓷窑址——时代:春秋战国。地点:德清县洛舍镇龙山施宅村叉路岭。该窑址地处 Y2 的东侧山坡,根据这里的地理情况,窑址本来应在群山怀抱之中,由于近代开山修路,故已受到了不同程度的破坏。目前在公路的西侧尚能见到窑址堆积破面。采集的标本主要有:原始青瓷碗、器盖等,产品比较单一。一些产品器物比较规整,因此制作应已采用了拉坯成型技术。器物的内外均施釉,其色呈青黄,釉层较薄,器物内壁至底部皆饰明显的弦纹,产品碗的外底往往呈凸出的一似假圈足、平底,底部有线切割痕迹。从现场发现,叉路岭窑址的规模可能要小于 Y2 掘步岭窑址。由于开山辟路,破坏在所难免,窑具等已不多见。

Y4 封山原始青瓷窑址——时代:春秋战国。地点:德清县二都封山西南坡。由于修公路,地面堆积已较少见,产品以原始青瓷为主,器形有碗、盘、罐等。纹饰有螺旋纹、水波纹、S 形纹等,胎质较坚硬,呈灰白色,釉色呈青或青绿色。原始瓷碗为浅折腹,平底假圈足,侈口折沿,内底至外壁均饰明显的弦纹,施青釉,胎呈灰黄,器形各异、大小不等。有部分素烧碗,其胎呈暗红色。原始青瓷罐口沿外翻,肩部有三弦纽、鼓腹,肩上饰有一条弦纹,内外通体施青釉且较薄。窑具均为垫珠,部分垫珠的一面向内有一凹穴,直径在 2 厘米左右。制作基本上已采用拉坯成型技术,但一些较大的器物仍采用泥条盘筑、经慢轮修整等方法制作完成。

Y5 塔地山原始青瓷窑址——时代:春秋战国。地点:德清县洛舍镇龙山龙胜村以北约 200 米,塔地山的东坡。窑址面积目前发现在 100 平方米左右,产品有原始瓷和印纹陶两种,器形有瓿、碗、杯、罐及少量仿青铜器甬钟残件。釉色呈青黄或青绿。印纹陶质地坚硬,纹饰有米字纹、方格纹等。制作手法已采用拉坯成型技术,一些较大的器物则似仍采用泥条盘筑法。Y5 是一处以烧制原始青瓷为主,同时兼烧印纹陶的窑场。

Y6 南山原始青瓷窑址——时代:春秋战国。地点:德清县洛舍镇龙山东坡牧场东南坡。调查中发现有约长 5 米、厚 0.7 米的堆积层、位于地表以下,器形有碗、杯、瓿等。从采集到的标本观察,一些器物的形状较小,但非常精致,产品的内外均施青釉,胎色呈灰黄或灰白。釉色有青中泛黄,青色光亮等。纹饰有弦纹、水波纹、S 形纹、C 形纹、圆圈纹和堆贴铺首等装饰。制作工艺主要采用拉坯成型技术,采用白色粉状物作为垫烧间隔物,在窑址中首次发现了筒形垫座窑具、烧窑技术应开始有了革命性的提高。

Y7 下南山原始青瓷窑址——时代:春秋战国。地点:德清县洛舍镇龙山龙胜村前埠自然村南侧约 300 米的下南山北坡。这里新修的洛武公路呈东西向横穿窑址的北侧,窑址的西面距龙德公路 300 米左右,其间有牛冲坞。窑址堆积约南北宽 80 米,东西长 100 米。器形主要有:碗、罐等。Y7 窑址在继续使用垫珠形窑具的基础上,与 Y6 一样开始出现了喇叭形垫座窑具。器物碗的口沿处饰水波纹和粘饰 S 纹等,另还有一件粘饰素面钮直径为 0.23 米的青瓷器盖,及厚度超过 1 厘米的仿青铜器甬钟瓷残片,其表面施青釉并饰有较粗犷的几何形纹饰,同时还见有麻布纹印纹陶片,器形也较大。在制作工艺上已采用拉坯成型技术。

Y8 南坞里印纹陶窑址——时代:春秋战国。地点:城关镇官庄村南坞里。窑址面积目前发现约在 100 平方米左右,堆积厚度在 1.5 米左右。产品胎较厚且坚硬、呈褐色,器形以罐为主,纹饰有曲折纹、回纹、方格纹等。窑具有筒形垫座、垫珠等。制作主要采用拉坯成型技术。Y8 是德清县诸多窑址中唯一一座专烧印纹陶产品的窑场。

Y9 冯家山原始青瓷窑址——时代:春秋战国。地点:洛舍镇章家桥村冯家山。窑址范围目前发现在 70 平方米左右,产品以生产原始青瓷为主,器形有瓿、罐、碗、杯、盘、盅、器盖等。除此还有少量甬钟等仿青铜器礼器残件。制作工艺主要采用拉坯成型技术。装饰有堆贴铺首、S 形堆纹、刻划水波纹和戳印 C 形纹等。胎质有的较坚硬,呈灰黄色,釉色呈青黄色。窑具主要采用白色粉末物和使用筒形垫座窑具作为垫烧间隔物。

Y10 亭子桥原始青瓷窑址——时代:战国。地点:洛舍镇洋口村西约 500 米亭子桥。窑址面积目前发现在 120 平方米左右,产品以原始青瓷为主,器形有瓿、碗、杯、盅等,另有少量仿青铜器甬钟残件。产品胎质坚硬,呈灰白色,施青黄色釉。纹饰有勾连纹、C 形纹、弦纹等。制作工艺主要采用拉坯成型技术,用白色粉末物和使用筒形垫座窑具。窑具中发现有较大的型号,所以该窑应同时生产较大的产品。

Y11 泉源坞原始青瓷窑址——时代:战国。地点:洛舍镇龙山东坡牧场西北泉源坞。窑址面积目前发现在 300 平方米左右,产品以原始瓷为主,器形有碗、杯、罐、器盖等。制作工艺主要采用拉坯成型技术,胎质坚硬,呈灰白色,施青黄或青绿色釉。使用筒形垫座窑具。

Y12 白洋坞原始青瓷窑址——时代:战国。地点:洛舍镇龙山东坡牧场北白洋坞。窑址面积目前发现在 100 平方米左右,产品以原始青瓷为主,器形有杯、盘、器盖等。制作主要采用拉坯成型技术,胎质坚硬,呈灰白色。器物内外施釉呈青黄或青绿,饰有弦纹。使用筒形垫座窑具。

Y13 姚坞里原始青瓷窑址——时代:战国。地点:洛舍镇龙山龙胜村姚坞里。窑址面积目前发现在 200 平方米左右,产品以原始青瓷为主,器形有碗、钵、杯等。产品胎质坚硬、呈灰白或灰黄色。施青黄色釉,并采用白色粉末物,和使用筒形垫座窑具作为垫烧间隔物。制作工艺主要采用拉坯成型技术。

Y13 是一处专烧原始青瓷的窑址。Y11、Y12、Y13 三座窑址,由于常年受人为和水土流失等方面的影响,破坏已比较严重。

Y14 张家山青瓷窑址——时代:东汉。地点:德清县城关镇大友村张家山北坡。窑址分布面积目前发现在 150 平方米左右,产品有青釉和黄褐色釉,以及部分原始瓷等。青瓷器釉层均匀,光泽度较好。器形以罐为主,罐有直口、敞口等。器物胎质较粗,其壁厚重,呈灰黄色。纹饰有弦纹、叶脉纹、斜方格纹等。窑具有三足支钉、筒形垫座、垫饼、圈足形垫座等数种。

Y15 荷花塘窑址——时代:东汉。地点:德清县二都村荷花塘以南约 60 米。在窑址现场发现约长 3 米、宽 5 米、厚 0.9 米的窑址堆积。产品有青瓷和部分原始青瓷。器形有罐、壶、碗等。青瓷釉色呈青黄,光泽度较好。器物胎质较坚硬,吸水性较低,其色呈灰或灰黄色。纹饰有水波纹、弦纹、叶脉纹等。窑具采用斜底筒形垫座、垫饼、圈足形垫座等。

Y16 青山坞窑址——时代:东汉。地点:二都联胜村青山坞。目前发现的窑址东西长 60 米,南北长 50 米。采集的标本较多且比较丰富。产品有青瓷器、部分原始瓷和泥质灰陶、红陶等。器形有罐、壶、碗等。瓷器胎色呈青灰或灰白色,质地较坚硬,瓷器的吸水性很低。纹饰有弦纹、水波纹、斜方格纹、窗棂纹、叶脉纹等。釉色可分青、青黄、酱褐色等。器物施釉较匀,光泽度较好。窑具有斜底筒形垫座、圈足形垫座、双足座、垫圈、垫饼和三足支钉等数种。

Y17 黄角山窑址——时代:东汉至三国(吴)。地点:二都村黄角山东南坡。调查中在现场发现了一条龙窑的遗迹,其堆积较多且厚,足有 3 米,早晚层次比较分明。窑顶距地面约 4 米。由于修公路,窑床已被掘断,在公路的两侧其断面清晰可见。器物主要以罐为主,均施黑釉且不及底,在部分器物上印有钱纹,器形大小不一。胎体较粗和厚重,呈赤褐色。器物的肩部有设耳和不设耳的两种。窑具均为筒形垫座,大小不等,直径为 10—16 厘米,高 20—25 厘米,有些上端有指纹,有的还可见有刻划文字,如"起"等。从散落的窑砖观察,见堆塑有时代特征明显的纹饰和文字。窑址东距村主任冯彩根宅后天井约 30 米。

Y18 上渚山窑址——时代:三国(吴)。地点:二都联胜村上渚山东南坡。窑址面积在 500 平方米左右,堆积层厚约 1.3 米。产品有青瓷和部分原始青瓷等。器形有罐、壶、钟、碗等。釉色有青釉、酱褐釉等,施釉均匀,光泽度较好。器物胎质坚硬、呈灰或灰白色。窑具有斜底筒形垫座,双足座和垫饼、圈足形垫座等。常见纹饰有水波纹、叶脉纹、菱形纹等。

Y19 岠山窑址——时代:三国(吴)。地点:三合张桥村岠山东坡。窑址堆积长约 20 米,宽约 10 米,厚约 1.5 米。产品有青瓷、黑瓷两种,器形以罐为主。胎质较粗和厚重,釉面不够细腻。纹饰有钱纹、弦纹等。窑具仅发现筒形垫座一种。Y19 窑址一些残片的厚度在 2 厘米左右,故应同时生产一些较大的产品。

Y20 梁家底窑址——时代:三国(吴)。地点:二都华兴村梁家底东山坡。调查发现,目前的窑址面积在 300 平方米左右,堆积的厚度在 2 米左右。产品以黑瓷为主,但也有少量青瓷器。器形有壶、罐等。胎质较粗和厚重,其色呈赤褐色,施釉均匀且较有厚度、釉质很好。产品纹饰有钱纹、素面等。窑具仅发现筒形垫座一种。

Y21 小马山窑址——时代:东晋至南朝。地点:城关镇小马山南坡。窑址面积在 180 平方米左右,产品有青瓷、黑瓷两种。器形有盘口壶、鸡首壶、罐、碗、钵、砚、灯盏、香熏炉等。胎质坚硬、呈灰或紫褐色。施釉匀光泽度较好,青釉器物表面稍有泛黄,黑釉则色黑如漆。窑具仅发现筒形垫座、锯齿盂形间隔垫座等两种。

Y22 城山窑址——时代：东晋至南朝。地点：城关镇西郊城山东坡。窑址堆积在距地表约 1 米深以下，长约 5 米、宽约 8 米、厚约 1 米。产品有青瓷黑瓷两种，器形有盘口壶、鸡首壶、灯盏、砚、碗、罐等。器物胎质坚硬，呈灰或紫褐色。青釉产品其釉青中泛黄，黑釉产品色黑如漆。窑具发现有筒形垫座和锯齿盂形间隔垫座等两种。

Y23 焦山窑址——时代：东晋至南朝。地点：城关镇焦山北坡。窑址面积在 250 平方米左右。产品有青瓷和黑釉两种。器形有香熏炉、盘口壶、鸡首壶、罐、砚、灯盏、唾壶、碗等。窑具发现有筒形垫座和锯齿盂形间隔垫座等两种。器物胎质坚硬，施釉较匀，青瓷釉色青中泛黄，黑釉器则色黑如漆。

Y24 丁山窑址——时代：东晋至南朝。地点：城关镇丁山。调查发现，目前窑址的面积在 300 平方米左右，其堆积分布在山的南北两坡。产品有青瓷和黑瓷两种。器形有鸡首壶、盘口壶、罐、砚、灯盏、唾壶等。器物胎质坚硬，釉色细腻，青釉器青中稍有泛黄，黑釉器则色黑如漆。窑具发现有筒形垫座和锯齿盂形间隔垫座等两种。

Y25 市元头窑址（省级文物保护单位）——时代：隋唐。地点：洛舍镇何家村市元头。窑址背靠丘陵，面临东苕溪，目前发现其面积在 100 平方米左右。产品有青瓷黑瓷两种。器形有鸡首壶、盘口瓶、敞口壶、砚、碗、罐等。胎质坚硬，青釉器青中略带黄，黑釉器则色黑如漆。窑具有筒形垫座、垫饼、垫珠、圈足形垫座等。

Y26 王母山窑址——时代：隋唐。地点：龙山乡王母山北坡。窑址分布面积目前发现约在 250 平方米左右，堆积较多。器形有碗、盘、盘口壶、罐等。有黑釉器、青釉器两种，釉层较厚、光泽度较好，器物施釉一般不及底，胎较轻坚硬，呈灰褐色等。窑具有筒形垫座、垫饼、垫珠、圈足形垫座等。

Y27 龙头山窑址——时代:隋唐。地点:洛舍镇章家桥村龙头山。窑址堆积遍及龙头山,面积在 3600 平方米左右。有青瓷黑瓷两种,器形有碗、盘、罐等。其中碗为直口平底,内外均施半截釉,未施釉处露胎,其色呈灰色,较坚硬。器物盘一般内施釉,外仅半截釉。器物施釉较匀且厚,光泽度较好。窑具有筒形垫座,盂形间隔垫座、垫饼,圈足形垫座等数种,还发现有一些窑具的中间带有小孔的形式。

Y28 窑墩山窑址——时代:唐。地点:洛舍镇龙山洋口村大闸西北窑墩山。调查发现,窑址堆积比较丰厚,在就近河岸地带共发现五处数量不少的堆积。该窑址已经浙江省考古所发掘,资料显示,发现有大小不一的龙窑四条相互叠压,最宽的一条达 4 米,不难想象当时的产量之大,烧窑历史也应比较长。产品有青瓷、黑瓷两种。器形有盘、罐、碗、壶等。器物以素面为主,部分器物的口沿饰水波纹,施釉较匀润,光泽度较好,青釉器占多数。窑具有筒形垫座、圈足形垫座、垫饼和垫珠等。

Y29 南山窑址——时代:唐。地点:洛舍镇龙山东坡牧场南山西坡。调查发现,目前窑址的分布在 600 平方米左右。窑址堆积相当丰厚,见有南北两处呈长圆形的原生堆积。器物有青瓷黑瓷两种,器形以碗盘为主,还有少量注壶类器物等。胎色呈青灰或紫褐色,器物内外均施半截釉,釉层较厚、光泽度较好。窑具有筒形垫座、圈足形垫座、盂形间隔垫饼、垫珠等。

Y30 窑墩头窑址——时代:唐。地点:洛舍镇龙山施宅村窑墩头。窑址分布面积目前发现在 400 平方米左右,堆积比较丰厚,有青瓷黑瓷两种。器形有盘口壶、高足盘、碗等。器物内外均施釉半截,釉层均匀、光泽度好。胎质坚致。窑具有筒形垫座(可分大、中两种)、盂形间隔垫饼、垫珠等,还发现用泥条盘成环状、中间有孔的窑具。

Y31 窑田里窑址——时代:唐。地点:洛舍镇龙山洋口村窑田里。窑址面积目前发现在 500 平方米左右,堆积丰厚。器物有施青釉和施黑釉的两种,器形有碗、高足盘、壶、罐等。器物胎质坚致,釉层匀润、光泽度较好。器物的口沿常可见有褐色条彩,部分碗的内底有刻划花纹。窑具有筒形垫座、圈足形垫座、垫珠等。

Y32 东山窑址群——时代:唐。地点:洛舍镇龙山洋口村东山。东山周围有近十处窑址连成一片,南临小山洋,堆积比较丰厚,窑址规模之大让人惊叹。产品有施青釉和施黑釉两种,器形有碗、盘、罐等。器物胎质坚致,施釉匀润、光泽度较好。器物施釉基本上仅半截且不及底,有的在器物上装饰褐色点彩等。窑具有筒形垫座、盂形间隔垫饼、垫珠等。

Y33 成年坞窑址——时代:唐五代至北宋。地点:三桥镇黎明村成年坞。调查发现,窑址分布面积目前在 500 平方米左右,堆积厚度在 1 米以上。器物施青黄色薄釉,器形有双系和四系罐、带把有流壶、碗等。器物的胎较坚致,但其厚薄略有不均,大多数器物未施釉,少量罐、壶的内外施青薄釉,并在肩部饰一圈弦纹作为装饰,除此素面较多,产器的制作比较粗糙。分析和观察发现,这一时期的窑址,在风格上已有了一定的变化。

Y34 郭林桥窑址——时代:唐五代至北宋。地点:三桥镇郭肇村。窑址残片堆积较多,占地 400 平方米左右。由于堆积多,所以当地人均称之为“窑墩山”。窑址的窑床可能已破坏,根据器物碎片,其器形主要有带系罐、有流壶、灯座等,产品的胎质较坚致,呈褐色。部分产品外施黄褐色釉或青色薄釉。器物素面居多,部分罐的肩部饰有一道弦纹,或在其底的内部画几组线条。

Y35 长安窑址——时代:五代至北宋。地点:洛舍镇龙山村长安旱西南。Y35 可分为两部分,即东西两座窑墩,窑墩之间有田畔相隔,相距约 50 米,在南面的不远处便是古河道,交通十分方便。器物主要施青黄色较薄的釉,器形有罐、壶、碗、韩瓶、瓮等。窑址堆积较大,所以其产量应不小。

　　Y36 丁家滨窑址——时代:北宋。地点:三桥镇黎明村丁家滨。窑址分布面积目前发现在 500 平方米左右,堆积的高度在 1 米左右。器物大多不施釉,少量施黄釉,釉层较薄。产品大多为素面,器形有韩瓶、碗、油灯、盖罐、注壶等,器物的胎较坚致。窑具以垫珠形和短泥条形垫具为主。

　　Y37 窑湾早窑址——时代:北宋。地点:城关镇恒星村窑湾早。Y37 窑址的面积目前发现在 4000 平方米左右。器物以施青黄色薄釉为主,也有不施釉的,器形以罐为主(有系无系均有),胎质较坚致,总体上看产品比较粗糙。

　　Y38 直街窑址——时代:北宋。地点:城关镇直街德清饭店处。1986 年在工地发现了大量韩瓶及四系罐等器物碎片,器物釉层较薄、呈青绿,其胎也较薄但较坚致,由于窑址地处建筑物下面,所以具体情况有所不明。

　　Y39 黄角山窑址——时代:宋。地点:二都乡二都村黄角山东坡。窑址面积目前发现在 500 平方米左右,堆积较多向东可至冯彩根宅前侧。主要生产青釉器,也有部分黑釉器,青釉器中有一些呈酱黄色。器形主要有罐、注子、韩瓶等。器物胎质较为粗糙,釉层较薄且不匀,产品质量已有所下降。

　　Y40 棉花墩窑址——时代:南宋。地点:城关镇会星村棉花墩以西。窑址地段应在较为平坦的丘陵坡地,目前已变成农田。受近代土地整理的影响,损坏相对比较严重。从找到的一些器物碎片标本分析,有一些器物的胎呈褐色且较薄和坚致,碗内施满釉、碗外不及底和口沿处留白,圈足露胎。其釉呈深褐色、近似黑色,釉层中夹有稍淡略带灰白的条状纹。碗的形状、工艺和建窑产品

"兔毫盏"有一些相似之处,但其碗壁则略外弧,不像建窑产品那样
陡直。对采集到的少量标本进行分析后认为,此时的窑业瓷器产
品质量应已有了一些明显的提高。

上文对窑址的介绍,使我们对德清地区目前已知分布的古窑
址有了一些大体上的了解。通过本次普查发现,由于年代久远,一
些窑址的保存情况实在堪忧,如不采取有效措施加于保护的话,随
着时间的推移,一些原始的地形和窑址堆积将会逐步消失。

三、窑业概述

(一)商周时期

这一时期的窑址目前在德清共发现 13 处,窑址类型以烧制原
始瓷、原始瓷和印纹陶兼烧、专烧印纹陶等为主。早期的商代产品
比较单一,主要有罐、豆、盂等,纹饰主要为云雷纹、菱形纹套云雷
纹等。西周晚期窑址的产品主要有罐、碗、盂、器盖、盘、卣等,其中
筒腹罐类(卣)器形比较丰富。纹饰以云纹、变体云雷纹、勾连纹等
较为常见。商和西周时期的器物成型主要采用泥条盘筑法,所以
一些器物尚不够规整,胎壁的厚度显得不够均匀,胎质也较疏松,
且略带有吸水性。春秋至战国时期的窑址产品,其制作工艺基本
上继承了早期的传统做法,在产品器形上,除前期产品以外,还增
加了罐、杯等器形。纹饰特征以曲折纹、S 形堆纹、回纹、方格纹、米
字纹、水波纹、螺旋纹等纹饰为主
体。这一时期的工艺装饰主要采用
刻划、模型、堆塑等,窑具除垫珠形
以外,还发现了筒形垫座窑具。此
时多数产品均已采用了拉坯成型技
术,所以器物的胎壁大多较薄、规整
和坚致,吸水较低,但一些大件器物

图 2

仍采用盘筑成器法成型。德清出土的战国褐黑釉原始瓷罐(图 2)。综合这一时期的窑址情况,主要有以下一些特点:

(1)共 13 座窑址中,在 Y3、Y5、Y6、Y9、Y10 五座窑址中,同时发现了一种胎较厚、仿青铜器的甬钟类残片。从这些残片的厚度上分析其器物应比较大,器物的表面均施青釉,并饰较粗犷的刻划纹饰。在时代上,应从西周晚延续至战国时期未曾中断。

(2)在窑具的使用上,除商代窑址的窑具没有发现以外,西周至春秋期间主要表现出共同使用一种泥质垫珠及形状大小相同的小石子作为叠烧间隔物的现象,这些窑具在这一时期的许多窑址

图 3

中多少均有所发现,部分垫珠的一面向内有一凹穴,直径在 2 厘米左右。在 Y2 中发现有垫珠粘在烧制的器物上(图 3)。

(3)西周以后的春秋晚期,特别是战国期间,一种被后期窑址广泛使用的筒形垫座窑具开始出现。这些窑具高矮不一,在 10—20 厘米之间不等。筒形垫座窑具的出现,应是这一地区烧窑技术上的一项创新和改革,它可以改变产品的生烧现象。研究表明,龙窑在烧制过程中窑内的温度差别较大,而筒形垫座窑具可以将坯件装在烧成温度较为合适的地方,从而达到控制生烧之目的,使产品的合格率有所提高。

(4)采用黏土和白色粉状物作为窑具的间隔垫烧物,当是这一时期窑具品种中的新发现,这在其他地区至目前尚未发现过,所以其特殊性和独创性也是显而易见的。这种特殊的窑具使用方法在 Y2(仅使用黏土)、Y6、Y9、Y10、Y13 等窑址中均有发现,其时代主要应流行于西周晚至春秋时期。

(5)在 Y2 等窑址中发现了原始黑釉瓷器,另还有一些淡黄、

黄、青褐等釉色的产品。这种釉色呈褐黑色的产品的出现，是这一时期古窑业的主要特点之一。

我们除发现了一些釉层较薄的褐色产品以外，还发现了釉层较厚、呈青绿色、有些部位呈褐黑色的产品。这些现象是笔者在这些产品的底部、边缘处，或一些积釉较厚的地方发现的。虽然这种釉色变深的现象是由于釉层厚度的变化而产生的，但是它除了可以给窑工们以更多启发以外，也说明了原始黑瓷可能已处在初始时期的萌芽状态。观察发现，这一时期的原始瓷釉色已呈现多种颜色，主要有黄、淡黄、绿、青褐、褐黑等多种，而且在釉层的厚度上也有了明显的区分。有些厚釉产品常有微凸的釉斑，亦称"浮浊釉"，这些现象无疑说明了，当时的窑工已掌握了多种釉料配方技术。但笔者认为，这些釉质釉色呈多样化的现象，可能是由当时窑工对釉料特性的掌握尚不够全面所致。一些胎质较疏松、稍厚，胎色呈灰白、灰黄，且略带有吸水性的原始瓷产品，多数在器物的内外均施了釉，但也有少数是内壁不施釉的。凡这一类产品的形状均不够规整，从其内壁处可看出是用泥条盘筑法成型制作完成的。一些胎较坚致、稍薄，胎色呈灰、灰褐、基本不吸水的产品，大多数产品内外均施釉，但也有少数仅在外表施釉的产品。这类产品的器形均比较规整，应已采用了拉坯成型法制作。从时代上分析，前一类产品应早于后一类产品。除此之外，一些较大、胎较厚超过1厘米的瓷片标本的发现，说明当时还生产器形较大的原始瓷产品。

调查发现，这一时期窑址规模较大的有黄梅山、掘步岭、封山、塔山、下南山、南坞里、亭子桥、南山、冯家山等，体现了明显的地方原始瓷窑业优势。综合省内外各地古址资料分析，商、西周、春秋战国时期，这里的古窑业已经形成了一定的规模和自己的产品特色，显示了明显的原始瓷重要产地因素，也是这一地区古窑业的第一个高潮期。

(二)汉六朝时期

这一时期主要可分为：东汉、三国、东晋至南朝。目前共发现这一时期窑场 11 处，其中东汉 5 处，三国(吴)2 处，东晋至南朝 4 处。窑址类型主要有青瓷和原始瓷兼烧、青黑瓷兼烧等，但多数为青黑瓷兼烧窑，其中涉及黑瓷窑址有 7 处之多。Y17 二都黄角山窑址是一处专烧黑釉器的窑场，在这一时期窑址中创建时期为最早，起到了承前启后的重要作用。黄角山窑址产品的胎基本呈赤褐色，这可能是瓷土成分配比或瓷土本来特性所致。资料显示，有一种黑瓷产品的胎料是用经过淘洗过的粗料或其色略深的料来制作的。这一时期烧制黑瓷比较著名的，除 Y17 以外，还有东晋至南朝时期的小马山、焦山等窑址，其产品以青黑釉鸡首壶比较常见和流行。调查发现，有一些鸡首壶的流是不通的，这显然缺少实用价值，应属于装饰品或明器。这一时期的窑址产品不仅质量好，而且产量也高，其中黑釉瓷器产量较高的窑址有 Y10、Y21、Y22、Y23、Y24 等。这些窑址的产品其釉色黑如漆，质量之高，产品之精美，受到了陶瓷界的广泛关注。也有一些窑址是同时兼烧青瓷的，质量较好有 Y14、Y21、Y22、Y23、Y24 等。这一时期的青瓷与黑瓷相比，青瓷器釉色应稍显逊色，黑釉器产品仍占据了重要地位。调查中发现，在东汉窑址中同时存在着原始瓷与青瓷兼烧的现象，但原始瓷产品的数量已不多，这些窑址主要有 Y14、Y15、Y16、Y18 等。这种兼烧现象说明，这些窑在东汉以前是以烧制原始瓷为主的，后来随着烧制水平的提高而转为烧制青瓷。资料显示，这些情况在其他地区也同样有所发现。这一时期窑址产品的主要特点为：施釉质量上有了明显的提高，且釉层较厚、质量较好。窑具的品种相比于前一时期也有了一些新的改进，除春秋战国时期早已出现的筒形垫座窑具以外，还发现了以下一些新的窑具品类型：斜底筒形垫座、足支钉、垫饼、双足垫、垫圈、圈足形垫座等。窑具种类的明显增多,说明了烧窑手法和技术有了进一步的提高,或产品的类型有了增多。目前发现这些窑址的产品主要有罐、壶、碗、钟等。产品的釉色分别有绿、黄、褐、黑等多种。观察和对比还发现,东汉时期的产品釉质和釉色与前期相比,已有了明显的变化和提高。在纹饰和器形等方面,也有了一些不同之处,但这一时期有些产品的胎仍较厚重且粗,有些器物的形状还不够规整。其中产品釉质釉色的提高是这一时期明显的特点之一。另外,一种带足和支钉形窑具的产生,给后来两晋时期锯齿盂形窑具的出现奠定了基础。

以往的资料显示,东汉是我国青瓷器的成熟期,此一时期的德清地区古窑业和其他地区古窑业相比较虽然其规模和优势不算明显,但是明显出现了一些瓷器产品质量较好的窑场。如 Y14 城关张家山窑址,Y15 二都荷花塘窑址,Y16 二都青山坞窑址,以及稍迟的 Y20 梁家底窑址等。这些窑址产品的胎虽然略显粗厚,但在施釉等工艺方面,则已达到了较高的水平,与国内其他地区相同时期古窑产品相比较已毫不逊色。因此,成熟和高质量青瓷器在浙北德清地区也已成功烧制和出现了。总体上分析,东汉时期德清古窑业呈现了一种小高潮的态势,它在制瓷质量上的突破,为接下去东晋至南朝期间古窑业高潮期的到来,提供了条件和打下了良好的基础。

1. 三国(吴)时期

这一时期目前共发现两处窑址,为 Y19 与 Y20。Y19 地处德清县的南端三合乡,其南侧与余杭接壤,这是一座青黑釉兼烧的窑址。调查发现,这一窑址所出的产品器形均较大,工艺也较粗糙,似和其他窑址有一种不同的风格和特色。Y20 是一座主要烧制黑釉器的窑址,但同时也烧制青瓷器。窑址产品的器形比较单一,胎也略显粗厚,但产品施釉均较厚,其釉质和釉色也很好。

2. 东晋至南朝时期

这一期间的德清地区古窑业,在产品质量上已有了很大的提高,尤其体现在城关地区的小马山、城山、焦山、丁山等窑址,其精美的产品和不同的器形说明当时的窑业已达到了相当高的水平。这一时期产品质量较好的有 Y21、Y22、Y23、Y24 等四座窑。城关小马山窑址,新中国成立以后有关部门曾对其进行过调查,收获颇丰。这批窑的产品从器形和品种上均比前期有了增加,如鸡首壶、盘口壶、灯盏、唾壶、砚等多是一些新产品的出现。这一时期产品的胎相比于前期已明显变薄,器形的规整程度也有了很大的提高。产品在施釉上显得更加细腻,黑釉器色黑如漆,青釉器釉色青中略泛黄。窑具的品种方面,在前期出现的窑具基础上,新增加了一种名为"锯齿盂形垫座"窑具。调查发现,这一时期德清地区古窑业的分布重心,已逐步从县内的中部偏西一带略往偏东南方向的城关地区转移了,甚至还向南面的余杭方向发展。资料显示,1974 年浙江省文物考古研究所在余杭大陆果园馒

图 4

头山一带发现了两处产品和类型及风格相同的同时期窑址。综上所述,东晋至南朝期间无疑是德清地区古窑业的第二个高潮期,也是德清地区古窑业的鼎盛期。图 4 为德清洛舍砂村出土两晋时期的青瓷双系盘口壶。

3. 隋唐时期

这一时期的窑址在德清地区共发现 16 座。其类型除了几处地处中部略偏西三桥地区以烧制青釉器为主的窑址以外,其余 10 座窑址均为青黑釉兼烧的窑址,分别是 Y25、Y26、Y27、Y28、Y29、Y30、Y31、Y32、Y39、Y40。按照时代划分,隋唐期间有 8 座均为青

黑釉兼烧窑址,从窑址堆积发现,其产量应是较大的,黑釉瓷器产品仍然占据了较大的比重。通过对产品的风格、制作工艺等方面的观察分析,这一时期的窑址产品与东晋至南朝期间窑址的产品相比较,有着明显的承前启后关系和地方特点,但在产品质量上,隋唐时期的产品已明显呈现出下降的趋势。隋唐时期窑的产品均带有明显的地方特色,如盘口壶、罐等,其中产品碗等的胎呈深灰色,且非常坚致,击之能发出清脆的叮当声,可见其烧成温度已很高。产品中碗的器形外底凸出呈一假圈足,这很明显与前期汉六朝及早期的原始瓷器碗有很多的相似性。这一时期产品的形主要有鸡首壶、盘口壶、敞口壶、砚、碗、罐、盘、高足盘等。在施釉方面,这一时期的产品一般均施半截釉且不及底,有的将釉仅施在器物的内侧口沿一节,以产品碗最为明显。釉色方面,青釉器釉色呈青略带黄,黑釉器则色黑如漆且釉层较厚、光泽度较好,显示了东晋至南北朝时期地方瓷器产品的遗风。在青釉器产品中还出现了一种黑褐色点彩装饰。在窑具的品种方面,隋唐时期的8座窑址竟然有7座采用了和早期Y2火烧山窑址相似的垫珠形窑具。Y28窑墩山隋唐窑址,是经浙江省文物考古研究所发掘的窑址,结果发现有四条窑床叠压在一起,最宽的一条达4米,其续烧时间之长、产量之大应可想而知。在这一窑址的考古发掘中同时发现了颇多垫珠形窑具。这些久别重逢和类型相同的垫珠形窑具,虽然它们在时间上已相隔甚远,但不难看出之间应体现了一种地方窑业技术传统的渊源关系。不难想象当初许多被废弃了的前期商周窑址,其堆积比起现在来自然会丰厚得多,这些便可以给窑工们更多的启发,另外还可以通过窑工的言传身教世代传承。除此之外,其他的窑具主要有筒形垫座、圈足形垫座、盂形垫座、垫饼等。这一时期的产品,如碗等的胎尚比较厚重,整体上其表面还不够精细,地方特色比较明显,但产品中的一些盘口壶、鸡首壶等大器,还是显得比较精致。这一时期的窑址当以 Y25 省保单位洛舍市元头窑址等为代表。本时期窑业以使用垫珠窑具,以及产品碗的器型与早期原始瓷时期有相似之处等为主要特点。根据这一时期窑址的堆积均比较丰厚不难想象,当时的产量和规模应是比较大的。因此,隋唐时期是德清地区古窑业历史上的第三个高潮期。

(四)五代时期

这一时期的窑址仅发现 Y33、Y34 两处,这两处窑址均处在县内中部略偏西的三桥镇区域内。从窑址的产品质量和制作工艺、风格等方面分析,并和前期窑址相比较,已有了明显的差异,而且风格上也发生了一些的变化。主要表现在器形、装饰和施釉等几个方面。产品出现了带系罐、带流壶等,这些在前期的窑址产品中均是较为少见的。从装饰和施釉方面观察,也有了许多不同的地方,如一些器物的肩部仅饰一圈弦纹作为装饰,素面器物较多、施釉较薄呈淡黄色,胎质也不够坚致,产品的风格发生了变化等。总结发现,这一时期的古窑业,经过了隋唐等时期的辉煌以后,已风光不再,并明显走向了下坡。

(五)两宋时期

这一时期的窑址共发现 6 处,主要分布在洛舍、三桥、城关、二都等德清县的中部地区。这一时期的窑址产品在质量上继续有所下降,产品的釉色呈青黄或青褐等,且釉层也较薄,器形也不如前期那样规整了,有些窑产品的胎明显变厚且粗糙。产品主要有罐、壶、注壶、碗、瓮、韩瓶、油灯等,四系罐继续流行。产品的装饰极为简单,基本没有纹饰,有许多器物均为素面。在窑具的使用方面也没有大的变化,但在 Y36 三桥丁家滨窑址中又发现了隋唐以前已消失、流行于商周时期的垫珠窑具。

Y40 城关金星村梅花墩窑址,是德清地区目前发现时代最迟

的一座窑。调查发现,这一窑址中有一些胎呈淡褐色的薄胎、器表
施于褐黑色釉的产品。观察和分析发现,这一时期的产品质量总
体上却有了明显的提高。考古资料显示,南宋时期褐黑胎器物是
一种典型的特色产品,但由于梅花墩窑址现场破坏比较严重,所以
掌握的资料可能不够全面。根据获得的一些标本,只能做一些大
致的描述,有关问题将有待进一步深入调查。总之,隋唐以后、五
代开始至两宋,德清地区古窑业经历了一个逐步走向衰退的过程,
这一时期的产品质量已无法再同前期相比了。因此,虽然 Y40 城
关金星梅花墩窑址的产品质量已有了较大的提高,但已无法挽救
古窑业在这一地区已开始逐步走向消亡、最后完全停烧的局面。
根据目前的调查发现,德清地区的古窑业大约在南宋之际已完全
停烧了。

四、结　语

　　根据浙江省境内的地理特征,古代的钱塘江无疑是一道天然
的屏障,将全省分成了南(上八府)、北(下三府)两个自然传统区
域。考古资料显示,全省内的古窑址分布,也基本可按这两个区域
概念来划分。这两地除区域大小有着明显的区别以外,古窑址数
量的多少同样也区别较大。调查发现,钱塘江以南地区主要分布
有上虞窑、越窑、瓯窑、婺州窑、龙泉窑等。时代较早的窑主要分布
在上虞、绍兴、萧山等地。钱塘江以北地区的古窑,则主要分布在
杭湖平原东苕溪沿途的吴兴与德清的交汇处,以德清县的中部地
区为重要分布区。从地区观念来分析,钱塘江以北的杭嘉湖平原,
地域广阔、人口稠密、水陆交通极为方便。这里陶瓷器产品的日常
用量相对应较大,加上古代葬俗习惯,用于墓葬的明器也是一个不
小的数字,两项相加其需求量就更大了。依托水上交通运输之便,
这里的陶瓷器产品可以快捷地销往各地。这些有利的因素,无疑

给这一带古代陶瓷产业的萌芽、创建和发展带来了积极的推动作用。

考古资料显示,越国的都城绍兴周围富盛镇、萧山进化镇等地,也曾发现了一些东周时期的原始瓷窑址。[2]德清地区战国原始瓷窑从器物造型到胎釉特征等都与绍兴、萧山的原始瓷窑产品相同,这些发现为研究越国原始瓷手工业和我国陶瓷业的早期历史等,提供了珍贵的资料。[3]调查显示,东苕溪沿途德清地区古窑业和周边钱塘江以南等国内其他地区相比较,在规模上可能不占优势,这可能和原料(燃料)短缺、社会动荡、战争等多方面因素有关。

现有的考古资料显示,国内一些早期的原始瓷窑尚并不多见。浙北东苕溪沿途古窑址的分布,目前所知除黄梅山窑址以外,其他窑址均分布在德清县的城关、洛舍、龙山、二都等中部地区。吴兴与德清两地春秋时为吴越两国的交界地,其地理位置十分重要。由于战争等方面因素,春秋时期这里两国的边界往往存有诸多不确定的因素。2003年4月的初春期间,德清县洛舍

图5

龙山一带出土了一件越文化青铜礼器"权杖"(图5)。权杖是古老的原始权力之象征,也是一种比较典型的越文化传统器物。研究表明,这件权杖应是当时越国一部落首领所佩带的最高级别的青铜礼器。经专家鉴定后认为,权杖的时代应在春秋中期左右。这无疑给我们提供了春秋时期这一带属越国势力范围的有力证据。

这一带除分布着许多古窑址以外,还留存着许多其他类型的史前文化遗存。沿东苕溪从南面的余杭良渚一带北上,至湖州地区著名的钱山漾良渚文化遗址,余杭与钱山漾两地相距仅50余公里,途经德清县的三合、二都、城关、钟管、洛舍砂村,吴兴县埭溪的

营盘山等地。这些地方分布着许多马家浜、崧泽、良渚、马桥、商周等各时期的古文化遗存。这些丰富的区域文化资料,无疑为我们研究它们与这些古窑址之间的历史渊源关系等,提供了珍贵的资料和重要的线索。

调查发现,从德清洛舍镇的砂村往西北至吴兴县的龙山、埭溪镇、菁山等湖州市境内,也发现了一些时代与风格特征相同的原始瓷和印纹陶合烧窑址、两晋等一些时期的青瓷窑址。湖州汉代窑址的产品又与太湖对岸江苏省宜兴丁蜀镇汉代窑址的产品更趋一致。[4]这些资料无疑反映了这些地区相对时期基本相同的地方文化特征和风俗习惯现象。湖州黄梅山窑址,是我国目前发现时代最早的原始瓷窑址之一,在该地区已发现了商周时期的原始瓷遗存。[5]笔者认为,黄梅山窑址高把竹节形制豆,从其产品的器形上分析,和良渚文化同类器型有着许多相同的地方,它们之间是否有着一些遗传因子尚有待深入研究。资料显示,黄梅山窑址一式高把豆上的竹节把形制和河南偃师二里头文化遗址出土的豆相似。[6]一式罐以及菱形纹套云雷纹的装饰与上海马桥文化遗址第四层出土器物纹饰一致。[7]矮圈足喇叭形豆与江山西周早期原始瓷豆,以及湖州堂子山石室土墩墓遗存早期原始瓷豆接近。[8]与德清独仓山西周早期墓葬(D3M1:7)原始瓷豆也非常相似。[9]这些出土器物产品是否出自浙北东苕沿途一带的窑址呢?从客观上分析,其可能性是存在的。我们认为,黄梅山窑址的大致年代,其上限应早于江南石室土墩遗存时期。[10]

1976年3月初,德清县东部地区新市镇东北约四公里的"皇坟堆"(可参见图1),发现了一批早期墓葬殉葬品,出土了筒形器、罐、尊、卣、鼎、碟等原始瓷器共27件。据资料介绍,出土的原始青瓷器,大多数器形较大,制作比较规整,胎土未经充分淘洗,部分器物尚能见到一些沙粒,胎色灰黄,胎壁稍厚处烧结程度不大好,有的器物局部胎壁有气孔、气泡，致使器壁高低不平。大件筒形器可以明显看出采用泥条盘筑法制作的痕迹。器表大多饰有云纹、变体云纹、水波纹间横F纹，也有戳印圆圈纹的。另外还有用绞索状饰环形假器耳及S形、羊角形附加堆纹做装饰等（图6）。[11]经观察不难发现，这些器物的纹饰特征和我们在本地相关窑址中采集到的标本基本一致。另外，资料中描述的一种绞索状环形假器耳等器物装饰形式，在窑址采集品中也同时被发现。德清

图6

"皇坟堆"出土的这批原始青瓷与绍兴地区出土的春秋时期原始青瓷器相比，无论是制作技术、器形的规整程度、釉层的均匀与否、烧成温度及胎融结合等方面，都有着明显的差别，相比之下，前者要显得略为落后。因此，可以将这批器物的时代确定在上限为西周、下至春秋时期。[12]综上所述，"皇坟堆"出土的这批器物应是本地窑址所产无疑。根据前几次的普查资料记录，本文在介绍和描述原始瓷窑址遗存时，将一些胎较厚且较大、表面饰有云纹等的原始瓷产品称为"甬钟类"器物可能有别，它们可能应是一种和"皇坟堆"出土器物大致

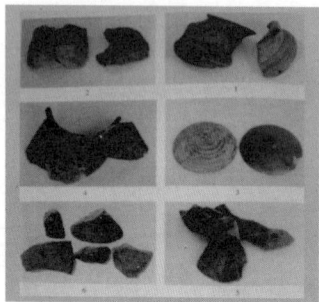

图7

图8

相同的产品类型，或可以称作筒形器、筒腹罐等。Y2、Y4等窑址采集到的标本（图7）。图8为"皇坟堆"出土的原始青瓷筒腹罐。

　　太湖流域浙北德清地区的东苕溪沿线一带，根据目前所发现的古窑址分布情况，应以商、西周时期湖州市菁山的黄梅山、德清县洛舍（龙山）地区的掘步岭等窑址为代表。悠久的古代烧窑技术，无疑对本地区及相关地区的后期窑业产生了深刻的影响。观察和分析这些古窑址的分布现状、产品特点、早晚关系等，不难发现，其瓷窑业技术应是由太湖南岸湖州地区菁山一带的北面，逐步往南面的德清、余杭等地传播和扩散，然后跨过钱塘江走向宁绍地区。另外，我们通过对江苏省宜兴地区发现的风格相同的汉代瓷窑址资料分析，这些窑业技术应同时还向太湖的北岸传播。为此，形成了一个以东苕溪水系为发源地，覆盖了太湖附近百余公里相关区域范围，产品以原始瓷、黑釉瓷器见长的德清窑系列，也说明了德清是我国原始青瓷最为重要的产区之一。

　　我国早期黑釉瓷器的起源，是一个有待深入研究的话题。一位上海的学者曾亲自去了德清地区掘步岭窑址考察，并将亲身经历写成文章发表。当他采集到一块德清窑原始黑釉瓷器后，其兴奋程度难以言表。"我的脚踩到了一块硬物，俯身拾起，竟是一块原始瓷的大瓷片，长达19厘米，最宽处达9厘米。胎骨很厚，

图9

超过了1厘米，里外多施褐色釉，有弦纹，花纹凹处和口沿皆呈褐黑釉色。这就是中国最早的褐黑釉瓷器。"[13] 历年来的调查资料显示，我们已在这一窑址发现了许多相同类型的瓷片，如从Y2、Y6采集到的标本（图9）。用这两处时代在西周至春秋战国时期窑址中采集到的黄、淡黄、青绿、褐黑、黑等釉色的瓷片进行对比，无疑使我们更清楚地观察到，这些原始瓷产品在釉色的控制上似乎有不

够稳定的现象。出现这种情况,我想应有人为和非人为两种因素。非人为方面,应包括当时可能对釉料的特性、化学反应、操作方法等尚未能完全认识和掌握,瓷土、窑变等因素也会具有一定的关系。另外,我们分析了这一地区后期众多窑址中发现的许多青、黑釉瓷器产品的兼烧等现象后认定这不会是偶然的,应是这一地区在制瓷技术上的风俗与传统习惯现象。图 10 为 Y14、Y21、Y30、Y40 采集到的标本,我们通过用同一窑址采集到的青、黄褐、黑等不同釉色瓷片标本的比较,可以清楚地辨别出当时不同釉色瓷器的兼烧情况。有学者认为,"这些古窑址的发现,不但改变德清窑仅在东晋至南朝时期有过陶瓷生产的看法,而且找到了德清窑的演变和渊源关系。那些原始褐黑瓷虽然只能认为是釉料配制中不稳定所产生的,但确实为德清窑黑瓷找到了始祖"[14]。

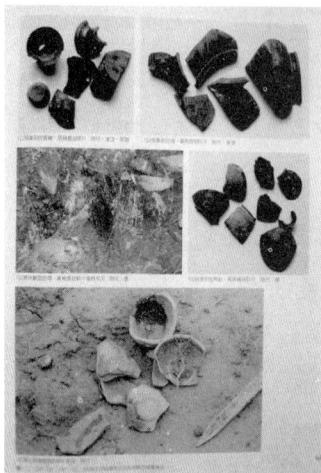

图 10

　　德清县的古窑址调查资料,是通过多年的积累,在几代文物工作者的共同努力之下完成的。根据目前普查所掌握的情况,这些古窑址的保护情况不容乐观。所有窑址中唯有 Y28 已经考古发掘,其他窑址至今均未曾发掘过。本文的一些观点,仅是通过对这些窑址的地面调查、观察、采集标本,以及和其他地区古窑址进行对比和分析后所得出的结果,因此,在一些观点和认识上,难免会存在一些片面性和不足之处。本文在写作和资料整理过程中,得到了浙江省文物考古研究所中国古陶瓷研究知名专家朱伯谦老师的热忱指导,同时还得到了德清县博物馆俞友良、朱建明、章海初,湖州市博物馆的任大根、刘荣华等同志的帮助,在此一并表示感谢。

参考文献：

[1]汪济英.德清窑调查散记[J].文物参考资料,1957(10).

[2][3]朱伯谦.浙江瓷业的新发现与探索[M]//朱伯谦.朱伯谦论文集.北京:紫禁城出版社,1990.

[4][5][8][10]陈兴吾,任大根.浙江湖州古窑址调查[M]//冯先铭.中国古陶瓷研究:第三辑.北京:故宫博物院紫禁城出版社出版,1990.

[6]中国社会科学院考古研究所洛阳发掘队.河南偃师二里头遗址发掘简报[J].考古,1965(5).

[7]黄宣佩.上海马桥文化遗址第一、二次发掘[J].考古学报,1978(1).

[9]浙江省文物考古研究所,德清县博物馆.浙江德清县独仓山及南王山土墩墓发掘简报[J].考古,2001(10).

[11][12]姚仲源.浙江德清出土的原始青瓷器——兼析原始青瓷使用中的若干问题[J].文物,1982(4).

[13][14]钱汉东.寻访中华名窑[M].上海:上海古籍出版社,2005.

原载《故宫文物月刊》(台北)2004年第5期(总第257期)

商代黄梅山原始瓷窑址

西周晚期至春秋火烧山原始瓷窑址

浙江德清出土的原始瓷

　　原始瓷是对处在初创阶段技术和产品都未成熟的瓷器的一种称谓。施釉技术尚未成熟，初始阶段常表现为非有意加施的包含釉（暴汗釉），胎土也往往非真正的高岭土。成熟后的原始瓷施釉可分厚薄两种，有些薄釉产品，基色呈黄、青或略呈透明的玻璃状，有的厚釉产品则呈浮浊状。原始瓷器的釉色主要有青、黄、褐黄、青灰、青等，在德清地区西周晚至春秋的火烧山原始瓷窑址考古调查中发现了一些釉色呈褐黑色的黑釉产品。原始瓷由于胎土、施釉、烧制温度等环节尚处在瓷器发展的初期阶段，特别是战国以前的产品，其器物的胎尚有一定的吸水性，器物施釉也容易脱落。20世纪 80 年代，在东苕溪沿途的德清地区首先发现了十余处原始瓷窑址，还发现了一些和其他地区不尽相同的酱褐、褐黑、近似黑色等釉色的瓷片标本。除原始瓷窑址以外，德清近年来在对一些商周土墩墓考古发掘中出土了许多形式不一的原始瓷器物，且和当地的一些原始瓷窑址出土的器物标本相对应。以上这些出土的原始瓷珍贵资料，无疑为研究江南浙北地区，乃至中国原始瓷的历史、发展和演变等，提供了不可多得的实物资料和宝贵的线索。

　　德清县位于我国长江下游浙江省的北部，杭嘉湖平原的西部。县境北界与湖州市吴兴区埭溪接壤，其南则与杭州市的余杭区交界。东苕溪是一条古老的运河，从杭州方向往北途经德清县的三合、二都、城关、洛舍等地,进入吴兴区的菁山、施家桥、钱山漾,流经湖州后注入太湖。这一带土地肥沃、物产丰富、文化内涵深厚,各时期历史文化丰富,马家浜、崧泽、良渚、马桥、商周文化、古陶瓷文化等异彩多姿、交相辉映,形成了以浙北地区东苕溪水系为主轴线、地方传统区域性特色明显的古代文化带。

一、原始瓷窑址概况

自南往北流经德清的一段东苕溪约十公里,所涉乡镇有城关、二都、龙山、城关、洛舍等,再稍往北便是著名的湖州市菁山黄梅山原始瓷窑址及钱山漾良渚文化遗址等。这一带是马家浜和良渚文化的重要分布区,也是举世闻名的陶瓷故乡。新中国成立以来,通过多次普查,在这里发现了不同时代的古代窑址共四十余处,其中原始瓷窑址 13 处。根据现有的资料并经研究表明,这里的古窑历史从商周历经汉六朝,一直延续到两宋期间。这些原始瓷窑址主要集中在东苕溪沿途、湖州市吴兴区菁山的黄梅山窑址以南,至德清县中西部的武康、洛舍、城关、龙山等地区的约二十公里范围内。原始瓷窑址的类型主要有原始瓷、原始瓷印纹陶兼烧、专烧印纹陶等三大类。目前发现时代最早的原始瓷窑址,是位于吴兴区菁山的商代黄梅山窑址,以及位于德清县境内的城山、水洞坞等商代原始瓷窑址。原始瓷窑址大致可分为商、西周晚至春秋、战国等三个时期。

黄梅山原始瓷窑址(图 1),时代:商。地处德清县中部洛舍镇沿东苕溪以北约十多公里的菁山黄梅山之南坡,西距 104 国道约 100 米。目前窑址所在地的黄梅山南坡已种植竹子,

图 1

在窑址附近 300 平方米范围内均有瓷片等古窑场遗物散布,由于时代久远,一些窑址的堆积已不见过去丰厚,但在地表仍能发现零星的原始瓷标本。经过采集和瓷片标本分析,认定此窑属一处在商代期间主要以烧制原始瓷为主的窑场。黄梅山窑址的主要器形有豆、罐、器盖等。其中豆的形态较多,有竹节形高圈足把、大喇叭形

图 2

矮圈足把不等。最高的豆可达 18 厘米,口径也可达 18 厘米。装饰主要有划纹和旋纹两种。罐的形态也较为丰富,主要有圜底和小平底两种,装饰一般为拍印纹,主要有菱形纹套云雷纹、旋纹、席纹等。另还发现在罐类器物的肩腹部转折处堆贴仿青铜器卯钉状小泥点为特色的装饰(图 2)。

掘步岭原始瓷窑址(图 3),时代:西周晚至春秋。位于洛舍镇龙山施宅自然村当地人称"火烧山"的地方。20 世纪 50 年代末期由于建

图 3

造水库大坝而发现,窑址的东西两坡被大坝所压,总面积 400 平方米左右。

防风山窑址,时代:春秋。位于三合乡二都村的防风山西坡,分布面积在 200 平方米左右,通过采集品分析,其产品主要为烧制原始青瓷器为主。通过对比,防风山窑址的面积略小于掘步岭窑址,但两处窑址的产品类型基本相似,其烧制时代也大致相当。

在这两处窑址的堆积物中可见较多的红烧土和碎瓷片,破坏比较严重。窑具以垫珠形为主,在掘步岭窑址还发现了许多黏土和类似小石子的硬物作为叠烧窑具的方式。从采集到的标本分析,它们的产品主要有碗、盘、罐(筒腹罐、双系罐)、器盖、盂、钵等。

这些原始瓷标本,早期产品的胎一般较粗,且尚可见胎中夹杂有砂粒和少量的气泡,胎呈灰或灰黄色。时代略晚的则各方面情况均有好转。器物成型主要以泥条盘筑、轮修及轮制相结合的方法完成。春秋时期的原始瓷碗通常为浅弧腹,平底假圈足,侈口折沿,且以碗内底至外壁均饰突出于表面比较明显的弦纹为主要特征。产品以施青釉为主,胎呈灰黄。原始瓷罐一般口沿呈外翻,鼓腹,肩上饰有一条弦纹,内外通体施青釉且较薄。装饰采用堆贴、刻划、拍印等技法,在一些碗和盘的口沿处,往往会堆贴S纹为装饰。一些筒腹罐则在两口沿处的肩部装饰有U字形假系,器外表面拍印云纹、变体云纹、大的重圈纹或锥刺纹等纹饰。在施釉方面,除在一些器物的外底处为露胎无釉以外,其他各部位均施釉,这说明可能当时采用的是浸釉法技术。发现泥质垫珠形窑具,其中有一部分窑具的一面见向内有一凹穴,一般直径在2厘米左右。除此之外,还发现一些素烧产品,其胎呈暗红色、表面无釉,应为烧制时上釉前的素烧品,有些则可能为烧制时窑炉内产品放置的这一区域未达到所要求的温度标准所致。春秋战国时期的原始瓷窑址共发现10处,分别有叉路岭、塔地山、南山、下南山、南坞里、冯家山、亭子桥、泉源坞、白洋坞、姚坞里。

叉路岭原始瓷窑址,时代:春秋,位于德清县洛舍镇龙山施宅村叉路岭。该窑址地处掘步岭窑址的东侧山坡,根据这里的地貌和地理现象,窑址本来应在群山怀抱之中,由于近代开山修路,故已受到了不同程度的破坏。目前在公路的西侧尚能见到当时窑场的堆积断面,但遗存已不是很多。采集到的标本主要有原始青瓷碗和器盖等两种,因此可见产品比较单一。但一些产品的器形则比较规整,可见制作已采用了拉坯成型技术。器物的内外均施釉,其釉色呈青黄,且釉层较薄,器物内壁至底部皆饰明显的弦纹,碗的外底凸出呈一假圈足,底部有制作时留下的线切割痕迹。从现场的堆积发现,叉路岭窑址的规模应小于西侧的掘步岭窑址。

南坞里印纹陶窑址,时代:春秋,位于城关镇官庄村南坞里。窑址面积目前发现在 100 平方米左右,堆积厚度在 1.5 米左右。经过采集和标本分析,发现其产品的胎较厚且坚硬、呈褐色,器形以罐为主,纹饰有曲折纹、回纹、方格纹等。发现有垫珠窑具及大量的窑炉烧结块。通过对器物标本分析,其产品制作应已采用拉坯成型技术,因此器形大多数比较规整且造型精致。该窑址是德清县诸多同时期原始瓷窑址中唯一专烧印纹陶产品的窑场。

南山原始青瓷窑址,时代:战国,位于德清县洛舍镇龙山东坡牧场东南坡。调查中从一断面处发现位于地表以下有一长 5 米、厚 0.7 米的窑场废品堆积层。器形主要有碗、杯、罐等。通过对采集到的标本观察,部分产品虽然较小,但却非常精致,产品的里外均施青釉,胎色呈灰黄或灰白。釉色具有青中泛黄、青色光亮等特点。纹饰主要有弦纹、水波纹、S 形纹、C 形纹、圆圈纹和堆贴铺首等。根据对器形分析,其制作工艺应已采用了拉坯成型技术,因此器形比较规整且胎较薄,并在此窑址采集到了本地区首次发现的筒形垫座窑具,从而证明了这一时期的装烧技术已有了明显的提高。

亭子桥原始青瓷窑址,时代:战国,位于德清县武康龙胜村。窑址面积目前发现在 200 平方米左右,堆积厚度在 1.5 米左右。产品主要以烧制原始青瓷为主,同时兼烧少量的印纹硬陶器。主要器形除碗、盘、杯、盅、盂、钵、盒、罐、盆、壶等日用器外,其他还有仿青铜礼器类的鼎、豆、长颈瓶、提梁盉、簋、匜、钫、鉴、尊、钟等。产品具有造型规整,胎釉结合良好,瓷化程度高等特点,轮制成型技术已充分运用,因此无论在装烧工艺,还是胎质和施釉、器物造型等多个方面均已具备了相当高的质量与水平。

二、出土器物及工艺特色

调查发现,商和西周时期的原始瓷产品,商代主要有罐、豆、器盖等,器形比较单一,纹饰以云雷纹、菱形纹套云雷纹、小泥点等为主要特征。器物的造型尚不够规整,胎壁的厚度也显得不够均匀,且胎质较疏松、具有吸水性。因此器物成型应主要采用泥条盘筑和慢轮修整手法完成。西周时期的窑址产品有所增加,主要有罐、碗、盂、器盖、盘、钵等,其中筒腹类器形比较丰富,且随着器形难度的增加而造型也比较规整,因此应在泥条盘筑经慢轮修整的基础上的轮制法技术已被更多地运用。器物装饰以云纹、变体云雷纹、勾连纹等纹饰较为常见。春秋时期应已广泛采用了拉坯成形技术,因此产品的造型普遍变得比较规整,胎釉的质量也有了较大的提高,但产品的变化则不大,质量也一般。西周晚至春秋期间的窑具,主要发现有垫珠、黏土,以及小石子等作为装烧时叠烧的间隔物。

战国时期窑址的产品,其制作工艺基本上继承了前期的传统做法,但此期的轮制技术已充分运用,因此产品的质量有了明显的提高,产品种类也有了明显的增加,如各式壶、簋、长颈瓶、杯、盒、鼓座及其他一些类似的仿青铜器产品等为首次出现。纹饰则以曲折纹、S形堆纹、回纹、方格纹、米字纹、水波纹、螺旋纹等为主要特征。这一时期对产品的工艺装饰,主要采用刻划、模型、堆塑等手法。

除此之外,发现了一些不仅大,而且胎较厚、超过1厘米的碎瓷片,这说明当时曾生产一种器形较大的原始瓷产品。从窑址现场堆积的数量进行分析,规模较大的窑址应为黄梅山、掘步岭、封山、塔地山、下南山、南坞里、亭子桥、南山、冯家山等。关于这些窑场当时所采用的窑炉技术及造型,由于目前未曾通过正规的考古发掘,因此尚不够明了,但根据调查和资料分析,在南方地区基本上为呈长方形龙窑的可能性比较大。

经初步分析,本地区商、西周、春秋战国时期瓷窑址的产品,主要具有以下三个方面的特点。

(一)产品特征

在 13 处窑址中,有 5 处窑址发现了一种胎较厚的仿青铜器甬钟或筒腹罐残片。从这些残片的厚度上分析,这类器物应比较大,器物的表面均施青釉,并饰以较粗犷的刻划纹、拍印纹等。延续时间,通过对残片的观察和分析,应流行于西周晚至春秋时期。早期商代至西周时期窑址的产品以环底罐、竹节状豆把为主要特色,图 4 为黄梅山窑址出土的豆把残片。

图 4

研究表明,西周晚至春秋之际,其产品的质量较高,春秋中晚期的产品则反而比较普通。器形以筒形器、钵、碗、罐、器盖等为主。制作上,应从西周晚至战国逐步以轮制法代替泥条盘筑经慢轮修整等手法。器物的施釉,从西周晚期开始比前期有了明显的提高,大多数产品釉面匀润,胎釉结合好,但亦有聚釉现象。在装饰纹样上,除早期商和西周早中期,自西周晚期开始至春秋时期的装饰纹样和风格大致相当。装烧上,一些碗和盅等小器等均采用套装叠烧方法。

战国时期的原始瓷烧造,无论窑场范围、数量,还是原始瓷的质量都达到了鼎盛,产品也大大增加了。主要有碗、盘、盅、豆、钵、洗、盂、罐、瓿、匜、钟、錞于等,其中的一些仿青铜礼乐器,是本地区战国时期原始青瓷窑址

图 5

的重大发现,在全省乃至全国尚属首次发现。根据从这些窑址中采集到丰富的样本分析,德清县战国原始瓷无论瓷土加工技术、成型技术、装饰技术、产品施釉等都已达到了当时空前的最高水平

（图 5、图 6、图 7）。

图 6   图 7

（二）窑具特征

在窑具的使用上主要有以下两个方面特征。第一，使用一种泥质垫珠及形状大小相同的小石子垫珠，以及黏土、白色粉状物等。这些窑具目前主要发现于西周晚至春秋期间的窑址，部分垫珠的一面向内有一凹穴，直径为 2 厘米左右。第二，战国期间的窑场开始出现了筒形垫座窑具。这些窑具高矮不一，其高度在 10—20 厘米不等。筒形垫座窑具的出现，是这一地区烧窑技术上的一项发明创新和对前期窑址窑具的重大改革，因为采用筒形垫座窑具可以有效改变产品的生烧现象。研究表明，龙窑在烧制过程中其窑内的温度差别较大，而筒形垫座窑具则可以将坯件装在烧成温度较为合适的地方，从而可以达到控制产品生烧之目的，使产品的合格率有所提高。窑具从前期使用垫珠、小石子、白色粉状物，到战国时期筒形式垫座窑具的发明和使用，反映了窑具品种从初创到发展和进步的一个过程，也体现了这一地区瓷窑业技术一定的先进性，并具有明显的地方特色。

（三）施釉特征

在掘步岭等窑址中除发现了原始褐黑釉瓷器以外，还发现了一些淡黄、黄、青褐等釉色的产品。这种釉色呈褐黑色等产品瓷器的出现，是这一时期古窑业的主要特点之一。我们除发现了一些釉层较薄的褐黑色、黄色等产品以外,还发现了一些釉质较厚呈青绿色、有些部位呈褐黑色的原始瓷产品。笔者在这些产品的底部和边缘处,或一些结釉较厚的地方,发现了其釉色已呈青褐或褐黑色的现象。虽然这种釉色变深现象是由于受釉层厚度的变化而变化的,但它除了可以给窑工们以更多的启发以外,可能还说明了原始黑瓷器的产生正处在初始时期的一种状况。观察发现,这一时期的原始瓷釉色已呈现多种颜色,主要有黄、淡黄、绿、青褐、褐黑、黑等多种,而且在釉层的厚薄上也有了明显的区分。有些厚釉产品常见有微凸的釉斑,可称为乳浊釉。这些现象无疑说明,当时的窑工已掌握了多种釉料配方技术。一些胎质较疏松、稍厚,胎色呈灰白、灰黄,且略带有吸水性的产品,多数在器物的内外均施了釉,但也有少数内壁不施釉。这类产品的形状均不够规整,且从内壁处见有泥条盘筑法成型痕迹。一些胎较坚致、稍薄,胎色呈灰、灰褐、基本不吸水的产品,大多产品也均内外施釉,但也有少数仅在表面施釉的产品。这类产品的器形均比较规整,故应已采用拉坯成型法成型。从时代上分析,前一类产品应早于后一类产品。

三、德清地区出土原始瓷概况

中华人民共和国成立以后,德清县涉及原始瓷随葬品的考古发掘主要有:1976 年的德清县新市镇新联村"皇坟堆"考古发掘,1987 年的德清县三合朱家塔山土墩墓抢救性考古发掘,1999 年的德清县洛舍镇砂村独仓山土墩墓考古发掘。这三次考古发掘工作不仅出土随葬品数量多,而且其质量也非常之精美,因此使这方面的资料更加丰富。

皇坟堆是一个直径约 50 米、高出地面约 5 米的小土墩。当时是在基建工程中被发现的,故现场已被破坏,共出土包括筒腹罐、尊、卣、鼎等在内的二十七件器物。这批出土器物大多器形较大,制作也较为规整,胎呈灰黄,在胎中尚能见到气孔和砂粒存在,可见胎土未经充分淘洗。器物的内外多施满釉,釉质比较润净。器物大多在表面饰拍印纹,主要有云纹、水波纹间以横 F 纹、S 形堆纹、变体云纹等,也有戳印圆圈纹和刻划重线水波纹等,另还有绞索形环耳等装饰。图 8 为变体勾连纹双

图 8

系原始瓷筒形卣,图 9 为水波纹原始脊双系盂,此两件器物均为皇坟堆出土。皇坟堆墓葬的年代上限应在西周晚期,下限为春秋时期[1]。三合朱家塔山土墩墓,是在朱家石料厂开矿取山皮泥时被发现的。墓葬位于塔山之巅,墓室总长 10.2 米,高 0.95

图 9

米,宽 5.3 米,呈东西向,为石室土墩墓。共出土器物 34 件,有鼎、尊、卣、罐、杯、碗等,其中 9 件为原始瓷器。器物纹饰有戳刺纹、水波纹、曲折纹、勾连纹、变体勾连纹等,另还有堆贴 U 形系、S 双泥条拼合纹、S 形堆纹、戟耳、桥形耳、羊角形单把等装饰。图 10 为塔山墓出土的变体勾连纹原始瓷提梁卣。塔山土墩墓的埋葬年代属春秋早中期。[2]

独仓山土墩墓群,分布在独仓山西北和东南两个方向长约 250 米的山脊之上,共发现 10 座墓葬。墓葬类型可分为石室

图 10

土墩和无石室土墩两类,墩内墓葬也有异同,其中 6 座土墩为一墩一墓,另 4 座为一墩两墓式。出土器物包括豆、碗、盘、盂、碟、瓮、坛、罐等共 260 余件。其中原始瓷器 180 多件,印纹陶 60 余件。独仓山土墩墓大致可分为三种类型:第一类为无石框无床型墓葬,第

二类墓底为石床式的土墩墓,第三类为石室土墩型。这三类墓葬中时代最早的是第一类土墩墓。这类墓葬的原始瓷器通常均饰有密布突出于器表的粗弦纹,口沿的外侧下大多饰有小泥点,其时代应在西周早期前后。出土器物以尊、豆、盂等为主,产品制作多为手制经慢轮修整,其胎和釉、装饰等特征均为一致,釉色呈茶绿、釉层较薄。第二种石床型土墩墓的时代约应在西周至春秋期间。最晚的石室土墩墓时代应在春秋晚期。[3] 图 11、图 12 均为洛舍独仓山土墩墓出土原始瓷。

图 11

图 12

四、初步分析

杭嘉湖平原地域广阔,人口稠密,水陆交通极为方便。德清县地理环境优越,依山傍水,得地理之优势与交通之便,给这一带古代陶瓷产业的萌芽、创建和发展等,带来了积极的推动作用。浙北东苕溪沿途古窑址的分布,除黄梅山窑址以外,其他窑址均分布在德清县的城关、洛舍、城关、龙山、二都等中部地区。吴兴与德清两地,春秋时为吴越两国的交界地,其地理位置十分重要。

湖州市菁山黄梅山窑址,是我国已知时代最早的原始瓷窑址之一,在该地区已发现了商周时期的原始瓷遗存。[4] 笔者认为,黄梅山窑址出土的竹节形高把豆,从其器形上分析,和良渚文化同类型器形有着许多相似之处,它们之间是否存在着古老的文化渊源,尚待进一步的考古发掘进行证明。另外,黄梅山窑址高把豆上的竹节把形制和河南偃师二里头文化遗址出土的豆相似。[5]罐及菱形纹套云雷纹的装饰,与上海马桥文化遗址第四层纹饰一致。[6]矮圈足喇叭形豆与江山西周早期原始瓷豆,以及湖州堂子山石室土墩遗存早期原始瓷豆接近。[7]与德清县独仓山西周早期墓葬(D3M1∶7)原始瓷豆也非常相似[8]。掘步岭窑址出土的部分碗类与江苏镇江地区土墩墓出土的第一类型相同[9],筒形罐及变体云纹与本县皇坟堆[10]、江苏溧水宽广墩[11]等墓葬中所出的同类器物一致或相似。黄梅山窑址的大致年代,其上限应早于江南石室土墩遗存时期。[12]

五、结　语

通过以上这些资料的对比,我们更清楚地观察到这些原始瓷产品在釉色上确实存在无常,或者说不够稳定的现象。出现这种情况,我想应存在人为和非人为的两大因素。非人为方面应和当时的窑工对釉料特性、化学反应、操作方法与流程等方面尚未完全认识和掌握有一定的关系。浙江省国家级古陶瓷专家朱伯谦先生则认为:"这些古窑址的发现,不但改变德清窑仅在东晋至南朝时期有过陶瓷生产的看法,而且找到了德清窑的演变和渊源关系。那些原始黑瓷虽然只能认为是釉料配制中不稳定所产生的,但确实为德清窑黑瓷找到了始祖。"[13]

参考文献:

[1][10]姚仲源.浙江德清出土的原始青瓷器——兼析原始青瓷使用中的若干问题[J].文物,1982(4).

[2]朱建民.浙江省德清三合塔山土墩墓[J].东南文化,2003(3).

[3][8]浙江省文物考古研究所,德清县博物馆.浙江德清县独仓山及南王山土墩墓发掘简报[J].考古,2001(10).

[4][7][12]陈兴吾,任大根.浙江湖州古窑址调查[M]//冯先铭.中国古陶瓷研究:第三辑.北京:故宫博物院紫禁城出版社出版,1990.

[5]中国社会科学院考古研究所洛阳发掘队.河南偃师二里头遗址发掘简报[J].考古,1965(5).

[6]黄宣佩.上海马桥遗址第一、二次发掘[J].考古学报,1978(1).

[9]刘兴,吴大林.谈谈镇江地区土墩墓的分期[M]//文物编辑委员会.文物资料丛刊:6.北京:文物出版社,1982.

[11]刘建国,吴大林.江苏溧水宽广墩墓出土器物[J].文物,1985(12).

[13]钱汉东.寻访中华名窑[M].上海:上海古籍出版社,2005.

原载《收藏家》2005 年第 5 期(总第 103 期)

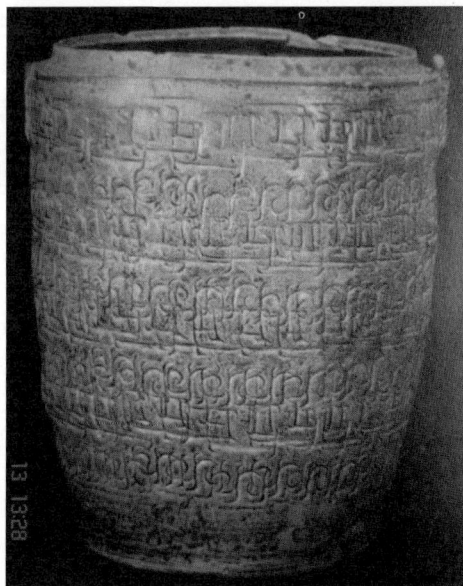

德清皇坟堆出土的原始青瓷卣(筒腹罐)

《"瓷之源"——原始瓷与德清窑
陈列展图集》编后记

历史文化遗产资源是现代人类社会的宝贵财富,它不仅可以体现一个地方悠久的古代文明,见证一段具有地域特色的人文历史,而且还是一张响亮的名片,在改革开放不断深入的当今社会,成为促进地方各项事业发展不可或缺的文化元素。

2008 年 4 月 24 日至 25 日,故宫博物院、浙江省文物考古研究所、中国古陶瓷学会、德清县人民政府联合在德清县主办了"瓷之源"——原始瓷与德清窑学术研讨会。本次会议是在 2007 年分别对德清西周晚至春秋的火烧山和战国亭子桥窑址进行考古发掘获得重大发现后举行的。

中华人民共和国成立以来,通过德清县新老文物工作者历次文物普查和平时文保工作的艰辛努力,在浙江北部东苕溪沿途的德清县境内等地发现了许多时代从商代至春秋战国、汉六朝,最迟可达两宋时期的瓷窑址群。这些窑址延续时间长、内涵丰富、地方区域性特色明显。早在 20 世纪 50 年代,浙江省考古界就对这一地区东晋至南朝时期的窑址进行了关注并考古发掘,同时将其命名为"德清窑"。

从 20 世纪 80 年代开始,德清县在开展文物普查时发现诸多先秦时期瓷窑址,在浙江省文物考古研究所等专家的指导下,德清县文物工作者就这些古窑址群的类型、产品特点、工艺、分布情况等发表了相关的调查报告。浙江省著名古陶瓷研究专家朱伯谦先生一直以来对这些古窑址颇为关注,并率先提出了"这些原始瓷窑址的发现,不但改变德清窑仅在东晋至南朝时期有过陶瓷生产的看法,而且找到了德清窑的演变和渊源关系。那些原始黑瓷虽然只能认为是釉料配制中不稳定所产生的,但确实为德清窑黑瓷找到了始祖"等观点,在古陶瓷界引起了强烈反响。2000年以来随着调查研究的进一步深入,一些专家和学者就太湖流域浙江北部东苕溪沿途瓷窑址群的历史地位、区域特色,以及原始瓷与德清窑的关系等发表了一些更具前瞻性的看法,引起了国内外古陶瓷界的进一步关注,专家、学者纷至沓来。

考古资料显示,以德清为中心的浙北东苕溪沿途原始瓷窑址群,为目前浙江省内发现始烧年代最早的窑址之一,且产品和烧制工艺等均具有明显的地方色彩和特点,显示了在我国瓷器起源过程中的历史地位和特殊重要作用,也体现了越国先民超凡的智慧与创造力。

对原始瓷窑址的考古,一直以来是浙江省古陶瓷界的重点科研项目。为了能对这些分布于德清地区的原始瓷窑址有更深入的了解,在时任文化部副部长、故宫博物院院长郑欣淼先生的建议下,由浙江省文物考古研究所和故宫博物院,以及德清县博物馆联合组成考古队,于2007年3月首先对火烧山窑址进行了抢救性考古发掘。随后浙江省文物考古研究所又对相距不远的亭子桥窑址进行了专题性考古发掘。其间先后有时任文化部副部长、故宫博物院院长郑欣淼,时任中国古陶瓷学会会长耿宝昌和浙江省文化厅等相关重要领导,以及许多来自国内外的专家学者亲临现场进行考察。

德清县县委、县政府对学术研讨会的召开高度重视,并将其列为2008年度全县重大活动之一。为了确保这次会议能圆满完成,县委县政府专门建立组委会,并下设若干筹备小组具体负责各项事务。时任县委副书记蔡旭昶,县委常委、宣传部长张林华,县委常委、副县长俞文明等县领导多次组织召开协调会议,分析讨论研讨会相关事宜,并亲自检查各项筹备工作的完成情况。

学术研讨会得到了故宫博物院、中国古陶瓷学会、北京大学、复旦大学、上海博物馆、浙江省博物馆、南京博物院、文物出版社、香港中文大学、台北"故宫博物院",以及日本、韩国等国内外多家学术机构80多位专家的积极响应。会议期间《人民日报》、新华社、中央电视台、《中国文物报》《光明日报》《解放日报》、新浪网、新华网、中国新闻网等40多家新闻媒体参加了新闻报道。

学术研讨会集中了各专家组的讨论意见后形成书面总结,最后由故宫博物院研究员、中国古陶瓷学会常务副会长王莉英女士以新闻发布会的形式向大会和各新闻媒体宣读。

学术研讨会的圆满成功举行,得到了与会专家学者、领导、众多媒体的肯定和赞同。这不仅显示了德清县坚持以发掘和保护地方文化资源来带动各项事业发展的战略和决心,也是对德清县文博事业这些年来所做工作的肯定,同时也标志着德清窑原始瓷的研究工作已进入了一个崭新的阶段。

"瓷之源"——原始瓷与德清窑陈列展,火烧山亭子桥窑址考古发掘成果展,是本次学术研讨会期间供与会专家参观和学术论证的两个重要展示区。其展览策划和陈展效果如何,是整个学术研讨会能够圆满成功的重要一环,因此成了本次活动中最为重要的亮点之一。为了更好更出色地完成这项任务,组委会及时制订了周密的计划并落实具体责任人。为了使展览形式和风格有创意并显示雅致大气的展览效果,具体责任人均做出了细致的设计方案,如展览文字内容的分区分块、内容主题创意、展厅平立面设计、确定展览的整体风格与配色、字体、展品布置,以及展具风格、积木、灯光布置，等等。在陈列布展的紧张阶段，所有布展人员不辞辛劳，加班加点，组委会领导还多次亲临指导。陈列布展同时还得到了浙江省文物考古研究所、浙江省博物馆等单位相关领导和专家的指导。

本次两个展览共计展出完整器物近百件，出土标本则以吨计。其中完整器中的部分展品来源，得到了周边等地区相关文物部门的支持。谨此向对这次展览给予鼎力相助的故宫博物院、上海博物馆、南京博物院、浙江省博物馆、南京市博物馆、杭州市萧山博物馆、杭州市余杭区江南水乡博物馆、湖州市博物馆、长兴县博物馆等表示衷心感谢。

编辑这本图集是组委会的夙愿，既是为了纪念，同时也希望能给今后工作带来勉励。将展览内容和图片做成资料保存和宣传，则可谓德清县文化史上的创新之举，它将见证地方文化事业的发展与进步。

故宫博物院古陶瓷研究专家冯小琦研究员，在百忙之中为本书作序。值此图集付梓之际，特向所有为之付出努力，以及给予关心和支持的人士表达诚挚的感谢。由于编者经验有限，故一定会存在一些疏漏和不足之处，敬请各位专家学者见谅。

原载《瓷之源——原始瓷与德清窑陈列展图集》2008 年5 月

论浙江德清出土原始瓷桶形卣和
镂空长颈瓶的时代特征与地方特色

　　从 2007 年 3 月开始,由浙江省文物考古研究所、故宫博物院、德清县博物馆联合组成考古队,首先对位于德清县武康的西周晚至春秋火烧山原始瓷窑址,以及稍后由浙江省文物考古研究所主持对德清战国亭子桥原始瓷窑址和位于湖州市南郊菁山的南山商代原始瓷窑址等,分别进行了科学的考古发掘。资料显示,南山窑址的创烧年代在夏商之际,是目前发现这一地区时代最早的原始瓷窑址;[1]火烧山窑址是一处西周晚至春秋的原始瓷窑场;[2]亭子桥窑址的时代为战国。[3]在以德清县为主要分布区的浙江省北部东苕溪流域,至今共发现了商周原始瓷窑址 150 多处,目前已对上述 3 处窑址进行了科学的考古发掘,掌握了许多珍贵的第一手资料。南山窑址位于目前的湖州市南郊菁山,火烧山和亭子桥窑址均地处目前的德清县武康地区。根据资料记载及 3000 多年前的区划概念,太湖南岸的整个浙北地区,都属于古越地于越族先民的传统势力范围。这一带商周原始瓷创烧时间早,序列完整,延续时间长,窑场数量多、分布密集,是浙江省,乃至全国并不多见的古老窑乡,是中国瓷器重要的发源地,而古越族先民是瓷器的发明者。

　　桶形卣和镂空长颈瓶这两种原始瓷器物,分别在德清县武康的火烧山和亭子桥窑址出土,且资料丰富,说明了这两种器形在当时都属于主要的制品之一。考古资料显示,前一类桶形卣,虽然随着时代的推移,器物的造型与纹饰也有所变化,但这类器形在西周晚至整个春秋时期是始终存在的,因此延续时间比较长。进入战国以后,桶形卣器形消失。在战国亭子桥窑址中虽然增加了许多仿北方青铜器器形的元素,但是镂空长颈瓶的出现,是这一地区战国时期最具特色的新器形之一。桶形卣和镂空长颈瓶的出现,在这一地区绝无仅有,体现了强烈的时代特征和地方特色。通过观察和研究发现,这两种不同时代的器形,不仅造型独特、器形优美、写实性强,而且在我国同时代中没有参照物器形可以对应,北方青铜器器形中没有类似的器物造型,史料记载也显缺乏。笔者通过观察和分析这两种器物的造型,同时结合本地区人文历史及悠久的传统农耕文化等多方面因素,认为这些器形的出现,在创意上是有时代背景的,而且在造型上应当有参照母题,或者说是一种地区的传统信仰和习俗。本文就相关问题进行讨论。

一、概　况

原始瓷或原始青瓷,是古陶瓷界对在初创阶段技术和制品均未成熟情况下生产的瓷器一种俗称。夏商之际的早期原始瓷器,是瓷器初始阶段的制品,亦称原始青瓷。根据浙江省北部,以目前的德清地区为主要分布区的浙北东苕溪流域发现的原始瓷资料表明,这一时期的制品,施釉技术尚未成熟,常表现为非有意施加的包含釉。研究表明,形成包含釉的主要原因,是柴窑炉在烧制制品过程中,不同类型的柴火通过燃烧,在窑炉内连续高温状态下形成的烟雾及散落物,因此也可称为"暴汗釉"和"落灰釉"。观察"暴汗釉"的形态,往往只会散落在器物的仰面(正上面),因此是比较容易区分的。这一时期产品的胎土也非完全真正的高岭土,大件制品的成型技术以泥条盘筑法为主。

发展至西周和春秋时期,特别是春秋早中期(以位于德清县武康的火烧山窑址为例)。虽然这一时期的制瓷工艺,包括胎釉技术等,还存在不够稳定的现象,但是总体上还是比前期有了很大的进步,而且器形增多,釉色也增加了。因此,春秋早中期,是这一地区原始瓷历史上的一个创新期和高潮期。经过了春秋晚期的低迷,战国时的窑业又迎来了一个高峰。这一时期制品的胎釉技术、制瓷工艺等均比前期有了进一步的提高,而且显示出烧成温度高,胎的吸水率明显降低,釉色好,玻光感强,器形丰富等特点。[4]

二、关于桶形卣

火烧山窑址考古发掘资料显示,桶形卣的器形总体呈长方形,基本特征为:折侈口尖唇(有些近似子母口状)、折沿或卷沿、折肩,肩部饰一对绳纹 U 形耳,弧腹下斜收,平底(图1、

图 1

图2)。1976 年 3 月初,在德清县东部地区新市镇东北约四公里的"皇坟堆",发现了一批早期墓葬殉葬品,出土了筒形器、罐、尊、卣、鼎、碟等原始瓷器共 27 件。据资料介绍,出土的原始青瓷器,大多数器形较大,制作比较规整,胎土未经充分淘洗,部分器

图 2

物尚能见到一些沙粒,胎色灰黄,胎壁稍厚处烧结程度不大好,有的器物局部胎壁有气孔、气泡,致使器壁厚薄不均。大件筒形器可以明显看出采用泥条盘筑法制作的痕迹。器表大多饰有云纹、变体云纹、水波纹间横 F 纹,也有戳印圆圈纹的。另外还有用绞索状饰环形假器耳及 S 形、羊角形附加堆纹做装饰等

图 3

（图3、图4、图5、图6、图7）。[5]这些出土的原始瓷桶形卣等，表面纹饰比较丰富，而且变化多端。这些器物的装饰纹样在火烧山窑址中基本能够找到，时代上属于这一窑址的早期阶段，即西周晚春秋早期。[6]

图4

图5

图6

图7

综观这一地区比火烧山窑址早的前期，也就是商至西周时期的窑址和墓葬考古发掘资料，没有发现类似的器形。桶形卣这种器形是在火烧山窑址的早期开始出现的，也就是西周晚至春秋早期。[7]那么为何在这一时期会突然出现这种器形呢？笔者通过以下资料进行分析。浙北地区是著名的稻作和蚕桑传统地区，早在7000多年前的马家浜文化时期，这里的先民就开始了稻谷种植，如著名的湖州邱城遗址考古资料可以见证。至距今5000年左右的良渚文化时期，这一带种桑养蚕业已空前繁荣，是我国蚕丝和麻纺织品最早的发源地之一。钱山漾良渚文化遗址考古发掘资料足以证明这一点。古老的地方传统农业和丰富多彩的民俗文化元素，如稻作文化和蚕丝、麻织手工艺技术等，必然会影响和渗透到本地区的其他行业,如竹编技术、古陶瓷工艺等。

　　传统农具和器具,是人们通过长期的劳动生产和经验积累创造出来的,其中箩(图8)与箅(图9)是这一地区最为主要的用具之一。它们是取之当地的植物毛竹,用手工篾编技术编织加工起来的农业用具。前面所说的箩,是在稻作生产中用于装稻谷挑稻谷和米的筐。而箅呢,是在蚕桑养殖业中用于采摘桑叶和装盛桑叶的必备器具。这两种农具至今的功用也没有发生变化。如果将它们的功用细分起来,箩筐似乎比较单一,是专门用来装盛细粮,如稻谷、米之类的专用器具。从外表、用料和篾编工艺等方面观察,箅比箩略显粗糙,它除了主要用于蚕桑养殖的采盛桑叶以外,还是一种盛草的器具,所以通常或亦称"叶箅""草箅""羊草箅"等,甚至装柴火、杂物什么都会用到它。结合这一地区悠久的稻作与蚕桑文明和历史,推测这些农具应早在商周之前就已经诞生,多少年以来已成了这一个地区稻作农业和蚕桑养殖业的代名词及象征。钱山漾良渚文化遗址考古发掘出土了200多件竹编器物,有箩、筐、席、竹绳等。说明竹子被广泛用于人们的生活,如粮食耕种、蚕桑养殖、纺织、捕鱼、日常生活等诸方面。箩、箅,是目前这一地区仍在使用的农具。

图8　　　　　　　　　　　图9

　　结合上述资料,通过对原始瓷桶形卣的造型及表面纹饰的观察与分析,笔者体会到这些桶形卣的总体造型及表面纹饰,与箩、箅的造型及竹篾编织纹饰非常接近。观察原始瓷桶形卣表面的纹

饰,虽然似有多种变化,但是其中最为基本的
两种是,如:原始瓷桶形卣簖纹(图 3),原始瓷
桶形卣笋纹(图 10)。通过仔细观察,它们的用
竹片篾编的纹饰特征非常明显。相似的还有:
原始瓷桶形卣笋纹(图 2),原始瓷桶形卣簖纹
(图 7)。除此,通过观察火烧山窑址出土的原

图 10

始瓷标本(图 11、图 12),也许可以进一步有所认识,尤其图 11 的原

图 11

始瓷标本纹饰,可以更清楚地认识到,这
类纹饰就是源自篾丝编织纹工艺的结果。
自古以来,浙北地区的竹资源非常丰富,
是国内主要的毛竹等多种竹类的分布区,
各类用竹制成或编成的农具和用具品种

繁多,体现了一个地方丰富多彩的传统民
俗竹编工艺与文化。同时也可以从一个侧
面见证,位于著名的江南水乡杭嘉湖平原
西部浙江省北部的东苕溪流域,早在商周
时期便已是稻作农业和蚕桑业的发达之
地。另一方面,我们知道与原始瓷相同,流

图 12

行于商周时期的印纹硬陶,其器物装饰纹饰也非常复杂。笔者通
过印纹硬陶纹饰与原始瓷纹饰对比认为,这类纹饰两者之间应当
是相通的。虽然印纹硬陶与原始瓷两者的质地不同,烧成工艺也
有一定的差异,但是年代基本相同,它们器物表面的纹饰创意应都
源自本地区传统竹器的篾编工艺及文化,如叶脉纹、云雷纹、人字
纹、绳纹、方格纹、回纹、曲折纹、菱形纹、波浪纹等。这些纹饰基本
上可以在原始瓷和印纹硬陶上找到并相对应。图 13 是笔者将皇坟
堆出土原始瓷桶形卣(图 3)表面纹饰,用线图进行分解描绘并放大
的纹样。从这里可以更明显看出它篾编工艺的结构与造型,其纹

图 13

样形式的母本应当脱胎于簕(图 9)纹无疑。虽然在这些类似的纹饰中会包含有一些人为的创意或变异成分,如有学者通常认为是变体勾连纹、变体云纹(图 5)等,但是仔细观察,有一些纹饰的竹编纹属性特征还是非常明显和清晰可辨的,如图 3、图 7、图 10、图 11、图 12 等。

从器物的总体造型上观察,图 4、图 5 和图 6 更接近簕的造型。

三、关于镂空长颈瓶

在德清县武康的战国亭子桥考古发掘资料中,出土了许多镂空长颈瓶标本,虽然完整器不多,但是经过拼粘复原,还是能够看清楚它们的本来面貌。图 14 是其中最为重要的一件标本。这类器物的完整器属于早年墓葬出土或旧藏的,

图 14

在本省内除浙江省博物馆藏有一件外(图 15),萧山博物馆也保存了一件(图 16)。这两件器物的造型和纹饰与亭子桥出土的基本一致。在图 16 的肩部发现增饰了一对悬环,是当时的一种器物装饰风格。

图 15

图 16

亭子桥窑址考古发掘资料显示,镂空长颈瓶的特征是:"细长颈,口微敞,方唇,大多口沿下有一圈较厚,外观多似盘口状,溜肩、鼓腹、平底为主,少量平底下有三足。体形高大。大多在肩与上腹部有两圈或三圈三角形镂孔,上下镂孔交叉排列,以两圈居多,三圈较少。上下圈镂孔之间以凸弦纹或云雷纹相隔。小部

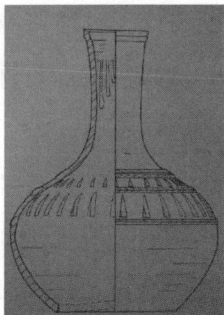

图 17

分器物的镂孔位置较低,下圈镂孔至中腹偏下。"[8](图17)

　　根据这一地区战国之前的墓葬和窑址等考古发掘资料,类似镂空长颈瓶的器形没有出现过,那么为何在战国时会出现这种器形呢?笔者通过观察镂空长颈瓶器形及其线图得到了感悟,认为其总体造型与蒜头非常神似。观察这些器物的造型,几乎与蒜头造型——细长颈、溜肩、鼓腹、平底——的特征一模一样。这类器物的腹部处均设有成圈的镂孔,具备香熏炉的特征,是古代用于驱除邪气、清新空气和闻香的用具。那么战国时的古人为何要模仿蒜头的造型来制作熏炉呢?笔者认为有以下一些原因:其一,蒜头具有解毒杀虫、消肿消毒、止痛、止泻止痢、治肺、驱虫的作用。我国魏晋时期的《名医别录》中对蒜头所具有的功能是这样记载的:"散痈肿䘌疮,除风邪,杀毒气。"其二,资料显示,虽然据说我们目前通常所见的蒜头,称为大蒜,是比战国迟的汉代时从国外引进的,但在国内也有相同的物种小蒜,而且其造型和特性也基本相同(图18)。《尔雅·释草》中有记录:以蒚为山蒜,初名"山蒜",亦称"卵蒜"。《诗经》中称小蒜为"薤"或"薤白"。

图 18

　　据记载,小蒜具有温中,下气,消谷,杀虫等功能,还可治吐泻、心腹胀痛、疗肿毒疮、毒虫咬伤等。如《本草纲目》:"主霍乱,腹中

不安,消谷,理胃温中,除邪痹毒气。"《千金·食治》:"(主治)心烦痛,解诸毒,小儿丹疹。"《食疗本草》:"去诸虫毒,丁肿,毒疮。"《随息居饮食谱》:"下气,止痛,杀虫。"也有资料称:荞头又叫薤头,植物学名薤,属百合科多年生宿根性草本植物。资料还显示,荞头原产亚洲东部,我国自古栽培,已有3000多年历史。汉书《龚遂传》有"遂为渤海太守,劝民务农桑,令口种百本薤"等记载。宋代宋长文《墨池篇》记载:"殷汤时仙人务光植薤而食,清风时至……作薤叶菜。"

综上所述,出自本土的蒜类可能不止一个品种,但是所谓的大蒜与小蒜的功能是基本相同的,两者之间除了在物体大小方面的区别以外,总体造型也是基本一致的,同时也证明了先民们对薤的功能早在汉代之前就有了认识。正因为蒜类植物可以对人的身体健康带来好处,可以杀死毒气,清新空气,进而又可引申为驱除邪恶,成为崇拜的对象被神化,并将它做成器物作为礼器或用于生活之中的熏炉。蒜头所具有的作用与香熏的功能不谋而合,也许这就是先民们为何要以蒜头造型作为模仿,创意出造型一致的镂空长颈瓶式熏炉的原因。另外,通过对比,镂空长颈瓶的造型与小蒜的造型也非常神似。调查显示,目前德清县地区的武康、龙山、上柏、三桥等半山丘陵地带,是小蒜植物的普遍生长地,也有村民们将它们称为野蒜、胡葱、独头蒜等。

我国对香的使用早在战国以前就已开始了。资料显示,古人焚香用来供奉神明,亦可达到除秽清洁的目的。资料还显示,先秦时,从士大夫到普通百姓,无论男女都有随身佩戴香物的风气。如《周礼》记载:"剪氏掌除蠹物,以攻攻之,以莽草熏之,凡庶虫之事。"《礼记》记载:"男女未冠笄者,鸡初鸣,咸盥漱,拂髦总角,衿缨皆佩容臭。"春秋战国时,人们对香的认识更进了一步,用香比喻一种高尚、善美的品质,把香文化作为一种日常的礼仪。

　　资料显示,由蒜头造型而模仿器形,在西汉时曾流行一种青铜质的蒜头壶(图19)。在器物造型上,与战国的镂空长颈瓶基本一致,但此时蒜头壶的口部已做成蒜头状凸起来的造型,底为圈足,腹部的镂空也不见了,很明显失去了熏炉的功能,已演变成了一种酒器。宋代时出现了瓷质蒜头长颈瓶。明清时已将这类器形习称为蒜头瓶,品种有青花、五彩、描金等。清代的蒜头瓶器形趋于轻盈秀美(图20)。

图 19

图 20

四、结　语

　　"艺术来自生活、创作源于大自然。"西周晚至春秋时期原始瓷桶形卣的盛行,应与这一地区悠久和传统的稻作农业、蚕桑文化等有着紧密的联系,是工匠们模仿本地区农业用具筥和籭的实物造型而产生的。而战国时期镂空长颈瓶熏炉的诞生,应是体现了传统的闻香习俗,是人们对小蒜的喜爱并模仿蒜头造型制作熏炉的结果。浙江德清出土的原始瓷桶形卣和镂空长颈瓶,是这一地区特定历史条件下的产物,从一个侧面见证了早在两千多年前的商周时期,以目前的德清为主要分布区的浙北东苕溪流域,不仅古陶瓷历史悠久,而且具有明显的时代和地方民俗文化特色。

参考文献：

[1]湖州市博物馆,浙江省文物考古研究所.浙江湖州南山商代原始瓷窑址发掘简报[J].文物,2012(11).

[2][7]故宫博物院,浙江省文物考古研究所,德清县博物馆.德清火烧山原始瓷窑址考古发掘报告[M].北京：文物出版社,2008.

[3][4][8]浙江省文物考古研究所,德清县博物馆.德清亭子桥战国原始瓷窑址发掘报告[M].北京：文物出版社,2011.

[5][6]姚仲源.浙江德清出土的原始青瓷器——兼析原始青瓷使用中的若干问题[J].文物,1982(4).

原载《文物鉴定与鉴赏》2017年第3期(总第104期)

第五章

德清俞氏文化名人研究

略论俞平伯先生的散文创作

　　在新文学创作上,俞平伯的散文成就和影响要超过他的新诗。他的散文创作是紧接于新诗之后的,集中写作于 1924 年至抗战全面爆发的十余年间。如果说 1919 年至 1922 年间是他以新诗为主的第一个创作高潮的话,那么,1924 年至 1936 年间,则是他以抒情散文为主的第二个创作高潮了。他出版过五本散文集,共 110 余篇,约 37 万余字。

　　俞平伯的五本散文集分别是:《杂拌儿》1928 年出版,《燕知草》1930 年出版,《杂拌儿之二》1933 年出版,《古槐梦遇》1936 年出版,《燕郊集》1936 年 8 月出版。资料显示,俞平伯的散文最早写于 1923 年,最迟完成于 1936 年,在这前后十多年时间里,如果细分起来,又可以以 1928 年为界,分为两个时期。这两个时期的作品,有它的共同点,但在艺术风格上,又有着明显的变化。早期作品大多是写作者自己的感受和经历。散文以抒发性灵为主,且描写细腻绵密,显得文思忧勃。然而,正是这些名篇,奠定了他在中国散文史上的学术地位。1923 年 8 月初,俞平伯与朱自清同游南京,对夜游秦淮河感受颇深,尔后他们俩分别创作了同题散文《桨声灯影里的秦淮河》,被传为佳话。当时俞平伯是初泛,朱自清则是重游了。他们俩雇了一只"七板子"船,在夕阳已去,皎月方来的时候便上了船。于是在桨声中他们开始领略那晃荡着蔷薇色的历史的秦淮河的滋味。在俞平伯的散文中有这样的描述："我们,醉不以涩味的酒,以微漾着,轻晕着的夜的风华。不是什么欣悦,不是什么慰藉,只感到一种怪陌生,怪异样的朦胧。朦胧之中似乎胎孕着一个如花的笑——这么淡,那么淡的倩笑。淡到已不可说,已不可拟,且已不可想;但我们终久是眩晕在它离合的神光之下的。"文章充满了灵气和朦胧的美感。

《湖楼小撷》写作于 1924 年 4 月,《绯桃花下的轻阴》节录:"正在春阴里的,正在桃花下的孩子们,你们自珍重,你们自爱惜! 否则春阴中恐不免要夹着飘洒萧疏的泪雨,而桃树下将有成阵的残红了。"

俞平伯晚期散文创作大致可归在 20 世纪 30 年代,这个时候的散文创作,他开始追求一种自然素朴的趣味,注重于"传神",讲究"略尽笔墨而神情毕肖"的简洁风格。这是他散文创作走向成熟的标志。他在《城站》《清河坊》等一类散文中,记叙了在杭州琐屑的日常生活,抒写自己对往事的依恋,对亲人的情爱,写得如行云流水,自然而平淡。

《城站》节录:"在烦倦交煎之下,总快入睡了。以汽笛之尖嘶,更听得茶房走着大嚷:'客人! 到哉;城站到哉!'如瞿然自警,把手掠掠下垂的乱发,把袍子上的煤灰抖个一抖,而车也已慢慢进了站。电灯迫射惺忪着的眼,我'不由自主'地挤下了车。夜风催我醒,过悬桥时,便格外走得快。我快回家了!"这样的描写自然是要叙述"不怨桥长,行近伊家土亦香"的欣然自得之感。

《清河坊》节录:"我决不想描写杭州狭陋的街道和店铺,我没有那般细磨细琢的工夫,我没有那种收集零丝断线织成无缝天衣的本领;我只得藏拙。我所亟亟要显示的是淡如水的一种依恋,一种茫茫无羁泊的依恋,一种在夕阳光里、街灯影旁的依恋。"

朱自清先生对俞平伯散文创作的前后变化有一个十分形象的

比喻,他说:"用杭州的事打个比方罢:书中前一类文字,好像昭贤寺的玉佛,雕琢工细,光润洁白;后一类呢,恕我拟不于伦,像吴山四景园驰名的油酥饼——那饼是入口即化,不留渣滓的,而那茶店,据说是'明朝'就有的。"

俞平伯对散文创作有自己的一番见解,他说:"文章事业的圆成本有一个通例……于小品文字的创作尤为显明……我们与一切外物相遇,不可著意,著意则滞;不可绝缘,绝缘则离。记得宋周美成的《玉楼春》里,有两句最好,'人如风后入江云,情似雨余粘地絮',这种况味正在不离不著之间。文心之妙亦复如是。"

在散文创作的文字技巧上,俞平伯先生提倡:"一要有趣味,二要有知识,三要有雅致的气味。"讲究"以口语为基本,加上欧化语,古文,方言等分子,杂糅调和,适宜地或各啬地安排起来,有知识与趣味的两重的统制,才可以造出有雅致的俗语文来"。

有学者对俞平伯这样评价:"俞平伯先生从'五四'迄今七十余年间的散文杂论共有百数十篇,堪称琳琅满目,其散文小品描写细腻,情致缠绵意境高远,词采华茂,无不给人以芳醇的迷醉。他虽然曾经受过'五四'新文化运动的洗礼,甚至还到国外游历过,但是从他的思想深处来看,他仍是一位较多的保留着中国古代名士气质的知识分子,他的思想、性格和趣味,完全是中国式的,他的散文在思想上就有着一种特有的中国名士风。"

俞平伯(1900—1990),名铭衡,字平伯,浙江德清人。曾祖父俞樾(1821—1905),字荫甫,号曲园,是清代晚期著名的经学大师,父亲俞陛云(1868—1950),字介青,号乐静居士,也是一位著名的学者。俞平伯有两个女儿一个儿子,大女儿俞成,二女儿俞欣,儿子俞润民。他们均受到过高等教育,且成绩优秀,并在家学的影响下能诗善文。儿子俞润民生有一女一子,女儿俞华栋现在美国完成学业,儿子俞昌实在天津一文化事业单位就职。俞昌实年代正值国家推行计划生育,他也正巧生一独子。当初俞平伯听闻后格外高心,并亲自为曾孙取名"丙然"。俞平伯取此名自然是希望其后代兴旺发达,在学术上更加有所作为,并超越前人的用意在其中。这样的期望对于世代单传的德清俞氏来说,无疑显得比任何东西都更加重要。俞丙然现在天津一重点学校就读,据说学习成绩在全校名列前茅,为此我们真诚地为他祝福,并期望他能够承担起德清俞氏进一步发扬光大的重任。

俞平伯一般以"红学"著称,但是他在诗歌包括旧体诗词、散文等方面均同样具有不凡的造诣和业绩,他同时还写过小说。俞平伯先生在文学方面是一位比较全面的学者。笔者此文仅对俞平伯先生在散文方面的基本情况成就,做一些简单的介绍和叙述。

原载《俞平伯纪念馆通讯》1997 年第 3 期

章太炎书赠俞平伯

近代民主革命家、思想家和国学大师章太炎,与晚清朴学大师俞樾可以算是同乡。祖籍浙江德清的俞樾,四岁后由母亲姚氏带到当时余杭县临平镇史家埭的娘家生活。章太炎曾师从俞樾受业,后来俞樾名满天下。甲午战争失败后,章太炎先生走出书斋,成为一名轰轰烈烈的革命家,他曾七被追捕,三入牢狱,而革命之志终不屈挠。之后,他曾写下了《谢本师》一文,以示与俞樾断绝师生关系。

章太炎手书《论语》

岁月流逝,1932年5月,章太炎由上海来到北京,五月中

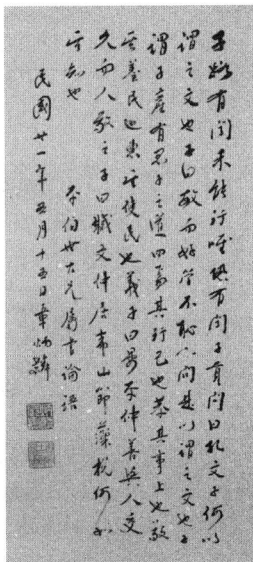

章太炎

旬在周作人的家宴上,他应嘱为俞平伯手书《论语》,并称俞平伯为"世太兄",按照我国的古代传统习惯,一般对世交晚辈才称"世兄",而称"世太兄"的当是更晚了一辈。章太炎是俞樾的弟子,所以称俞平伯为"世太兄",以此为证。

俞平伯生前曾告诉过家人："章太炎实际并未与俞樾断绝师生关系，当初他写《谢本师》一文是出于不愿意连累老师的善良用心。"看来俞平伯的话是有道理的。

章太炎手书条幅《论语》，长 1.78 米，宽 0.75 米，现收藏于德清县俞平伯纪念馆。此条幅历经六十多年，至今仍完好如初。

原载《上海滩》1998 年第 1 期

俞平伯与五四新文化运动

　　俞平伯(1900—1990),名铭衡,字平伯,以字行;1915年考入北京大学后,自字直民,号屈斋。浙江省德清县人。曾祖父俞樾(曲园老人)是清代著名学者,朴学大师。俞平伯的童年跟随曾祖父住在苏州。祖父多病早逝,父亲俞陛云也是一位文学家。

　　"俞平伯先生是一位有学术贡献的爱国者。他早年积极参加五四新文化运动,是白话新体诗最早的作者之一,也是有独特风格的散文家。他对中国古典文学的研究,包括对小说、戏曲、诗词的研究,都有许多有价值的、为学术界重视的成果。"[1]

　　1915年秋,俞平伯考入了北京大学文学部,此年他16岁。1919年底,俞平伯毕业于北京大学,当年俞平伯20岁。闻名中外的五四运动就发生在这一年,也就是俞平伯即将大学毕业之际。所以,俞平伯是当年许许多多经历和参加了这一场运动的青年人中的一位。

　　俞平伯自幼受到家庭及曾祖父俞樾的启蒙和教育。对于这段经历,俞平伯记忆犹新,后来有诗"九秩衰翁灯影坐,口摹笤贴教重孙"记下了这段往事。在曾祖父俞樾及家庭的严格教导之下,俞平伯的旧学基础逐年得到长进和巩固。俞平伯走进大学校门以后,接受的教育则更加全面和广泛。在北大的头一年里,他经常参加一些学校组织的学术研究会。俞平伯先生有着很深的旧学基础,在创作旧体诗词方面,表现得尤为突出。1919 年前后,在新文化思想的影响下他开始创作白话新诗。《春水》是他第一首新诗,创作于 1918 年春,并发表在当时最为著名的《新青年》上。从此俞平伯便积极地投入到提倡新文化的运动中去,而当时他的思想也异常活跃。当年 10 月,俞平伯撰写了《白话诗的三大条件》一文,据理驳斥那些非难白话诗的保守派,同时他还提出自拟白话诗的三大条件。他认为:"雕琢是陈腐的,修饰是新鲜的,文词粗俗,万不能抒发高尚的理想。"[2] 在当时,俞平伯的观点是比较新鲜的,也为提倡新诗做出了榜样。紧接着,俞平伯与同学傅斯年、罗家伦、徐彦之等人在进步教授的思想影响下,集合同好,筹备成立了学生学术团体"新潮社",俞平伯被推选为干事部书记。1919 年 1 月,新潮社月刊《新潮》创刊,从此俞平伯开始在自己的刊物上发表文章。同年 2 月 5 日,俞平伯又撰写了《打破中国神怪思想的一种主张——严禁阴历》一文。旨在用"严禁阴历"的方法来打破中国几千年封建社会遗传下来的神怪和封建思想。当时北京各高校提倡新文化运动已形成了高潮,各种平民教育讲演团相继成立。俞平伯也加入了讲演团并成为一名讲演员,和同学们一样,他们深入到平民中去宣传进步思想。5 月 1 日,俞平伯又撰写了一篇论文,题为《我的道德谈》,并发表在《新潮》上。他提出"根本把伪的推翻,去建设自由的,活泼的,理性的,适应的真道德"是刻不容缓的事情。5 月 4 日,震惊中外的五四运动爆发,俞平伯加入学生会新闻组,在学生们罢课的同时,他们"偕友访商会会长要求罢市",并向群众散发传单。俞平伯和许多青年学生一起向往着新的生活。1919 年 10 月,五四运动过后不久,俞平伯又在《新潮》上发表了《社会上对于新诗的各种心理观》一文。大意是一面解释社会上各种人对新诗的怀疑,一面催促创作新诗的同人继续努力。11 月份,俞平伯又以平民教育讲演团的身份在四城做题为《打破空想》的演讲。[3] 同年底俞平伯毕业于北京大学。不久,俞平伯即去了英国留学,在离开祖国之前,他又作新诗《别她》,抒发了自己对祖国的爱恋之情,决心找到一条救国的道路。[4]出国后不久,由于英镑涨价,自费筹划又尚有未周之处而只好回国。回国后他又发表了《诗底自由和普遍》一文,针对当时新诗发展和社会对于新诗的种种误解,阐述了自己的观点和信念。据资料记载,俞平伯北大毕业后曾两次出国,第一次是1919年12月去了英国。第二次是1921年10月去了美国,但俞平伯的两次出国时间均不长。

五四新文化运动刚刚兴起时,俞平伯先生还不满20岁,就成了新诗坛上的一员骁将。他不仅创作新诗,还发表了许多具有时代特色的新诗理论文章,对当时我国新诗的发展起到了促进作用。俞平伯第一部新诗集《冬夜》问世于1922年,在这以前是胡适的《尝试集》和郭沫若的《女神》。这些都可以视作是新诗园地里最早的一批成果,写下了中国新诗史上的第一篇章。[5]

俞平伯的《冬夜》诗集充分反映了狂飙突进的五四精神,为新诗坛增加了勃勃生气,引起了社会的广泛关注。对此,朱自清先生曾评论说:"俞平伯氏能融旧诗的音节入白话,如《凄然》;又能利用旧诗里的情境表现新意,如《小却》;写景也以清新著,如《孤山听雨》。"1922年1月1日,俞平伯与叶圣陶、郑振铎、朱自清、刘延陵等创办了月刊《诗》,这是我国五四新文化运动以来出现的第一个诗刊,它为推动新诗创作,扩展新文学运动的阵地,贡献了自己的力量。

1979年是五四运动60周年,当时俞平伯已是一位80岁的老人了。有记者问起当时的情景,俞平伯非常谦虚地笑着说:"我只是碰到了一点边。"为了纪念,俞平伯写下了《忆往事十章》,现摘录如下。

其一：星星之火可燎原，如睹江河发源始。

后此神州日日新，太学举幡辉青史。

其二：风雨操场昔会逢[1]，登坛号召血书雄[2]。

喧呼声彻闲门巷，惊耳谁家丈室中[3]。

其三：马缨花发半城红[4]，振臂扬徽此日同。

一自权门撄众怒，赵家楼焰已腾空[5]。

其四：罢课争将罢市连，新闻组好作宣传。

已教巨贾无青眼，又向当街散白钱[6]。

其五：风生蘋末启舆谈，何用文心别苦甘。

同学少年多好事，一班刊物竞成三[7]。

其六：阅人成世水成川，小驻京华六十年[8]。

及见天街民主化，重瞻魏阙峻于前。

其七：清明时节家家雨[9]，五月花开分外鲜。

"四五"真堪随"五四"，积薪之象后居先。

其八："外抗强权"如反霸，"内除国贼"抵锄奸[10]。

昔年学子孤军起，今日工农万口欢。

其九：北河沿浅柳毵毵，军幕森严忆"六三"[11]。

唤醒群伦增愤激，呼声遍应大江南[12]。

其十：吾年二十态犹孩，得遇千秋创局开。

耄及更教谈往事，竹枝渔鼓尽堪哈[13]。

诗虽后作，却见俞平伯先生当日之声情怀，亦五四运动之史诗。

《忆往事十章》附注：

(1)1915年5月3日晚，在京北河沿北京大学预科之风雨操场召开京师各高校学生大会。

(2)当场有酒后血书辞者。

（3）时随侍两亲寓居东华箭竿胡同,与大学后垣毗邻。

（4）京师道树旧多马缨花,俗称绒花,天安门前尤盛。

（5）曹汝霖住在东单赵家胡同。

（6）参加北大学生会新闻组时,偕友访商会会长,要求罢市。欲散发传单而纸张不足,代以送殡用之纸钱,上加朱戳标语,其不谙世情如此。

（7）先是北大中国文学门班中同学主持期刊凡三,《新潮》为其之一。

（8）1915年来京,迄今65年,其间离京他往者数载。

（9）丙辰清明节微雨。

（10）引文八字乃"五四"时口号。

（11）北河沿西岸清泽学馆,后为北大预科,又称三院。其年6月2日北洋政府车警拘禁各校生徙于此。残柳乾河,帐篷罗布。

（12）其后政府慑于众议,巴黎和约山东条款卒未签字。

（13）当时余浮慕新学,向往民主而知解良浅。

参考文献:

[1]中国社会科学院文学研究所.俞平伯先生从事文学活动六十周年纪念文集[M].成都:巴蜀书社,1989.

[2][3][4]孙玉蓉.俞平伯研究资料[M].天津:天津人民出版社,1986.

[5]俞平伯.俞平伯散文选集[M].上海:上海文艺出版社,1983.

原载《大公报》(香港)1999年8月

俞樾与故里南埭圩

南埭圩自然村在德清县乾
元(城关)镇以东约两公里处,
是德清俞氏、俞樾先生的故里。
这里面积不大,四面环水,总共
才住了三十余户村民。至今还
有俞姓人家,据称都是俞氏的
旁亲。南埭圩村地理环境极

四仙桥

佳,北山(乌巾山)南水,山清水秀,景色宜人。俞樾旧居就坐落在
乌巾山麓一条河港的北侧,小河行至其屋前的一段河面突然宽阔,
故当地人都称这里风水特好。

相传,秦时曾有一位颇有名气的酿酒师名"乌巾"隐居于此。
后来人们又传说这里曾出过一头乌牛,因此,乡里百姓都将这座山
俗呼为"乌巾山"或"乌牛山"。优美的山水风光、幽静的田园生活
曾吸引了许多历代名人来此隐居。人称这些人"道德清明"。故邑
人取"德清"二字为山名,即"德清山"。德清县是由原来的武康、德
清两县合并而成。武康县建置于三国(吴)黄武元年(222)。唐天
授二年(691)间,随着经济的发展和人口的增加,官府决定将其东
部(时称东乡)地区另置一县,也就是现在的乾元镇一带区域。初
名"武源"和"临溪",后来认为德清山有名,故又将县名改为"德清"

传延至今。

俞樾自云："我家巾山阳，溯源自元末，堂堂希贤公，孙谋喜贻厥。"句中"巾山"，即乌巾山，"希贤公"为俞氏的远祖俞希贤。明代失考。俞廷镳生于清雍正十年（1732），为俞樾祖父，字南庄，一字昌时。他一生好读，学识渊博，但仕途不顺，至70岁时终于得到了进士功名。喜诗文，著《四书平本》等。50岁时生子俞鸿渐。俞鸿渐（1781—1846），字议伯，号剑花、涧花，为俞樾之父。清嘉庆二十一年（1816）乡试中举人，工诗文，著有《印雪轩诗集》《印雪轩文集》等，曾任知县。俞樾故里南埭圩旧居原来有一小楼，名"鹊喜楼"。俞樾有诗云："乌巾山下旧居家，鹊喜楼头静不哗。一夜春风吹喜气，迢迢千里到京华。"是时俞樾的父亲俞鸿渐在京任职，故有此句。句中"鹊喜楼"，因楼后有一老树、喜鹊筑巢其上而得名。俞樾有句将自己生于鹊喜楼喻为喜气降生。

目前，俞樾的故居鹊喜楼自然早已无存，但其老宅地门前一段突然宽阔的河面则仍保持着当年的模样，俞樾当年主持重建，并亲手撰写桥名和楹联的四仙桥仍保存完整，其楹联也清晰可辨。从四仙桥的造型和规模等分析，在德清的诸多古桥梁中属一座极为普通的三孔石梁桥，但因俞樾的缘故而显得特殊而倍受世人关注。四仙桥重建于光绪十六年（1890），距俞樾病逝仅17年，此乃俞樾先生之暮年。可见，当时修建四仙桥应是俞樾晚年回乡探亲颇有纪念意义的一次活动。古时建桥修路是行善之举，俞樾先生积极创导并慷慨出资，遂被众乡亲推举为修桥主持人。俞樾曾在家乡南埭圩主持和参与修建了两座桥梁，另一座名为拱元桥（拱桥）。拱元桥由于前几年河道拓宽已被拆除，其碑记和桥名也皆由俞樾先生亲手撰写和命人镌刻。

晚年时俞樾已名满天下，颇受乡里百姓的敬重，由于修建桥梁，至今在当地仍流传着一段广为人知的佳话。凭借俞樾先生的显赫名声,桥工们在装运石材的船上故意插上写有俞樾字样的小旗,地方官府见后遂免其税,且购买价钱也异常低廉。由于船工多装满载,竟多出了许多石料,传说四仙桥就是用这些多余的石材所建。四仙桥中孔的排柱墩内侧镌刻有精美的荷叶、荷莲组合图案,排柱的东西两侧正面以及桥额之上,分别镌有俞樾当年亲笔篆书楹联和桥名。民国《德清县志》载:"四仙桥旧名普济桥,见候志向用石柱上架于木而横铺石板以上,清光绪十五年圮,邑绅俞樾创捐募建易石而广其制许德修监其工。"由此可见,四仙桥原本是一座木构架梁桥,初名"普济桥",其修桥经费是通过捐募方式所得。根据分析,四仙桥桥名也应由俞樾命名。将普济桥改名为四仙桥,自然应有俞樾的深刻用意在其中。俞氏自元末曾提举的俞希贤始迁居德清,至清乾隆年间的俞廷镳和其子俞鸿渐,以及俞樾先生本人,已出现了至少四位闻人。在俞樾的想象中,这些先辈应都是俞氏家族中的著名人物和仙者,然不久以后,俞樾本人也将随之仙去。自俞樾早年离开故里,隔半个多世纪后回到故乡有所感慨,他面对先辈和家族,有着许多需要去做,但一时又无法实现,他总觉得有生之年在俞家多少代人曾经赖于生息的地方应留下一些纪念,或对家乡的建设出一份应尽之力。也许这就是当初俞樾修桥、撰联,并以"四仙"命名的真正用意。四仙桥有桥楹二副,每副由 24 字组成,风格别致,内涵深奥,是德清古桥梁诸多桥楹中较为特殊的一联。

双桨泛轻舟,绿水潆洄南北埭。
一条横略彴,青鞮安稳往来人。

野渡傍溪山,会有才人题驷马。
嘉名登志乘,不劳仙迹访骖鸾。

第一副楹联第一句中的"轻舟"，应是指一小船。"南北埭"则是指当地的两个自然村（俞樾故居地南埭圩，相邻有北埭圩，两村仅一条小河相隔）。第二句"一条横略彴"中的"略彴"，其古意可理解为石或者桥。故此联可释为：四仙桥是一座简单的石梁桥。后一句"青鞵"，应有旧时故里百姓穿用的普通布鞋或草鞋之类的意思。第一、二句应是对四仙桥的建成、地理位置，以及当时故里南北两埭情景的生动描写。第二联上联的意思是：四仙桥凭借所在的地方、历史等，已载入史册，不劳仙鹤前来探访。下联的意思应是：四仙桥虽然在这县城的郊外，但却云集了这么多有才华的人，这些人可多是乘坐四匹高车的显赫人物云集。

俞樾亲自撰写的《重建拱元桥记》桥碑，现藏于德清县博物馆，有一定的地方史料价值。句云："苕水出天目之阳，经吾邑余不溪。入南门，出东门，循乌山而东有拱元桥焉。与乾元山相对，故得是名。往昔寇乱桥毁，往来皆阻。里人谋重建之。经始于光绪十三年冬，其年告成，刻石纪事，仿汉碑例书出钱人姓名于左，里人俞樾记……"

句中"苕水"，为县内主要干流，源于西部莫干山区，属天目山之余脉。其水系流经德清城关的余不溪（余不，为城关的旧称），现称东苕溪。碑文中的"东门"和"南门"，是该溪流经城关镇区一段所设的城门。在这一河道区域还有东门城桥和西门城桥等。乾元山位于城关镇南侧，与乌山（乌巾山）遥遥相对而是名。《重建拱元桥碑记》，记述了修桥的时间、历史、位置、水系、修桥因由、募捐人姓名、钱额等。在碑文中曲园先生还纳其先祖昔年所作《步拱元桥》诗句发挥。其中有"父老神祠归烂醉，儿童乡塾散喧哗"句。"神祠"，应是描述古时南埭当地的祠堂，或俞氏宗庙等。经过调查，目前已无存，但据村中的一些年长者相传，南埭圩古时有俞氏宗族祠堂,但后来毁于战乱,据推测应在清光绪年间,因为那时正是俞氏离开德清之际。碑记中还详细记录了募捐者共 16 人,有官吏、文人雅士、商人、里人等,捐募钱额共 1470 元,其中俞樾先生所捐独多。德清俞氏以文化名门世家著称,名人辈出,家学源远。据考,俞氏源于山东,元末时迁居浙江省德清县乾元镇(城关)乌巾山麓南埭圩。俞氏在德清繁衍生息了近 500 年,可谓世居德清。资料显示,俞氏的远祖俞希贤,曾在元时出任提举。从清乾隆年间起,俞氏家族文脉诗风不断,其宗族的延续也大多为单传,因此颇让人称奇。其中俞樾、俞陛云、俞平伯等,都为家族中最为主要的代表人物。清道光四年(1824),俞樾四岁时举家随母迁往仁和县外祖母家(今余杭区临平地区)。以后虽偶尔返里探亲或小住,但从那时起的俞氏家族已开始迁寓和离开德清。俞氏迁往余杭后约住了 30 年,自俞樾 30 岁取得进士功名后,不久又移家苏州 60 年。1915 年俞平伯考取北京大学后,俞家又迁寓北京至今。俞氏家族至晚清时虽又曾几度移寓,但他们仍每每以“德清俞氏”自居和传家,有俞樾“德清俞氏”和“乌巾山居”两方宝贵印章传家为证,蕴含了浓浓的桑梓之情。

俞樾,字荫甫,号曲园。清道光元年(1821)十二月初二生于德清县城关镇东门约两公里的南埭圩村。俞樾 24 岁中举人,清道光三十年(1850)赴京会试中第六十四名进士。据传他在复试时,主考官曾国藩出题“淡烟疏雨落花天”,俞樾答句云:“花落春仍在,天时尚艳阳。”大得曾国藩赏识,认为咏落花而没有衰飒之意,与“将飞更作回风舞,已落犹成半面妆”相似,故遂与其他主考官商议将其列为第一。结果被议遂定为复试第一名,称“覆元”。虽然这也许不可称“状元”,但可谓了不起而遂成佳话流传。不久俞樾在翰林院任庶吉士三年,期满后授编修。1856 年 8 月,俞樾被任命河南学政,后因“文字狱”而罢官,已成了几百年来人所皆知的往事。据说俞樾当时以《孟子·梁惠王》篇齐人伐燕章"王速出令,反其旄倪"句,割下句"反"字连上句而成截搭题"王速出令反",但被曲解成"王出令便造反";又一题也以《孟子》同篇"二三子何患乎无君,我将去之"句,割下句"我"字连上句而成"二三子何患乎无君我",也被曲解成"无君而有我"。结果被御史挑出了毛病,即上奏朝廷,俞樾受到"革职永不录用"的严厉处分,从此断绝了仕途。不久俞樾无奈移家苏州,专心著书和教书讲学。有《春在堂全书》500余卷传世。讲学的足迹遍及江浙沪一带,他先后曾在苏州、杭州、上海、湖州、德清等地讲学,其中在杭州的诂经精舍讲学时间最长,达31年之久。俞樾弟子众多,远及日本、朝鲜等地。他在学术上的成就,不仅在于朴学,还在诗词、戏曲、小说、史志、书法等方面。此外,他对中医也有较深的研究。俞樾逝世于1907年,由于他在学术上的卓越成就,被奏准列入《清史·儒林传》,成了流芳百世的一代名人。

德清俞氏以文化名门世家著称,其中俞樾是最为重要的奠基人。以俞樾为代表的俞氏家族是德清县文化史上重要的组成人员,以其传奇的家族历史,以及在文学领域中所取得的杰出成就而彪炳史册,荣耀故里,成为世代永恒的纪念。俞樾故里南埭圩保存完整的四仙桥颇有纪念意义,留下了曲园老人当年在家乡的岁月印痕,成了历史的珍贵见证。

原载《古今谈》2006年第4期

俞平伯与朱自清

　　浙江省德清县俞平伯纪念馆,藏有一批俞平伯先生之子俞润民、陈熙夫妇捐赠的关于德清俞氏的文物资料,其中有俞平伯先生手书《重游鸡鸣寺感旧赋》的原稿。《重游鸡鸣寺感旧赋》是俞平伯先生为怀念好友朱自清先生而作,收入《俞平伯旧体诗钞》。诗完成于 1959 年春天,俞平伯时年 60 岁,是他学术创作精力的最佳时期。诗稿用小楷写就,文笔流畅、书法精美,是一篇难得的传世佳作。此外,纪念馆还收藏了俞平伯和好友叶圣陶早年的来往书信、照片,以及叶圣陶题献俞平伯的墨宝等。通过观看和研究这些难得的珍贵资料,无疑可以使我们对那个过去了的年代有更多的了解。

　　记得在筹建俞平伯纪念馆的时候,根据领导的分配,因设计纪念馆陈列内容大纲的需要,我和俞平伯的儿子俞润民及其夫人得以频繁接触。俞润民先生经常给我讲一些关于他父亲目前仍鲜为人知的事情,让我记忆犹新。最后在纪念馆筹办组的关心下,在天津社会科学院文学研究所孙玉蓉的指导下,以及通过全体同志的共同努力,纪念馆陈列内容大纲如期完成。我是初次接触这一方面的内容,许多方面还需要学习和了解,所以现在回忆起来总有一种兴奋而又难忘的感觉,然这样的机会亦是比较难得。

　　在俞平伯先生的一生中,朱自清和叶圣陶应是他最为重要的两位好友。朱自清,1898 年出生,原籍浙江绍兴,1916 年考入北京大学哲学系。俞平伯生于 1900 年,比朱自清小两岁,但却比朱自清早一年考上北京大学。1921 年底,俞平伯预备第二次出国留学,12月 31 日,朱自清、叶圣陶、许昂若为送俞平伯赴美国,在杭州合影留念。

五四运动后俞平伯(右一)去国外留学前与朱自清、叶圣陶、许昂若合影

1922 年初,俞平伯和朱自清、叶圣陶等人创办了《诗》月刊。这是五四运动以后出现最早、以提倡新文学为主张的进步诗刊,在当时备受社会的关注。《诗》月刊创刊后,俞平伯和叶圣陶、朱自清等人的交往颇为频繁,不久他们又合编文学刊物《我们的七月》和《我们的六月》。1923 年 8 月初,俞平伯与朱自清同游南京,其中对夜游秦淮河感受颇深,尔后他们两分别创作了同题散文《桨声灯影里的秦淮河》,被传为佳话。

1924 年,经人推荐俞平伯到杭州第一师范学校任教,当时朱自清也在那里教书,好友重逢无比欢喜。虽然俞平伯只在那里教了半年书,但由于他和朱自清都喜欢探讨新诗,两人之间的友谊日渐加深。朱自清为俞平伯出版的书曾作过许多序和评价,下面是他为俞平伯出版诗集所作序中的一段文字:"平伯底诗,有些人以为艰深难解,有些人以为神秘;我却不曾觉得这些。我仔细地读过《冬夜》里每一首诗,实在嗅不出什么神秘气味;况且作者也极反对神秘的作品,曾向我面述。或者因他的诗艺术上精炼些,表现得经济些,有弹性些,匆匆看去,不容易领解,便有人觉得如此么?那至多也只能说是'艰深难解'罢了。但平伯底诗果然'艰深难解'么?据我的经验,只要沉心研索,似也容易了然;作者底'艰深',或竟由于读者底疏忽哩。"[1]

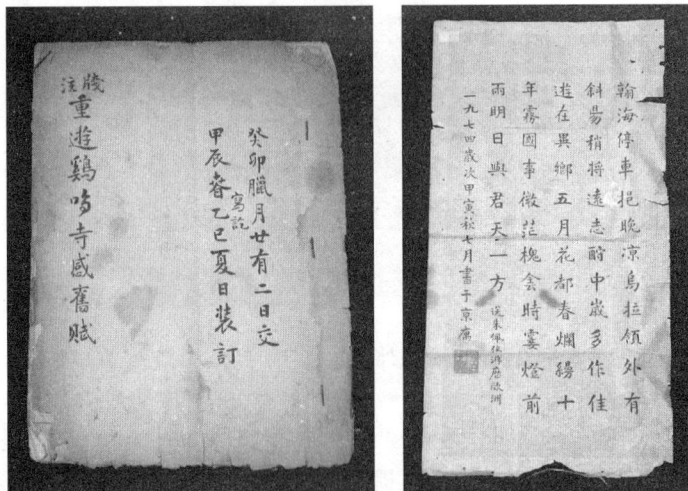

俞平伯《重游鸡鸣寺感旧赋》原稿

朱自清逝世于 1948 年 8 月 12 日,失去了一位知己,俞平伯非常悲痛,他连续创作了《净友(朱佩弦兄遗念)》《忆白马湖宁波旧游(朱佩弦兄遗念)》等两篇散文,表达了对好友一往情深的思念。俞平伯从自己与朱自清的交往中,深深感到"直谅之友胜于多闻之友,而辅仁之谊较如切如磋为更难"。俞平伯说:"《古诗十九首》,我俩都爱读,我有些臆测为他所赞许。他却搜集了许多旧说,允许我利用这些资料。我尝建议二人合编一《古诗说》,他也欣然,我只写了几个单篇,故迄无成书也。"1959 年,俞平伯与叶圣陶等以全国人大代表的身份前往江苏省视察。一行人到达了朱自清先生的故乡扬州,俞平伯心情显得很沉重。据说当天也正好有一辆便车去往南京,突然间俞平伯不跟其他人打招呼就急匆匆地上了这辆去往南京的车,使叶圣陶等摸不着头脑,直至后来俞平伯将写好了的《重游鸡鸣寺感旧赋》给他看后才明白,原来俞平伯是去重访他早年曾和朱自清一同游览过的南京鸡鸣寺,以寄托他对好友的怀念。其中有句云:"地仿佛其曾莅,如色丝之褪黄;人萧索以无偶……"写得一往情深。笔者曾听俞润民夫妇说过,20世纪30年代初,朱自清和俞平伯同在清华大学任教。俞平伯的家就住在清华南院七号楼,朱自清家属当时远在扬州,所以他住在清华南院的教师单身宿室,俩人的住处很近,平常来往很方便。据说俞平伯经常邀请朱自清到自家用餐,而朱自清很自然地要求付给伙食费,一再推辞不下,俞先生家人只好把朱先生交来的钱增加到伙食费中,使每天的小菜特别丰盛。

1937年,卢沟桥事变发生以后,北京大学、清华大学均南迁昆明。俞平伯因侍双亲未能前往,朱自清先生作了三首七律《怀平伯》寄给俞先生。诗中有:"西廊移居邻有德,南院共食永相念"之句,表达了他和俞平伯分别后的思念之情。展品中还有一件题为《送朱佩弦兄游欧洲》的手稿,抒写了俞平伯和好友离别时的感慨之情:

> 翰海停车挹晚凉,乌拉岭外有斜阳。
>
> 稍将远志酬中岁,多作佳游在异乡。
>
> 五月花都春烂漫,十年雾国事微茫。
>
> 槐阴时霎灯前雨,明日与君天一方。

人们通常只知道俞平伯是一位与古典名著《红楼梦》研究有关的学者,其实,在学术上俞平伯的兴趣颇为广泛。他的第一首新诗《春水》,1918年春发表在当时最为著名的《新青年》刊物上。从1918年的10月至1919年5月,他接连发表了好几篇关于提倡新文学的论文,如《白话诗的三大条件》(1918年10月)、《打破中国神怪思想的一种主张——严禁阴历》(1919 年 2 月)、《我的道德谈》(1919 年 5 月)。1918 年底,他又与同好筹备成立了北大学生学术团体新潮社。1919 年 1 月《新潮》月刊创刊,俞平伯被推举为干事部书记。五四运动过后不久,俞平伯又在《新潮》刊物上发表了《社会上对于新诗的各种心理观》。[2]

在五四新文化运动期间,俞平伯先后出版了新诗集《冬夜》《西还》《忆》《雪朝》(与朱自清等人合集)。他还和朱自清等人创办了《诗》杂志。并发表了多篇具有学术价值的以提倡新诗和新文学为主题的论文,《白话诗的三大条件》是其中较为著名之一。他提出创作白话诗的三大条件,认为创作白话诗首先用字要精当,其次音节要谐适,最后说理要深透。对于旧体诗词的创作和研究,俞平伯也很有成果,他的《读诗札记》《读词偶得》《清真词释》等在 20 世纪 30 年代就已出版。除此,俞平伯还出版过好几本散文集:《剑鞘》(1924 年)、《燕知草》(1928 年)、《杂拌儿》(1933 年)、《杂拌儿之二》《燕郊集》(1936 年)、《古槐梦遇》(1936 年)。1987 年中国社会科学院主办召开了"纪念俞平伯先生从事学术活动 65 周年大会"。中国社会科学院院长胡绳先生致辞时,对俞平伯 65 周年来所从事的学术活动给予了全面和公正的评价,他说:"俞平伯先生是一位有学术贡献的爱国者。他早年积极参加五四新文化运动,是白话新体诗最早的作者之一,也是有独特风格的散文家。他对中国古典文学的研究、包括对小说、戏曲、诗词的研究,都有许多有价值的、为学术界所重视的成果。"

1997 年 11 月,俞平伯的全部著作汇集十卷,由花山文艺出版社出版。

参考文献:

[1]孙玉蓉.俞平伯年谱[M].天津:天津人民出版社,2000.

[2]孙玉蓉.俞平伯研究资料[M].天津：天津人民出版社,1986.

[3]中国社会科学院文学研究.俞平伯先生从事文学活动六十五周年纪念文集[M].成都：巴蜀书社,1992.

原载《博览群书》2007年第11期

俞平伯作品全集

庆贺俞平伯从事学术活动65周年大会部分照片

诗书传家远，忠厚继世长

——记德清俞氏文化名门世家

　　德清俞氏是我国近现代史上最为著名的文化名门世家之一，以其在文学领域中取得的成就彪炳史册、荣耀故里，成了世代永恒的纪念。德清俞氏家学源远流长，但形成文化世家则主要是在清代中期以后，俞樾当属其中最为主要的奠基人。被人们广为传颂的德清俞氏文化世家，不仅在学术上颇有建树，至今其世系六代均为单传也令人称奇。

　　据考，德清俞氏源于山东，其远祖俞希贤曾在元时出任提举。世间桑海，俞氏后来举家来到浙江省德清县乾元镇（城关）乌巾山麓南埭圩村隐居。据俞樾自云："我家巾山阳，溯源自元末，堂堂希贤公，孙谋喜贻厥。"[1]句中"巾山"，即为"乌巾山"或又称"乌牛山"；"希贤公"就是俞氏的远祖俞希贤。资料显示，俞氏从元末时来到德清，至清初的近四个世纪漫长岁月中，一直从事着默默无闻的农耕生活，然至清代乾隆年间则又出现了一位学文有成的人物，此人便是俞樾的祖父俞廷镳。俞廷镳，字南庄、一字昌时，生于清雍正三年（1725）。他自幼聪慧，4 岁时大人教他唐诗，他便能出口成诵，6 岁进私塾读书，他就知道如何刻苦努力。俞廷镳真可谓老当益壮，至 70 岁时才中举人而被传为佳话。虽然他当时考了第一名，但主考官与他商量说："像您这样七十高龄的人，皇帝是可以恩赏举人的。"[2]意思是希望他把名额让给别人。俞廷镳略有所思后竟欣然同意,结果皇帝只恩赏了他一个副榜,这自然还不能算是中举。据说当时主考官为了这事很是后悔,而俞廷镳却很坦然地说:"吾已年老,以此留与子孙,不亦善乎?"[3]俞廷镳如此气度与高风亮节,遂被后人传为美谈。也许正因为如此,所谓"祖上积德,荫于后世",果然在他孙子俞曲园身上应了验。

俞廷镳在 50 岁时才生了儿子,取名俞鸿渐,有"渐展鸿图"之意。一方面老来得子皆大欢喜,另一方面也使俞廷镳看到了俞氏后继有人的希望,故他将自己奋斗了大半辈子未能实现的心愿均寄托在了儿子俞鸿渐身上。俞鸿渐后来果真中举。俞鸿渐(1781—1846),字议伯,号剑花、涧花。清嘉庆二十一年(1816)乡试举人,工诗文著有《印雪轩诗集》《印雪轩文集》等。俞鸿渐曾任知县,后常年游历在外。清道光年间,俞鸿渐相继生有两子,长子俞林、次子俞樾。南埭圩自然村位于浙江省德清县乾元镇以东约两公里处,是德清俞氏、俞樾先生的故里和出生地。南埭圩村地理环境极佳,背靠乌巾山,前面河道港汊,山清水秀、景色宜人。俞樾旧居的南侧是一条呈东西走向的小河,行至其屋前的一段,河面突然宽阔,故当地人都称这里风水好。俞樾故里南埭圩故居原有一小楼,名"鹊喜楼"。俞樾有诗云:"乌巾山下旧

图 1

居家,鹊喜楼头静不哗。一夜春风吹喜气,迢迢千里到京华。"[4]乌巾山在俞樾故居的背面,相传汉时有酿酒名师乌巾曾隐居于此,故而得名。是时俞樾的父亲俞鸿渐在京任职,故有此句。鹊喜楼屋后有一老树、喜鹊筑巢其上而有此名。俞樾先生当年生于此楼,他将自己生于鹊喜楼有趣地比喻为"喜气降生"。图 1 为俞樾先生

遗像。

　　"俞樾从小由母亲教授四书,请的老师是俞樾祖母戴太夫人的侄孙,每年送给先生的束修费为三个银圆,共读了五年书。"[5]据俞樾《曲园自述诗》记载,他一生所交学费只银圆十五而已。戴先生学问颇渊博,经史子书无不精通,俞樾在这五年的学习中打下了深厚的国学基础。又载俞樾 16 岁时县试中秀才,17 岁至杭州应乡试中式副榜第十二名,至 24 岁(1845)得中举人第三十六名。俞樾 30 岁时又和哥哥俞林同至京城参加会试,结果中试第六十四名进士。[6]俞樾的哥哥俞林后来在福建为官,病逝于 1873 年,已另有传。德清俞氏虽然曾多次迁寓,但俞樾及其子孙仍每每不忘以"德清俞氏"自居,

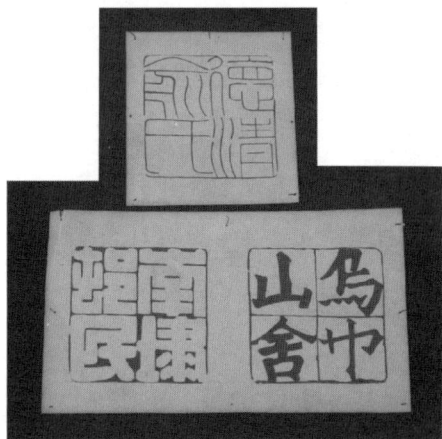

图 2

以志不忘其本,有当年俞樾亲制三枚印章"乌巾山舍""德清俞氏""南埭村民"传家为证(图 2)。

　　目前,德清俞樾故里南埭圩故居虽然早已无存,但当年由俞樾主持建造的四仙桥至今仍保存完整。四仙桥(图 3)的桥柱上镌刻有俞樾先生当年为之撰写的书法对联,因此成了不易抹去的珍贵见

图 3

证。四仙桥初名“普济桥”,清光绪年间重建时由俞樾亲自发起并被众乡亲推举为建桥主持人,将普济桥更名为四仙桥应也是俞樾之意。俞氏自元末曾任提举的俞希贤始迁居德清,至清乾隆年间的俞廷镳和其子俞鸿渐,已出现了至少三位闻人。然不久以后,俞樾本人也将随之仙去。自俞樾早年离开故土,隔半个多世纪后回到故乡内心自然感慨万千,也许这就是当初俞樾发起修桥、撰联,并以“四仙”命名的真正用意。

四仙桥楹联内涵极其深奥,尤其第二联一般不易读懂。第一副楹联第一句中的“轻舟”,应是指一小船。“南北埭”是指当地的两个自然村(俞樾故居地南埭圩,相邻有北埭圩,两村仅一条小河相隔)。第二句“一条横略彴”中的“略彴”,其古意可理解为石或者桥的意思。后一句“青鞵”,应是旧时乡里百姓通常所穿的布鞋或草鞋之类。因此第一副楹联应是对四仙桥的建成、地理环境情况等的描写。第二联上联可解读为:“凭借四仙桥所在的地方和人文历史,已经载入史册,不劳仙鹤前来探访。”下联的意思应是:“四仙桥虽然在这县城的郊外,但却云集了这么多有才华的人,这些人可多是乘坐四匹高车的显赫人物。”[7]

俞樾以清道光三十年(1850)赴京会试中第六十四名进士。后来俞樾由于文字狱而罢官,已成了人所皆知的往事,但对当时的真实情况,可能了解的人并不多。积三十年之心血好不容易进入仕途,却一时成了泡影,使俞樾在精神上受到了极其沉重的打击。在人生的道路上发生了如此突然的重大转折,使他一时不知所措。虽然我们对俞樾当时内心真正的感慨和无奈已很难知晓,但通过对他日后所作并收录在《春在堂》《曲园自述诗》中这首诗的细读,无疑可以有所领悟。

其一:云烟过眼了无痕,归卧乡山好杜门。

万事是非凭吏议，一官去就总君恩。

须知浮世原始梦，莫怪流言太不根。

轩冕山林皆是寄，雪泥陈迹更休论。

其二：使臣两载此停车，奉职何容计毁誉。

竟使流言成市虎，或因明察到渊鱼。

性刚自觉逢时拙，识短难辞虑患疏。

圣主如天无不照，莫将咄咄向空书。

其三：频年鸣肋恋微名，猿鹤应疑负旧盟。

白简忽催人解组，青山早劝我归耕。

版舆安稳迎慈母，治谱循良让阿兄。

更喜山妻诗句好，朝冠卸后一身轻。

其四：归期未定且徘徊，草草移居又一回。

奴辈好随新主去，儿曹仍挟故书来。

短檠三尺贫尤在，敝帚千金愿已灰。

从此江河安我拙，休将旧业问蓬莱。[8]

诗句中不难看出俞樾当时并没有对此事有怨恨，更多的是体现了豁达和开朗。断绝了仕途的俞樾不久后即南归，随着时局相对稳定，在苏州定居下来的俞樾开始逐步走上了著书立学和来往于江浙等地长达半个多世纪的教书育人之路，其中他的

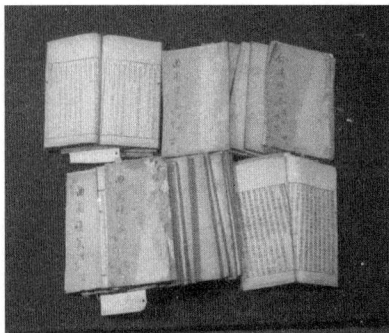

图 4

《春在堂》500 卷传世便是最好的见证。图 4 为德清县博物馆馆藏的部分《春在堂》书籍。俞樾在学术上的成就和贡献，不仅在经学，而且在诗词、戏曲、小说、史志、书法等方面，除此他还对中医也很

有研究。

众所周知,俞樾先生在书法上以隶书最为闻名,但据研究他的行书也很有功力,如保存于苏州寒山寺的俞樾石刻碑文《枫桥夜泊》,便是其人所皆知的传世佳作之一。作为俞樾故乡的德清县非常重视对俞氏文化的保护,当地文物部门历年来对其书法作品等均有所收藏。藏品中不乏俞樾行草兼备的信札手书体、隶书、行书、篆书等手迹墨宝。根据分析,这些书法的创作年代应是在其中年以后相关时期的作品。图5-8为德清县博物馆馆藏的俞樾书法作品。图9为馆藏俞樾早年书写的信札手稿,图10为馆藏俞樾早年行书四条屏。

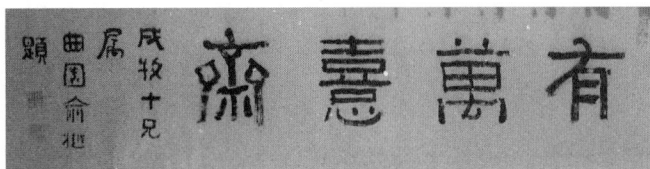

图 5

图 6 图 7 图 8

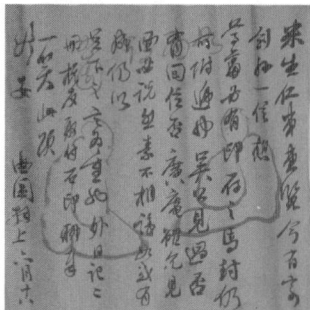

图9

图10

相传俞樾有门徒三千,但他一生到底收了多少名学生,由于限于资料笔者已很难考证,但根据他执教书院的众多和延续时间的如此之长,其门徒三千的说法应是可信的。俞樾弟子除大部分来自国内以外,还有一些是从国外赶来求学的,如日本、朝鲜、越南、泰国、新加坡等。学生中不乏知名人物,如国内著名画家和篆刻大师吴昌硕。近代民主革命家、思想家和国学大师章太炎等均是他的门生。图11为馆藏吴昌硕书法。光绪十年(1884),自俞氏离开故土长达六十余年之久以后,俞樾不忘故土依然陪同孙儿俞陛云回家乡德清参加县试。这应有两个方面的原因,其一,通过这次考试可以起到增加

图11

俞氏后代对故乡的了解;其二,体现了俞樾内心对故土深深的依恋之情。在这次考试中,俞陛云果不出所望中了第一名秀才。俞樾后来以"童孙何敢儒风流,郡试居然第一筹。牵牵老夫心也喜,不辞两月共乘舟"记之。诗中"不辞两月共乘舟"句,应是描写他们当时从苏州到德清的船期,其交通不便,路途之遥远和艰辛应是可想而知。秋天时,18岁的俞陛云又至杭州参加乡试,结果得了第二

名。次年春,俞陛云参加了在京城举行的进士考试,结果因名额已
满而未被录取。光绪二十四年(1898),三十一岁的俞陛云终于考
上了进士,参加殿试后中得第三名及第探花,授翰林院编修。俞陛
云中得探花在家乡德清反响很大而被传为美谈,这是因为当时德
清县状元、榜元、探花皆俱。光绪二十
八年(1902),俞陛云被钦放四川副主
考。民国元年(1912)俞陛云任浙江省
图书馆馆长,民国三年(1914)任清史馆
协修。资料显示,俞陛云在史学研究上
有一定的成就,同时他还写得一手好书
法。德清博物馆收藏了他早年的多幅
作品(图13—15)。俞陛云生有三女一
男,俞平伯是唯一的男孩。图12为俞

图 12

樾、俞陛云、俞平伯祖孙三代人在苏州故居合影。

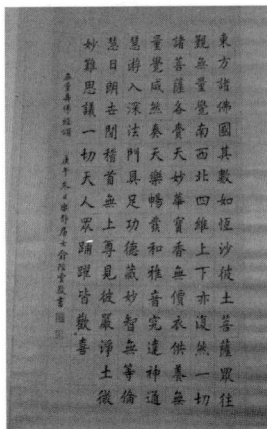

图 13 图 14 图 15

俞氏四世同堂,俞平伯的童年跟随曾祖父俞樾一起长大。有
资料记载,俞平伯幼时每晚由曾祖教学写字,一直至1907年,俞樾
逝世后才终止,时年俞平伯七岁。这张摄于1902年,俞平伯三岁时

由曾祖俞樾携其留下合影,记下了这珍贵的瞬间(图16)。对于这段历史,俞平伯后来以"九秩衰翁灯影座,口摹笤贴教重孙"记下了这段往事。时隔半个多世纪,1987年1月,俞平伯87岁时也仿照曾祖曲园公携曾孙俞丙然照了一张合影(图17)。这件事看似小事,但对于俞家来讲可是意味深长。因为德清俞氏从俞樾至俞平伯以后又连续三代单传。俞平伯生有两女一男

图16

三个子女,儿子排行第三,名润民,化学专业。俞润民生有一男一女,子俞昌实。俞昌实1983年生有一子,名丙然,为俞平伯的曾孙。俞丙然出身的年代,正逢国家推行计划生育政策,但巧的是又赋予了俞氏一个男孩。当俞氏第七代传人俞丙然出生后,俞平伯赋有诗句:"闻得佳儿可象贤,吾家五世尽单传。不虚仙李孙枝秀,六月

图17

秋生字丙然。东涂西抹漫留痕,弓冶箕裘讵复存。八十年中春未老,已延祖德到云昆。"此最后半句,俞平伯借用了曲园公《临终自喜诗》中的原句,但将其中的"傥"字改成了"已",这应是有深意的。他在自注中云:"清光绪丙午(1907年2月5日)曲园公临终自喜诗云:'更喜峥嵘头角在,傥延祖德到云昆'。时衡八令,知期望甚殷,读之感泣,瞬历七十七年,今丙然于公为昆孙,斯言信矣,敬遵原句,得易一字,以完夙愿,亦先人之喜也。"由于有曲园公当年的传家句,俞平伯对改易一字非常慎重,故他特

地写信给老友叶圣陶征求意见。在俞平伯在家书中有句云:"圣翁有书云:'易以'已'字至工切',得老友批准,可喜。"俞平伯对曾孙丙然的降生深感庆幸,他曾这样说:"嗣续是我家的大问题。当我未出生时,曲园公盼之极切,现在轮到我了。"[9]他还风趣地说:"我可以向曲园公交卷了。"[10]俞氏家属几代人均有较深的书法功底,俞平伯也不

图 18

例外。德清县博物馆收藏了他 1938 年 39 岁时书写的蝇头小楷《江南春赋》扇面(图 18、图 19)。此幅书法之精,功力之深,足见其在书

图 19

法方面具有非一日之寒的扎实基础。另一幅楷书《杜老秦州诗》,则是他 1962 年 63 岁时的作品,其浓厚稳重的笔墨之间,无疑显露了俞平伯从中年步入老年的沉稳之气(图 20)。

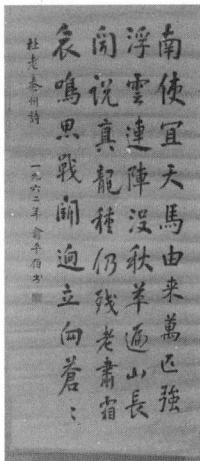

图 20

俞平伯逝世于 1990 年,享年 90 高龄,他有许多同窗好友,其中朱自清和叶圣陶是他一生中最为重要的两位,因为在查阅一些相关的资料时,往往关于他们三人的记录比较多。朱自清,1898 年出生,原籍浙江绍兴,1916 年进入北京大学哲学系就读。俞平伯生于 1900 年,比朱自清小两岁,但他却比朱自清早一年考上北京大学因此高一年级。他俩的大学时代正值我国新文化运动发展最为迅猛的时期,作为时代的青年,他们走在了新文化运动的最前列,并有幸参加了著名的五四运动,在人生的道路上烙上

了永恒的纪念。

1919 年底毕业于北京大学的俞平伯,第一次和同学傅斯年去英国留学。后来由于英镑涨价,自费又尚有不周,故在第二年的 3 月便返回了祖国。1921 年底,俞平伯第二次出国留学。时年 12 月 31 日,朱自清、叶圣陶、许昂若为送俞平伯赴美国,他们在杭州拍摄了四人合影照留念,记下了这珍贵的瞬间(图 21)。图 22 为馆藏早年俞平伯叶圣陶来往信件。

图 21

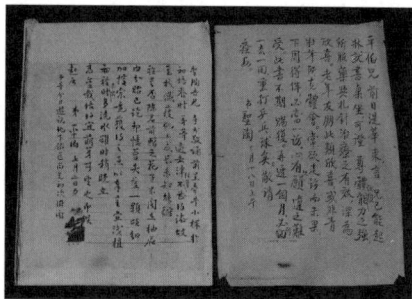

图 22

1924 年期间,经人推荐俞平伯到杭州第一师范学校任教,不料当时朱自清也在那里教书,也许是命运又将他们引到了一起。在浙江杭州第一师范学校俞平伯虽然只教了半年书,但由于他和朱自清共同有着探讨新诗方面的爱好,两人之间的友谊日渐加深。

我国历史上的文化名门世家现象层出不穷,如东汉著名史学世家班彪、班固、班昭家族,宋代著名文学世家苏洵、苏东坡、苏辙家族,明清之际的学术世家万泰、万斯同、万经家族,清代朴学世家王安国、王念孙、王引之家族,等等,近现代则以梁启超、叶圣陶、陈寅恪、齐白石、冯友兰、刘半农、吴祖光、金庸、启功等为代表。这些文化世家在相当长的一段时间里,或在近百年以来,对中国的文化、政治、思想等方面发展起到了不可或缺的推动作用。

德清俞氏文化名门世家以诗文传家,继志述事,代有传人,体现了家学传承的强大力度和特殊性,成了德清县,乃至我国文化史上一道亮丽的风景而备受世人的瞩目。

参考文献:

[1][4]俞樾.春在堂·曲园自述诗[M].1899(清光绪二十五年).

[2]俞樾.春在堂·曲园杂篡[M].1899(清光绪二十五年).

[3][5][6][9][10]俞润民,陈煦.德清俞氏[M].北京:中国人民大学出版社,1999.

[7][8]孙荣华.俞樾与故里南埭圩[N].中国文物报,2005-06-10.

[11]孙玉蓉.俞平伯研究资料[M].天津:天津人民出版社,1986.

原载《文物天地》2008 年第 9 期

1949 年 12 月俞平伯先生被邀参加大众诗歌社成立大会后

留影纪念(前排中为俞平伯)

德清俞氏世系表

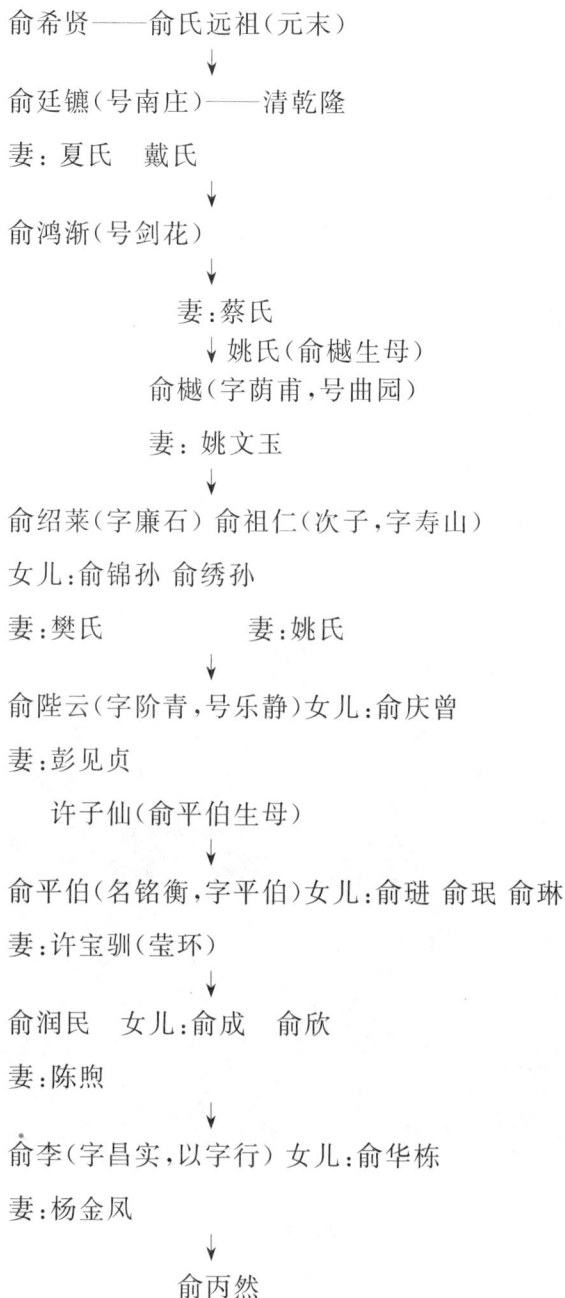

俞希贤——俞氏远祖(元末)

↓

俞廷镳(号南庄)——清乾隆

妻：夏氏　戴氏

↓

俞鸿渐(号剑花)

↓

妻：蔡氏
↓　姚氏(俞樾生母)

俞樾(字荫甫，号曲园)

妻：姚文玉

↓

俞绍莱(字廉石) 俞祖仁(次子，字寿山)

女儿:俞锦孙 俞绣孙

妻:樊氏　　　　　妻:姚氏

↓

俞陛云(字阶青，号乐静) 女儿:俞庆曾

妻:彭见贞

许子仙(俞平伯生母)

↓

俞平伯(名铭衡，字平伯) 女儿:俞珊 俞珉 俞琳

妻:许宝驯(莹环)

↓

俞润民　女儿:俞成　俞欣

妻:陈煦

↓

俞李(字昌实，以字行) 女儿:俞华栋

妻:杨金凤

↓

俞丙然

第六章

基本陈列与藏品研究

见证变迁,质的跨越

——德清县博物馆陈列展览建设综述

德清县博物馆创建于 20 世纪 60 年代初期,是浙江省内较早建立的地方县级博物馆之一。原馆舍位于老县城乾元(城关)镇,总建筑面积 500 余平方米,除办公室和库房以外,展厅面积仅 200 平方米左右。20 世纪 90 年代初期曾举办过"德清县地方史迹陈列展",后来又举办过几期借展性质的临时展览。当时用于陈列展览的硬件和软件设施等均处于相对普通的初级阶段,为观众服务的设施和设备也非常简陋。由于受人力和物力等多方面因素的制约,德清博物馆在建馆以来的四十余年过程中,陈列展览建设方面的发展速度比较缓慢且滞后。

跨入 2000 年以后,在改革开放活力的带动下,德清县各项事业有了很大的发展,人们的精神面貌也有了普遍的改变。在经济建设不断提升,老百姓生活水平不断提高的同时,人们对精神文明建设方面的需求也越来越迫切。近年来,随着县城的搬迁,德清县博物馆新馆建设工程被正式列入了议事日程。2002 年以后,在上级和县委县府等有关部门的关心和重视之下,德清县开始在新县城武康筹建新博物馆。2005 年,一座初具规模的现代化博物馆已经建成。

新博物馆坐落于武康新县城的春晖公园右侧,建筑为主体两层,局部三层结构,占地面积 1 万余平方米。除办公、库房、安全保卫等用房以外,展览区可分两层共三个大展厅,其中临时展厅又可分为两层共近1000平方米。

德清历史悠久,文化底蕴深远,历代名人辈出,素以鱼米之乡、蚕桑之地、文

展览场景之一

化之邦等著称。全县各时期古文化遗存较为丰富,其中马家浜文化、良渚文化、防风传说、莫邪干将、德清窑、范蠡西施、前溪歌舞、武康石、古桥梁与古桥文化、蚕桑与饮茶、孟郊与赵管故事、德清俞氏、钟管傅氏等颇具本地特色,因此无疑是新馆陈列布展内容中的重点和亮点。以上这些具有一定地方特色的内容大多被设计成一定规模的场景形式展示。德清悠久的人文历史发展轨迹有着和其他地方不同的地方特色。小型地方博物馆的陈列展览内容设计无疑在于牢牢抓住突出地方特色这一重点。根据馆藏文物和可利用文物资源等实际情况,同时按照新馆展厅面积和建筑结构,陈列布局分为:序厅(家住吴山越山间),穿越历史的长廊、千年古镇,民俗芬芳、名人荟萃、翰墨书香四个部分。

序厅以大型玻璃雕刻划面为主体,采用块状组合玻璃形式,其内容主要突出本地水乡地理环境特色,集著名避暑胜地莫干山、下渚湖湿地风光,东苕溪、水乡古镇风貌,武康新城等为一体,并配有多块形式多样的文字和图片版面,以及彩色投影、电子触摸屏技术等,形象生动地展示和宣传德清的地理、山川、溪流、物产与资源、风光、人文历史、名胜古迹等。

第一部分"穿越历史的长廊",布置在一楼的大展厅内,其内容主要包含远古德清、防风传说、莫干论剑、舞出前溪、德清窑、武康石、水乡古镇等方面。远古德清场景将设计成立体效果,设雕塑人

物若干,展现德清先民劳动、生活、居住与环境等内容。考古资料显示,德清地区是长江下游马家浜文化的主要分布地之一,县境内分布有较多的这一时期遗址和遗迹,如二都刘家山遗址、上柏大庙山遗址等,文化内涵极其丰富。这一部分大的陈列文物主要由不同形式的釜、罐、鼎、石器、网坠等组成。德清还是太湖流域良渚文化的重要分布地,目前境内发现国家级良渚文化遗址一处四个点,其中雷甸杨墩遗址发现的先民治玉技术颇具特色性。分析表明,雷甸遗址发现的原始制玉工艺技术已具有较高的水平,且在这一地区尚不多见,因此有重要的研究价值。本部分主要陈列德清出土的许多良渚文化器物,如较著名的辉山遗址良渚文化晚期玉琮、木质棺木葬具,雷甸下高桥出土的大型石犁农业生产工具,三合乡等地出土的一些玉管、璧、镯、梳背、锥形器等精美藏品。在场景中还设计了良渚先民人物(雕塑)展示原始制玉流程工序,如取料、切割、雕刻、钻孔等。

据史料记载,德清是史前时期防风古国的活动中心,如《国语·鲁语下》《述异记》等古文献记载:"昔禹致群神于会稽山,防风氏后至,禹杀而戮之……汪芒氏之君也,守封禺之山者也。"多少年来,防风氏当年的治水精神时刻鼓舞着一方土地的百姓创造新的奇迹,然禹杀防风的传奇故事已成了人们不息传延的历史神话。通过与有关专家和学者讨论,本场景将确定采用木偶动画形式,同时模拟治水风声、水声、劳动号子声等音响效果,展现防风氏当年指挥人们与洪水抗争的动感场面,使展览效果更有趣味性。

相传吴越春秋时莫邪与干将的传奇故事,是反映德清古老人文历史的又一重要题材。据传,吴王阖闾曾派干将在德清西部莫干山一带铸剑。干将和妻子莫邪经过不息努力,甚至以生命为代价,终于铸出了符合吴王要求的好剑,并以干将和莫邪名字相命名,世称莫干(雌雄)剑,已成了流传已久的千古佳话。这一题材将设计成莫邪与干将合二为一的特殊雕塑造型,体现了独特的艺术表现手法。

古窑址是德清重要的历史文化遗产资源,它反映了德清古代先民烧窑制瓷的悠久历史和独特的工艺水平。目前,德清地区发现了许多极具内涵,且品种和类型丰富的古窑址,最早可至商周,最迟可达两宋期间。研究表明,德清发现的窑址和古代烧窑技术,有着与其他地区不尽相同的特点,其中以西周、春秋战国、汉六朝、隋唐等较为明显,如早期窑址丰富多彩的施釉方法和技术,器物和品种的多样化,别具一格的窑具和窑具使用方法,两晋时期至隋唐以后黑釉瓷器等。这一部分设计了具有德清窑地方特色的龙窑窑床一处和窑工数人,以及在各窑址中采集到时代和风格各异的瓷片等,展示古窑址依山傍水而建,窑工练泥、成型等制瓷工序。

武康石、古桥梁与古桥文化等也是德清古代历史文化中的一大亮点,其地方特色也颇为明显。目前,在德清县境内共发现始于宋元时期的各类古桥梁 200 余座,且大部分保存完整,有的至今仍在为当地的劳动生产和日常生活服务。研究表明,德清古桥梁以宋元时期最具特色,且自两宋时期起,石梁桥与石拱桥已形成了两支技术相当的发展体系,经历了一个从三国(吴)初创的石梁桥,发展到两宋、元时期梁桥与拱桥各自达到了高潮期,从明清至民国期间逐渐步入了一个相对平稳的发展和演变的过程。德清的古桥梁虽然类型不多,但梁桥和拱桥这两种桥梁类型中的形式却比较丰富,并且结构与风格造型多样,有较高的科研价值和明显的地方特色。宋元时期的桥梁以寿昌桥、永安桥、万安桥等为代表。其中寿昌桥最具特色,其单孔拱桥跨度大,收分技术巧妙出色,具有建造精良、科技含量高等特点,在江南地区实属罕见。新馆建设期间寿昌桥已提请申报批准国家级文物保护单位,11 座宋元时期的古桥梁已被公布为省级文物保护单位,这些无疑将会有效地提高德清古桥梁的整体地位和水平档次。

武康石是德清矿产资源中的特色产品,资料显示,早在唐代时已被广为开采使用,宋元明清诸代江南各地均纷至采办,因此使武康石名声大振。综上所述,德清古桥梁技术的出众无疑应和当地丰富的武康石资源有一定的关系。在陈列场景内容中,这一场景将布置成仿真模拟武康石采石岩遗址,并设计若干人物雕塑做模仿采石、加工等造型的各道工序,还配有音响效果,使陈展效果更趋逼真。展品中还设计了许多武康石模型,如本地的寿昌桥、湖州龙凤对柱、余杭广济桥、宁海安澜塔、江苏无锡二泉螭首、苏州唐五代罗汉院武康石罗汉雕像等。

德清地处江南水乡,自古以小桥流水人家著称,陈列内容中设计了模仿德清东部水乡新市古镇的局部面貌。这一场景被安排在一楼大展厅的末端,其入口正门则采用本地武康桂枝坊仿制模型,显示了独特的地方风格和特色。其内仿真老字号各式店铺,旧时街道、廊巷,饮茶文化、饮食文化、蚕桑文化等一应俱全。

南北朝时期著名的德清人沈约,唐代著名诗人孟郊,元代著名书法家赵孟頫,晚清时期以俞樾为代表的德清俞氏、钟管傅氏、著名画家沈铨等历史文化名人,也是德清县历史文化中重要的特色题材,这些在陈列中也将有较大的比重。这一部分的主题名称为"名人荟萃、翰墨书香",被安排在二楼的大展厅内。

德清俞氏以文化名门世家著称,名人辈出,家学源远。据考,俞氏源于山东,元末时迁居浙江省德清县乾元镇(城关)乌巾山麓南埭圩。从清乾隆年间起,俞氏家族文脉诗风不断,其宗族的延续亦大多为单传,让人颇足称奇,其中俞樾、俞陛云、俞平伯等皆为家族中最为主要的代表人物。在陈列布展中这一内容以展示俞氏三代人为主,其篇幅也较大,上线各类展品达200余件,其中有不少都是俞家多少年来的祖传精品。

　　傅云龙(钟管傅氏),德清县钟管镇尚博(今尚坝)人。光绪十三年(1887),以《记中国自明以来与西洋交涉大略》《铁道论》两文荣登榜首,考取游历大臣,有一定的历史地位和影响力。他先后出使日本、美国、秘鲁、智利、巴西等十一国而闻名中外。这些在陈列中也有详细的展示和介绍,展品中不乏傅氏的许多珍贵原件藏品。在这一部分的内容中,还有唐代诗人德清人孟郊的千古绝唱《游子吟》诗篇也被巧妙展示。除此之外,孟郊与母亲临别,傅云龙、俞樾等则被塑成硅胶人物,形态逼真、栩栩如生。

　　在德清博物馆的馆藏文物中,历代名人字画无论从数量和质量上,在同类县级博物馆中均具有优势。这一部分将会有许多德清历代名人字画或与德清有关的名家收藏品等和观众见面,场景中有许多传世名家精品尚属第一次展出。

　　德清县博物馆新馆陈列布展拟上线文物和各类展品达近千件,不同内容和表达形式的艺术场景近二十个。陈列内容布展形式将采用现代电子和高科技技术与民间工艺传统手法相结合,如智能控制、红外线传感技术、电子触摸技术、多媒体成像技术、无线遥控技术、先进的特殊灯光系统,以及电子安防监控设备等,使陈展设备更趋现代化、手段更具科学性,从而使展览效果更趋人性化和贴近观众,力求老少皆宜、雅俗共赏。

　　德清县博物馆新馆和基本陈列展览建设,是全县历史上迄今为止规模最大、投入最多、功能设施最为齐全、档次和水平最高的重大文化项目,德清县博物馆也是县内目前最为主要的精神文明教育场所,新馆的落成实现了德清县博物馆历史上的一个从低级到高级的跨越。德清县博物馆的建成、陈列布展工作的完成和对外开放,可以通过先进和科学的展示手法宣传德清悠久的地方人文历史、文物史迹,丰富多彩的江南地方民俗文化特色等,对于提高广大人民群众爱祖国、爱家乡的热情,推动德清地方各项事业的全面发展,乃至浙江省地方博物馆总体水平的提高等,有积极的作用和深远的意义。回首往事、见证变迁,使我们每一个博物馆人无不深有感触,同时也对未来充满着信心和希望。

原载《浙江文物》2005 年第 3 期

德清县民间收藏展先秦陶瓷器鉴赏及其文物保护与管理浅谈

　　2009 年 12 月,浙江省德清县博物馆举办了一届以文物古董为主的民间收藏展。展览历时一个多月并取得了圆满成功。本次展览共征集到各类展品 300 余件,其中可分为玉器、字画、陶瓷器、金银铜器、钱币、杂项六个方面,展品中有不少为精品。笔者通过举办这次展览活动而有所感想,现选择若干件先秦时期的陶瓷器进行介绍并鉴赏,同时就地方公办博物馆与民间收藏,及其文物保护管理和文物利用等相关问题做一些初步的探讨。

一、民间收藏展文物鉴赏

(一)马家浜文化时期红衣陶器

　　两件马家浜文化时期陶器保存非常完整,在器物表面和镂孔内发现了沙子干结成硬块状的遗迹。据了解,这两件展品是一村民在沙层中出土后出让给参展人的。

　　1. 夹砂黑胎红衣陶豆(图 1)

　　夹砂黑胎红衣陶器。素面,直口,腹略斜内收,腹中部设一道弦纹,腹与足的连接处设一圈小镂孔纹饰。高弧圈足、底外撇,足中部设 7—8 道弦纹。高 14 厘米,口径 26 厘米,足高 7.3 厘

图 1

米,底径 18 厘米。此器胎黑但外表略呈褐红色,除腹部一圈弦纹、腹和圈足处设镂孔纹外,其余均素面。器物体形硕大,保存基本完整。

2. 夹砂黑胎红衣陶盆(图 2)

图 2

夹砂黑胎红衣陶器。素面、敞口、弧沿,折腹内斜收,小环底,形如现代铁锅状。口沿一圈呈弧形状且略比器壁的胎厚,沿宽 3 厘米。口沿靠外侧处分设三个 3 毫米直径的镂孔,且设孔眼处略外凸。其中一个孔眼下端的沿内另见有两个同样大小的镂孔,与上端一镂孔正好呈三角形。整器共 5 个镂孔。高 9.5 厘米,口径 30 厘米,口沿宽 3 厘米,(圈)底径 9 厘米。器物通体素面,表面处理如现代铁锅一般,其色呈褐红、打磨光滑、形制规整、保存完整。

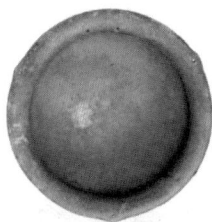

图 3

通过专家组鉴定,上述两件陶器均为马家浜文化时期的真品。豆的口径达 26 厘米,呈浅盘宽沿高圈足状,器物看上去虽然比较粗糙,但表面则光滑无比、不吸水,保存良好。从其造型、质地、镂孔纹饰等观察,具有马家浜文化陶豆特征。通过对比,这件豆和 2009 年 12 月在浙江嘉兴市博物馆举办的"马家浜文化考古成果展"上展出的一件豆(图 3),在形制上大致相同。资料显示,马家浜文化陶豆往往以器形硕大和制作工艺独特等特点而著称。据 2009—2010 年浙江省文物考古研究所对浙江嘉兴马家浜文化遗址考古获悉,出土了一件堪称"豆王"的陶豆。这件豆的口沿直径达到了 34 厘米,高 20 多厘米,是马家浜遗址迄今为止发现最大的陶豆。

通过对比,图 2 与 1985 年在江苏
常州圩墩马家浜文化遗址出土的红衣
陶盆(图 4),从器物形制、风格、质地和
外表着色等方面基本一致。这件盆高

图 4

10 厘米、口径 31.5 厘米。泥质红衣陶,敞口,折腹,环底,里外均施
红色陶衣,口沿一侧有两个镂孔。器物形制规整,打磨光滑。2009
年 12 月,浙江嘉兴市博物馆举办的"马家浜文化考古成果展"上展
出了一件陶盆(图 5)。通过对比,这件器物在质地、风格、造型等方

图 5

面与图 2、图 4 也大致相同。在图 5
这件器物的口沿一侧见设有两个
镂孔,其表面处理和上述两件也基
本一致。上述三件陶盆,除了具有
相同的风格特征以外,在器物的腹
部以上、接近口沿处均设有大小一

致的镂孔特征也一致,只是每一件的镂孔数量不一样,其中图 2 最
多共有 5 个镂孔,图 4 和图 5 各为 2 个。通过推测,认为这些镂孔
应是穿系绳子用于吊挂,或安装木柄之类作为使用时的握手等
而设。

马家浜文化是我国新石器时代晚期的一支具有地方区域特色
的史前文化,主要分布在长江中下游地区的江浙沪地区,陶器主要
为红陶、以外红里黑或表红胎黑的泥质陶为主要特色。此类陶器
在考古界通常被称为红衣陶而得名。通过对马家浜文化陶器的分
析,其制作应是采用了不同的烧制方法和工艺才完成的,表明当时
的制陶技术已达到了一定的水平。资料显示,我国新石器时代时
期陶盆与陶钵,在造型上具有一定的相似性,但是在用途和功能上
可能有所区别,而钵的腹部往往会较深、盆的腹部要显得略弧。目

前所知最早的陶钵,"见于浙江河姆渡文化考古出土,其中腹部分别刻猪纹和稻穗纹的两件最具时代和文化特色,是河姆渡文化陶器中的精品"。[1]

豆是新石器时代晚期最为主要的器物之一。考古资料显示,豆这类器形在浙江的河姆渡文化和马家浜等文化考古中均有发现。资料和研究表明,豆的发展经历了从陶质到瓷质的演变过程。商周时期出现了质地为青铜的豆,除此还有木质豆、玉质豆、漆器豆等。资历料显示,豆之器形的演变也是随着时代的不同而不断发生着变化,一般从豆把的形制和高低上可以区分出其文化特征和时代的早晚并系。在器形上,其腹部有深和浅,包括折腹和直腹等,都能体现出豆的时代和文化特色。有些豆通体素面,有些则镂空或有纹饰,等等,体现了豆器形在我国原始社会时期的多样性和丰富性。

德清县位于浙江省北部,是马家浜文化的主要分布区之一,通过历年来的文物普查,目前已发现了多处内涵丰富的遗址。20世纪90年代后期,浙江省文物考古研究所曾对本县三合乡刘家山马家浜文化遗址进行了考古发掘。出土了许多典型器,其中"牛鼻式耳腰沿釜"(图6)是其中最为主要并最具特色的一种。

图6

(二)商周时期的原始瓷器

原始瓷器及其文化,是德清地区最为重要的历史文化遗存之一。本次民间收藏展征集到的原始瓷展品共四件,其中罐和鼎各两件。这些展品不仅保存完整、器形独特,而且规格之高为以往所不多见,因此引起了专家组的重视。据了解,这些原始瓷器是分别由参展人在浙北和浙南两个地区购得。

1. Ⅰ式原始瓷龙头把罐(图 7)

原始瓷器。黄褐色胎,通体内外均施酱褐色釉。口呈子母口状,直斜肩至底略鼓,圈足。自肩部至腹部饰有由 3—4 条细线为一组的五道弦

图 7

纹,弦纹间饰有由 5 条细线为一组的水波纹各一圈。器把呈 S 状的龙头形,置于器物的肩腹部处。把头做成中间一条垂直线的似几何形象形兽面状。把身正面有三式纹饰,其中上下为一式的斜线形方格纹,并间饰小圆圈纹,中间一式则饰斜方格纹。圈足、底内凹,底内釉面呈凝釉状。在器物的肩部处见有积釉状。通高 19.5 厘米,口径 8 厘米,腹径 17 厘米,圈足高 1.5 厘米,底径 14 厘米。器物制作比较规矩,保存完整。

2. Ⅱ式原始瓷龙头把罐(图 8)

原始瓷器。淡黄褐胎,淡黄褐色薄釉。敛口、似子母口状,鼓肩直腹、平底、底面置三个圆形支钉为足。腹中下部设垂直线条状纹一圈,肩至腹中上部置 S 形龙头形把,龙头正面饰一对圆圈为兽目,把身除中段

图 8

处饰三道横线纹以外其他均素面。除器表通体施釉,器物口沿内亦见有施釉。通高 14 厘米,口径 5.7 厘米,腹径 12 厘米,底径 11.5 厘米。釉面略有剥落,制作规矩,保存完整。

3. Ⅰ式原始瓷兽面鼎(图 9)

原始瓷器。淡黄褐胎,淡黄褐色薄釉。兽面呈大八字形,且自上至下呈外弧撇至鼎的口沿。平口、直弧腹、下斜收成环底,底面置三个兽形足。

图 9

口沿后端中间设有高出口沿的兽尾。口沿下略内收,其下对称附一对呈 S 状长方形仿青铜器式耳。腹中间饰两圈为一组的云纹一圈,其下表面饰斜线纹的凸线条一圈。通体内外均施釉。通高 12 厘米,兽面高 5.5 厘米,口径 12.5 厘米,腹径 12 厘米,足高 4 厘米。器物制作规矩,釉面稍有剥落,保存完整。

4. Ⅱ式原始瓷兽面鼎(图 10)

原始瓷器。褐灰色胎,灰褐色釉。兽面呈小八字形、自上至下略呈外弧至鼎的口沿。平口、中间略内凹、直弧腹、下斜收成圜底,底面置三个兽形足。口下、腹之上部对称附一对略呈 S 形的长

图 10

方形仿青铜器式耳。腹中部设两道略凸出表面的粗弦纹。通体内外均施灰褐色釉,并见有局部凝釉状。通高 9.5 厘米,兽面高 3.5 厘米,口径 8.5 厘米,足高 2.8 厘米。釉面未见脱落,制作规矩,保存完整。

通过专家组鉴定认为,上述原始瓷产器均为商周时期的真品。图 7 和图 8 两件原始瓷把罐,从它们的造型、制作风格、工艺,以及釉色等方面观察,有着明显的不同。在胎质方面,前者比后者略显粗糙,且胎色略显深。在施釉方面,前者可为酱褐色厚釉,后者为淡黄褐色薄釉。从图 7 施酱褐色釉和腹部

图 11

的细弦纹间水波纹,器把正面的斜线形方格纹相间,并中间饰小圆圈纹和圈足底内凹等特征分析,同时通过与当地“西周时期独仓山(德独 D3M1:3,图 11 尊)西周早期”[2],“(德独 D2M1:1,图 12A 型罐)西周中晚期土墩墓”[3],以及“[德清火烧山窑址 T0403(9):3,

图 12

图 13 鼎]西周晚春秋早期"[4]二式鼎的釉色一致。据此推断,图 7 的时代应和德清火烧山窑址的第一期相当,即西周晚至春秋期间左右。图 8 的原始瓷把罐,其本地区战国时期原始瓷的特征比较明显。观察其器形、胎质、釉色、工艺等,与德清战国亭子桥窑址出土的标本相比较完全一致,同时又与中国余杭江南水乡博物馆收藏的战国原始瓷把罐(图 14)一致。为此,我们将图 8 的时代定在和德清战国亭子桥窑址年代相当。值得一提的是,这件原始瓷把罐,其兽面上饰有一对圆形兽目,为同类型器物中首次发现,体现了明显的特殊性。通过这件原始瓷 S 形把罐的装饰工艺与造型,找到了 S 形把是争对龙(兽)形的想象而设计的证据。虽然图 7S 形把罐兽头部分的设计也颇为生动,而且把身纹饰也比前者较烦琐,但是相比于图 8,由于缺少了兽目,因此还是认为稍有逊色。

图 13

图 14

图 9 和图 10 两件均为原始瓷兽面鼎,但通过对它们的胎、釉,以及制作工艺和手法等方面观察,两者之间存在了明显的差异,因此,应存在制作工艺、胎釉料,以及产地等方面不同的因素。图 9 与图 8,据了解是出自同一个墓葬,根据观察和分析应可信,时代也应相同。由于图 10 原始瓷鼎在制作风格、工艺和用料等方面,与图 9 存在区别,因此专家组对其进行再三仔细地观察和鉴别后认为,首

先认为它是一件真品,再结合这件器物上的特点,认为其年代应晚于图9,约在战国晚期之际,所以均属于先秦时期的产品无疑。最后专家组一致认为,上述原始瓷器制作精良,保存完整,时代特色和文化特征明显,是不可多得的珍贵资料,对于研究先秦时期原始瓷的制作工艺、胎和釉,及其产地等相关问题具有一定的借鉴作用。

研究表明,相对于陶器而言,原始瓷已经有了质的进步,它的出现对于提高当时人们的生活质量,以及社会的变革与发展等,具有重要的划时代意义。资料显示,和陶器相比,原始瓷胎的用料有所不同。用瓷土作为原料和烧成温度的提高,使原始瓷器物不吸水或基本不吸水。资料显示,大部分原始瓷器往往器物内外均施釉。早期原始瓷在选料和胎土的淘洗上由于不够精细,且有些还有杂质存在,因此一些器物烧成后尚会出现气泡,而且胎釉结合也不够紧密,有脱釉现象。在制作上,由于早期以泥条盘筑法为主,使器物的成型不够规整。春秋至战国期间出现了轮制法工艺,因此这一现象则得到改观,器形也有了增加。原始瓷器釉色颇丰,目前在德清地区发现,主要有青、青黄、青绿、黄绿、绿褐、茶黄等。在德清西周晚至春秋的火烧山原始瓷窑址地层中,发现了施褐黑釉、近似黑釉的产品标本(图15)。原始瓷的常见纹饰主要有方格纹、篮纹、叶脉纹、锯齿纹、

图 15

弦纹、席纹、云雷纹、绳纹等。在德清西周晚至春秋的火烧山窑址中发现了变体勾连纹、变体云纹、堆刺纹等其他地方不多见的纹饰。原始瓷器形主要有豆、鼎、尊、罐、盘、豆、盂、碗、盉、甬钟等。在德清西周晚至春秋战国原始瓷窑址中发现了筒形卣、鼓座、鉴、

烤炉、镦于、镇等器形(图 16、图 17),因此极大地丰富了原始瓷的产品和内涵。图 18—26 为德清地区土墩墓出土的部分西周晚至战国时期的原始瓷器。

图 16　　　　　　　　图 17　　　　　　　　图 18

图 19　　　　　　　　图 20　　　　　　　　图 21

图 22　　　　　　　　图 23　　　　　　　　图 24

图 25　　　　　　　　图 26

从近年来对浙江省北部以德清为中心东苕溪流域原始瓷窑址考古证明,其资料非常丰富,从制胎、釉料、器形、窑炉技术等方面均有了新的发现。目前这一地区已发现了从商代至战国的原始瓷窑址共达60多处,这些珍贵的资料对于探索我国瓷器的起源、古代窑系的形成、原始瓷的发展和演变等具有重要的作用与意义。虽然由于以上这些民间收藏品,缺失了考古发掘过程中重要的第一手出土资料,因此会造成其在研究价值方面的有所降低,但是这些器物具备了保存完整、制作工艺和手法高超,器形独特、时代和文化特征明显等特征,蕴含有重要的文物和历史信息,并具有重要的研究和借鉴作用等特点。如何保护好这些珍贵文物,让它们和博物馆的馆藏文物一样发挥出各自应有的作用,是一个值得我们共同深思的课题。

二、国家公办博物馆与民间收藏

(一)民间收藏现状与前瞻

民间收藏是人类保存历史文物、传承文明的重要力量,是我国文物收藏的重要组成部分,同时也是国有文物收藏和保护的最好补充。如何合理利用和有效管理民间收藏文物,是我国目前在新的历史条件下文物保护工作的延伸,对于保护文物和利用文物为当代社会服务具有重要的意义。中华人民共和国成立后,特别是改革开放以来,民间收藏逐步走向了寻常百姓。由于收藏界有尚古的传统,因此人们往往会将收藏与“古董”联系起来。现代社会的民间收藏有非常广泛的取向,它可以是和我们日常生活息息相关的小到烟标、连环画、车模、老玩具、各类票证、衣服标签,甚至可乐瓶子,等等。随着社会发展、时代进步,人们思想观念的不断提升,收藏的主题和内涵也应当相继发生变化,因此民间收藏的良好前瞻无疑会带给我们乐观的期待。

虽然新颁布的《中华人民共和国文物保护法》对民间收藏文物有了明确的规定,从法律上肯定了民间收藏文物的合法性,同时还规定了民间收藏文物的正规途径、流通等。但是由于缺乏更加详细的管理细则,随之出现的问题也不少。比如一些个人私下盲目收藏、赝品充斥导致欺诈活动屡屡发生,由于文物资源紧缺而诱发盗挖以及走私等违法犯罪行为的发生。目前就业的严峻和失业率的提高,也应是造成文物收藏和经营业被看好的主要原因之一。由于文物本身的珍贵性、稀有性、高价值性等,因此造成了一些人追逐和占有利益,随之出现了好古者、淘金者、商人、老板等对文物收藏抱有浓厚兴趣的群体,因此文物保护的形势会变得更具严峻性。

(二)民间收藏文物保护、利用与管理

在当前民间文物收藏业比较活跃的情况下,如何使民间收藏及其文物保护处在有效管理的状态,各地文物部门和地方博物馆应当发挥一定的作用。以市县级为例,博物馆是当地唯一具有专业收藏资格的国有全民事业单位,其业务和工作内容主要是以收藏、宣传展览、保护和研究等,因此在业务范畴上应当有义务和责任对社会上的民间收藏活动进行业务上指导、管理和政策上的宣传。

通过举办民间文物收藏展等一系列活动,不仅可以提高广大收藏者和人民群众的收藏乐趣,还可以给大家提供一个可以广泛交流和相互学习的平台。另一方面,举办民间收藏展是一个能将流散在民间的文物汇集起来的有效途径,进而博物馆可以掌握到民间收藏文物的一些相关数据和资料,包括文物收藏品的数量、种类、详细尺寸、保存状况,以及藏品的真伪性,等等。由于举办民间收藏展必须执行规范和严格的藏品登记制度,包括藏品名称、时

代、数量、质地、收藏人、保存情况、联系人电话等,因此对于进一步管理和跟踪这些流散在社会上的文物会起到重要的作用。在办展活动中,可以通过评奖制度对一些优秀展品进行奖励,还可以将展品制成图册进行宣传和分发,对于扩大社会影响和提高收藏人员的积极性意义重大。虽然民间收藏的文物具有杂、散、乱,大多数缺乏流传有序和详细的出土资料等特点,但这应与民间收藏品的来源地广泛,并往往"居无定所"有关。通过举办民间收藏展所建立的数据库,可以对这些流散文物在信息上有所掌控,为进一步管理这些文物收藏品打好基础。

博物馆在参与地方民间收藏的相关活动时,可以尝试制订民间收藏文物管理和跟踪制度,尤其是对一些有重要价值珍贵的文物。其他还可以采取定期召集当地的收藏爱好者,以及普通百姓参加的专业知识和法律知识讲座等方法。通过这些活动,一方面可以及时了解到当地民间文物收藏的动态,另一方面还可以和民间收藏者联络感情,增强民间收藏者与博物馆双方的信任度。在此基础上,文物管理部门还可以获取通常不容易掌握的一些关于文物保护方面的信息,为处理和保护文物赢得时间和主动。

众所周知,即便是同一墓葬出土和同一时代相同的每一件器物,只要你仔细观察,它们都会显示出不尽相同的器物特点和特征,因此每一件文物都会蕴含着不同的制作工艺、装饰、器物造型等方面的珍贵信息和资料,无疑大多数民间收藏品也都具有相同的特性。因此,通过举办民间收藏展获取的文物藏品信息,可以与当地博物馆的藏品和资料进行比较研究,取长补短。

以上仅仅是笔者的一些个人感想和体会。诚然,如何做好这项工作,还需通过不断地实践和摸索来积累经验,使流散在民间的文物同样能发挥出应有的作用,促进国有文物管理和民间文物收藏的有机融合,努力为做好文物保护工作开创一个新的局面。

参考文献:

[1]河姆渡遗址博物馆.河姆渡文化精精粹[M].北京:文物出版社,2002.

[2][3]浙江省文物考古研究所,德清县博物馆.浙江德清县独仓山及南王山土墩墓发掘简报[J].考古,2001(10).

[4]故宫博物院,浙江省文物考古研究所,德清县博物馆.德清火烧山原始瓷窑址考古发掘报告[M].北京:文物出版社,2008.

原载《收藏界》2010 年第 9 期(总第 105 期)

珍贵的越国文化青铜礼器——权杖

2003 年 4 月下旬,浙江省德清县洛舍镇的一位村民向县博物馆提交了一件非常精致和不多见的青铜器。这件青铜器分上下两节,上节长 28 厘米,下节长 30 厘米,总长度为 58 厘米,直径 4 厘米,节内为空心,壁厚 0.2 厘米。通过鉴定,专家们一致认为这种器形应属于古代的青铜权杖。专家们还认为,这种器物的上节应称为杖首,下节应叫作杖镦,而杖首与杖镦之间原来应有木质等有机物柄相连接,然后成为一件整体的权杖,其总长度应在 100 厘米左右。通过观察,权杖的杖镦底端与杖首顶部,分别各塑有跪坐状人像一尊。根据造型,杖镦人像秃发、头形圆阔,双目圆睁、目光有神、面带笑容,双耳垂肩、耳垂皆孔,左右手臂弯曲呈弓形,右手在上左手在下。杖镦人物大腿部正面饰三道横向且有一定间隔的阳刻粗线条纹;臀、胸、背部表面则阴刻直、弧、折、圆线相组合并极具时代风格的图案纹饰。杖首人像整体素面,秃发、头形圆阔,面带笑容、双目圆睁、目光有神,耳部省略,左右手臂弯曲呈弓形,右手在上左手在下。另可见在杖镦一节处设有一棱角的素面凸节一圈,另还饰有一圆形、两端锯齿纹收口、中间蟠虺纹的凸节一圈为组合。杖首一节处也饰有一棱角素面的凸节一圈。另在杖首顶端人像的头顶连铸有一表面饰交错状细旋纹的圆柱体管状物,上端似另有铸饰物,但可惜已朽而不可辨,器物保存基本完整。

这件权杖的出土地是在浙北地区，是目前的德清县与湖州市吴兴区相交的北界处。根据当时的古地理环境和时代背景，这里曾是春秋战国时吴国与越国的交界地，当时由于战争的原因，两国之间疆界的划定也时有变化，因此具有重要的地理位置因素，而这件权杖的出土更是这段历史的最好见证。这件器物应为当时越国在浙北地区一部落的族长或部落首领佩带或者行使权力的实用礼器。每当部落内举行活动时，长老便手持其杖，作为权力拥有的象征，同时也显示了持杖人在部落内具有至高无上的威严。但是，专家们进一步认为，此种权力拥有的象征应不包含军事方面的意照。按照器物本身的造型与纹饰等特征，专家们最后将其定名为"人首青铜杖"。

原载《中国文物报》2003 年 6 月 18 日

马家浜文化腰沿釜

——德清原始先民繁衍生息的宝贵见证

　　德清县位于江南著名的杭嘉湖平原,这一带地理环境优越、交通方便、气候宜人,是我国长江下游新石器时代马家浜文化的重要分布区。1999年因杭宁高速公路建设,浙江省文物考古研究所会同德清县博物馆,对位于德清县三合乡二都的刘家山马家浜文化遗址进行了抢救性考古发掘。刘家山遗址的文化遗存相当丰富,其中出土的夹砂黑胎红衣陶釜是最为主要的珍贵文物之一。这件陶釜高50余厘米,整体呈喇叭口下斜收、平底的筒状体。器物的腰部设有一圈凸出于表面的沿层,且在上部中部和底部分别设若干"牛鼻"式造型的系耳为主要特色(图1)。故有学者称它为"牛鼻式耳腰沿釜"。

图1

　　考古资料显示,在我国的原始社会时期,如釜、鼎等均为陶质,属于日常生活中的炊具,使用时或置于炉灶之上,用来煮、炖、煎、炒食物。研究表明,我国新石器时代的釜与鼎等炊具可视为是现代铁锅的前身。通过对史前葬俗资料研究,有专家则还认为它可能是一件当时用于埋葬婴儿尸体的葬具——"瓮棺葬"。与这件陶釜造型相同的在以往的考古发掘中尚不多见,它不仅器形硕大,而且制作精良,造型独特,保存完整,时代特征明显,体现了当时制陶工艺的较高水平。对于研究我国新石器时代人类的文明进程、社会活动等具有重要的意义。也是距今约 6000—7000 年前,先民们开始在德清的土地上繁衍生息、创造历史和史前文明的珍贵实物见证。

　　马家浜文化主要分布在太湖地区,最早因浙江嘉兴马家浜遗址发现而被命名。据碳 14 和热释光的年代测定,马家浜文化年代约始于距今 6000—7000 年前,然后发展为崧泽文化(距今约 4900—5800 年)和后续的良渚文化(距今约 4150—5250 年)、马桥文化(距今约 3000 年左右,相当于夏商时期)。马家浜文化及其后续文化的发现与确立,表明了位于我国长江下游太湖地区的新石器时代文化源远流长、自成体系,并具有鲜明的地域特色,也证明了长江流域和黄河流域同是中华民族文化起源的摇篮。

　　原载《今日德清》2012 年 2 月 24 日《灿烂的德清历史文化》专版首刊

春秋越国礼器
"人首青铜杖"收藏记

2003 年 4 月 22 日，一个暮春时节的上午，天空正下着蒙蒙细雨。德清博物馆老馆（乾元镇淡家弄 33 号）的所有同志由于天气连续阴雨而各自在办公室进行资料整理。约上午 9 点时分，从楼下传来"咚咚咚、咚咚咚""有人吗？请开门"的声音。当工作人员打开大门时，只见两位农民模样的中年人，其中一位年纪略轻，手中捧着一个用报纸包裹好的东西，神情略显紧张地说："请你们看看这是样啥东西好吗？"博物馆经常会出现类似的事情，和往常一样，"好吧！请你打开来看看吧！"工作人员说。当物品露出"庐山真面目"时，眼前顿觉一亮，大家的眼光立刻被吸引住了。于是专业人员立刻将东西接过来再看个仔细。根据器物的造型、表面包浆等，这应是一件出土不久的青铜器文物。若判断不误，那么这千载难逢的事真的让我们给遇上了，大家内心的喜悦与激动已心照不宣。据当事人讲述："东西是从武康龙山家里房屋旁边自家山地上挖出来的，因为不知道是啥东西，所以今天来交给你们博物馆识识看。"由于馆藏青铜器及可对比资料的匮乏，说实话当时我们对于这件"不速之客"的名称、用途等均比较茫然。那么它怎么会来到他俩的手上呢？会不会有什么意外，或发生了文物被盗挖等隐情呢？情况的扑朔迷离使大家谁都不敢凭空妄断，因此内心的压力与不安也油然而生。经过短暂的紧张与平静之后，馆领导决定立即向省文物局汇报。在我们的催促之下,当事人又进一步讲述了发现和得到这件东西的经过,并说可以马上带我们到现场去实地察看。诚然,如果一件出土文物缺失了详细的出土地点,那么它的实际价值就会伤失大半。因此,当务之急是立即会同专家去现场进行调查。向省里请示汇报的电话打出不多久,专家们的汽车就已经来到了德清。时不我待,一行人立即驱车用最快速度赶到了这件青铜器的出土地,对现场进行了详细的调查。

这件器物可分为杖首、杖身和杖镦三部分。其中杖身为木质(出土时已朽),杖首长28厘米、銎径4.0厘米、厚0.2厘米;杖镦长30厘米、銎径4.0厘米、厚0.2厘米。杖首和杖镦皆中空,总长度58厘米。杖镦底端与杖首顶部,分别各塑有跪坐状人像一尊。杖镦人像,秃发、头形圆阔,双目圆睁、目光有神、面带笑容、双耳垂肩、耳垂皆孔。左右手臂弯曲呈弓形,

权杖杖镦正面人物纹饰

右手在上左手在下。人物大腿部正面饰三道横向,且有一定间隔

权杖杖镦背面人物纹饰

的阳刻粗线条纹;臀、胸、背部表面则阴刻直、弧、折、圆线相组合并极具时代风格的图案纹饰。杖首人像,整体素面,秃发、头形圆阔,面带笑容、双目圆睁、目光有神,耳部省略,左右手臂弯曲呈弓形,右手在上左手在下。杖镦处设有一棱角素面凸节一圈,和一圆形、两端锯齿纹收口中间蟠虺纹的凸节一圈为组合。杖首造型除增加了一棱角素面凸节一圈,其

余与杖镦皆一致。杖首顶端人像的头顶连铸有一表面饰交错状细旋纹的圆柱体管状物。器物保存基本完整。

　　根据器物的造型、表面纹饰，并结合以往相关资料，专家们最后一致认为它是春秋晚期越国文化的产物——权杖。又按照权杖上下端皆塑有人形像等特征，定名为"人首青铜杖"。专家还说，权杖的杖首与杖镦之间应有木质柄相连，它的整体总长度应在 100 厘米左右。由于木质柄已朽，目前我们所看到是为两节，因此一般人认为它可能曾被折断，其实不然。关于它的用途，专家们认为它应是当时越国北部德清地区之边陲部落族长或者首领级人物佩带和行使权力的青铜礼器，但它应不包含军权。资料显示，中华人民共和国成立后在浙江省内曾发现过两件类似的器物，除 1990 年绍兴县漓渚镇中庄村

绍兴出土权杖杖镦

出土过一件，吴兴区埭溪也曾发现过一件（仅杖镦），德清发现的为第三件。绍兴出土的权杖，杖首顶端栖一鸠鸟，故名"青铜鸠杖"。经鉴定时代为春秋，国家一级文物。杖首高 26.7 厘米 杖镦高 30.6 厘米。通过对比，两件器物在总体形式和造型及结构和长度上基本相似，但也有一定的区别，绍兴出土的无论人物、鸟形等的创作手法皆属于写实，且栩栩如生。德清出土的这件则表现了一种比较抽象的效果，如人物脸形和五官等皆线条轮廓，其中杖镦人像表面纹饰颇具特色，不仅布局合理有章，而且线条阴阳兼备、时而蜿蜒、时而曲折，具有明显的时代特色和越文化的传统风格，体现了越国青铜权杖丰富多彩的文化内涵。

　　考古资料显示,权杖的渊源可上溯至遥远的新石器时代时期。国外的古埃及等地在距今约 5500 年前是权杖出现的最早年代。国内则最早是在甘肃、陕西、新疆等西北的游牧民族地区发现了一些"权杖"头,据测定其年代也在距今约 5500 年前。我国四川广汉商代三星堆金沙遗址中曾发现了一件质地为黄金的"权杖",这在国内和世界上尚属首次发现。研究表明,我国先秦时期的大江南北地区,已普遍出现了权杖这种主要用于安邦治国的礼器了,越国自然也不例外。资料显示,权杖也作"鸠杖",在古代还是一种用于尊敬老人的特殊物品。在《吴越春秋》中有这样的记载:"吴王得葛布之献,乃复增越之封,赐羽毛之饰、机杖、诸侯之服。""机"通"几",是矮或小的桌子,古代老人居则凭几,行则携杖。吴王赐越诸侯机杖,这说明封以侯位者,可授予机杖。战国至秦汉年间的《礼记·王制》书中也有讲述:汉代时有规定,老年人 50 岁便可以"杖于家",60 岁可以"杖于乡",70 岁可"杖于国",80 岁可"杖于朝"等。在那个时候,规定凡 70 岁以上的老人,当朝政府都会给他们发一根"鸠杖",并根据官位品级等的不同,分为青铜杖、玉杖、银杖和金杖不等。老人们领到了"鸠杖",就等于得到了一张如当今的"老年证"一样,而且拄着"鸠杖"出去是一件挺自豪的事情,因为人人都得尊敬他。除此之外,还会给这些老人发些粮食等物品,以体现国家对老人的关爱和尊敬。

　　另据记载,用鸠鸟的原型作为杖首的装饰,是因为有鸠这种鸟吃东西不咀嚼而直接下咽的传说,这说明它的消化系统好,身体也肯定好。因此杖首饰栖鸠鸟,也是希望老年人身体健康长命百岁的一种祝福和象征。如上所说的"鸠杖",虽然不能与用于国家统治阶层的高规格礼器,如三星堆出土的既是人世间的王权,又被赋予着宗教的神权、政教合一的象征和标志的金质权杖同日而语,但是它们之间的渊源关系应是毋庸置疑的。

春秋战国时期的《考工记》，相当于现在的工具书。书中将青铜器分为六种不同的含锡量，称为"六齐"。分别是：钟鼎之齐六分其金而锡居一，斧斤之齐五分其金而锡居一，戈戟之齐四分其金而锡居一，大刃之齐三分其金而锡居一，削杀矢之齐五分其金而锡居二，鉴燧之齐金锡半。书中所载的金，指的是纯铜，金和锡的化合称锡青铜，也就是我们通常所习称的青铜器。综上所述，古代青铜器根据器物用途的不同，其铜锡的配比也是各异的。德清地区位于江南长江下游地区，这一带四季分明、气候条件相对比较潮湿。这件青铜器历两千多载至今仍不朽实属罕见，专家们对它的精湛工艺和保存完整等均赞叹不已。我想这应与古越人掌握了合理的锡铜配比，和精湛的青铜器熔铸技术有关。这件青铜权杖器形规矩、造型完美、制作精良，从一个侧面体现了当时越国青铜器高超的铸造工艺和水平，闻名于世的越王勾践青铜剑复合铸造技术，更是这一辉煌历史重要的不朽见证。

这件"人首青铜杖"的出土地点，是在德清县境北界与湖州市城郊吴兴区的接壤处。史料记载，春秋战国时这一带曾是"于越的北陲、句吴的南疆"，因此地理位置十分独特和重要。而这件越文化青铜权杖的出土和发现，无疑是这段特殊历史的重要实物见证之一，因此显得更加的名声显赫。现如今，这件重量级文物的入藏，使德清博物馆原来比较匮乏的青铜器藏品增色颇多。这件权杖的展览并与观众面对面的默默对话，不仅可以使大家能够近距离地观赏到它的尊容，还可以使我们进一步加深对那段曾经"卧薪尝胆"吴越争霸传奇历史的认识和了解。

根据文物保护法规定，一切地下出土文物均属国家所有。德清博物馆能得到这件千载难逢的珍贵文物，除了要归功于当事人良好的法律和文物保护意识，还要感谢支持关心并为之付出的所有工作人员。这件文物来到博物馆收藏，首先可以享受完善的保管待遇,而更重要的是通过研究和展览,它的价值能得到真正的发挥和体现,为弘扬历史文化和促进地方各项事业的发展做出贡献。这样的结局无疑是每一件出土文物最为完美的归宿,也是我们大家的共同期盼。

原载《今日德清》2012 年第 6 期《灿烂的德清历史文化》专版

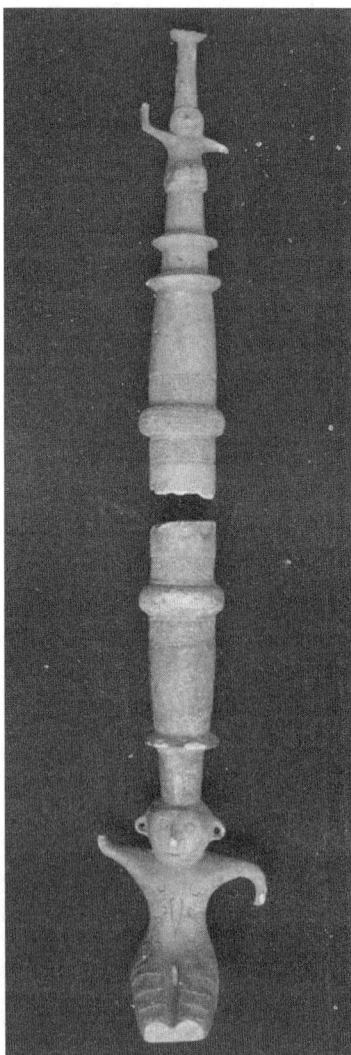

德清出土青铜权杖

后 记

　　人生中一半以上时间是在工作中度过的,因此它会给你留下颇多美好的记忆和眷恋,自然还会有许多辛酸苦辣。人的智慧和能力由先天和后天努力两部分组成,而先天条件加上性格,也许对于成就一个人的事业作用会更大。诚然,在人生的道路中,要有自强不息、积极向上的精神,但更还要具备面对现实、任其自然的良好心态。

　　历史文化遗产资源,是现代人类社会发展的宝贵财富,它不仅可以体现一个地方悠久的古代文明,见证一段具有地域特色的人文历史,而且还是一张响亮的名片,在改革开放不断深入的当今社会,在国家大力提倡和促进文化事业大发展的新形势下,可以成为促进地方各项事业发展不可或缺的珍贵文化元素。

　　生命有限而学海无涯。兴趣者乐此不疲,收获多多益善。书中所涉也许微不足道,但亦是曾经为之竭力的重要组成部分。在掌握学识水平和工作经验等方面,会经历一个早晚渐进的过程。由于专业修养和学识方面的局限,因此在文章的写作和对一些学术观点的描述等方面,可能会存在一些差异或有误之处,特此敬请各位批评指正并谅解。本书各篇章中的排列,是按照文章的发表早晚为序的。

　　将发表的文章整理成册,是为了纪念,亦是为了学会感恩。人各有志,知足者常乐。值此付梓之际,特向曾经提供帮助和支持的各级领导,以及为此书的编辑出版提出过良好建议的专家和同仁,表示诚挚的感谢。

作　者

2017 年夏于莫干山剑池山庄

宋代有栏梁桥——兼济桥

兼济桥铭石"宋乾道八年壬辰岁丙午朔端午立"等纪年记事题刻

具有宋代风格有栏梁桥——上桥

宋代拱桥——寿昌桥

善诚建"等纪年记事题刻万安桥铭石『绍兴间僧

宋代拱桥——永安桥

德清宋代桥梁研究

德
清
出
土
的
商
周
原
始
瓷

西周晚原始瓷筒形卣（德清新市皇坟堆墓葬出土）

西周晚期原始瓷尊
（德清独仓山土墩墓出土）

西周晚至春秋原始瓷鼎
（德清火烧山窑址出土）

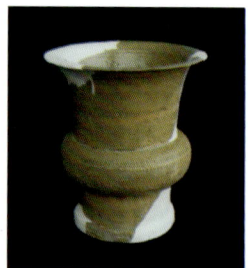

西周晚期原始瓷盘
（德清独仓山土墩墓出土）

战国镂空原始瓷长颈瓶
（德清亭子桥窑址出土）

西周晚至春秋原始瓷鼎
（德清火烧山窑址出土）

战国原始瓷尊
（德清亭子桥窑址出土）

仿
商
周
原
始
瓷

注浆成型原始瓷器

注浆成型
木模

瓷之源展览

瓷之源——原始瓷与德清窑陈列展展览场景

古陶瓷权威专家耿宝昌先生一行在
省考古所等领导陪同下参观瓷之源展览

古琴研究

瓷之源——原始瓷与德清窑陈列展展览场景

有创新元素的自研古琴（伏羲式）

有创新设计元素的开窗式琴桌

良渚文化研究

良渚文化玉鸟形器（良渚瑶山墓地出土）

良渚文化玉三叉形器（良渚瑶山墓地出土）

故宫博物院前院长郑欣淼在德清火烧
山窑址考古现场指导工作

浙江省文物考古研所所长曹锦炎、
副所长陈元甫及朱伯谦、任世龙、沈
岳明等专家考察亭子桥窑址考古发掘

德清县武康西周晚至
春秋火烧山原始瓷窑址考
古发掘现场全景

德清县武康战国亭子桥
原始瓷窑址考古发掘全景

在德清召开的第一届瓷之源学术研讨会

商周瓷窑址考古

学术研讨会

作者2010年春调查宋代拱桥源洪桥

完整的良渚文化神人兽面纹
（良渚反山12号大墓出土）